H

ZOFIA BASTGEN

LET'S LEARN POLISH

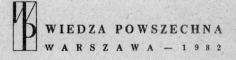

WIEDZA POWSZECHNA
WARSZAWA — 1982

Recenzenci
PROF. DR HALINA KURKOWSKA
DR ZOFIA KLINGEROWA

Okładka
MARIAN STACHURSKI

Rysunki
BOGDAN BOCIANOWSKI

Redaktor
BLANDYNA LISIECKA

Redaktor techniczny
IRENA SZWEDLER

PRINTED IN POLAND

PW „Wiedza Powszechna", Warszawa 1982 r. Wydanie V.
Nakład 30 000+200 egz. Objętość: 11,0 ark. wyd., 17,25 ark.
druk. Papier offset. kl. V, 70 g, 82×104. Druk z diapozy-
tywów ukończono w listopadzie 1982 r.
Olsztyńskie Zakłady Graficzne, Olsztyn
Zam. 717/L   Cena zł 110,—

ISBN 83-214-0329-8

ALPHABET (ALFABET)

The phonetic transcription in brackets shows the Polish pronunciation of the letters.

a	[a:]	h	[ha:]	n	[en]	w	[vu:]	dz	[dze]
b	[be]	i	[i:]	o	[o:]	x	[i:ks]	dź	[dźe]
c	[tse]	j	[yo:t]	p	[pe]	y	[i]	dż	[dʒe]
d	[de]	k	[ka:]	r	[er]	z	[zet]	ń	[eń]
e	[e]	l	[el]	s	[es]	ą	[ą]	ś	[eś]
f	[ef]	ł	[eł]	t	[te]	ę	[ę]	sz	[eʃ]
g	[ge]	m	[em]	u	[u:]	ć	[tśe]	ź	[źet]
						cz	[tʃe]	ż(rz)	[ʒet]

SIGNS
AND
ABBREVIATIONS

: = long vowel

bold type = stressed syllable
' = „softening"

Adj. = Adjective
Adv. = Adverb
Fem. = Feminine (gender)
Masc. = Masculine   „
Neut. = Neuter   „

N. = Noun
pers. = person
Pl. = Plural
Sing. = Singular
V. = Verb

E. = English   P. = Polish

TABLE OF CONTENTS

Part I: Polish Orthography and Pronunciation. Stress
Part II. Texts. Vocabularies. Explanatory Notes. Grammar Explanations. Exercises

N°	Text	Pronunciation Exercise	Grammar
1.	Kiosk	ę, e	
2.	Spotkanie	ż, rz, dz, dź	
3.	Rozmowa	cz, trz, ł	Word order. Verbs in -ać. Personal Pronouns
4.	Szukam ulicy Ogrodowej	l, p, p', i, y	Czy? Formal address
5.	Anna śpiewa w operze	c, ć	Imperative of the Verbs in -ać
6.	Co słychać u ciebie?	s, ś, z, ź	Nouns: cases. Present Tense of the Verb być
7.	U pani Kwiecińskiej	n, ń, ł	Ordinal Numbers
8.	Porada prawna	w, w', r	Declension of Nouns, Adjectives, Pronouns. Personal Pronouns: Object Case
9.	Śniadanie	ą, final voiced consonants	Use of Prepositions
10.	Śniadanie u państwa Kowalskich	e, ż, rz	Verbs in -eć. Use of Prepositions
11.	U znajomych		Possessive Case or Genitive
12.	Moja narzeczona		Verbs -ę, -esz

N°	Text	Pronunciation Exercise	Grammar
13.	Krysia kupuje płaszcz	softened consonants	Plural of Nouns and Adj. Diminutives
14.	Suknia Krysi	m'	Verbs -ę, -isz
15.	W Domu Towarowym	sz, szcz	Change of root vowel in Verbs: wieźć etc. Ordinal Numbers. Proszę
16.	U fryzjera		
17.	Przyjaciele		Short and emphatic forms of the Personal Pronouns. Być + Noun. Być + Adjective
18.	Oddajemy bieliznę do prania	b'	Jeden, jedna, jedno. Cardinal Numbers to one million. Trzeba. Można
19.	Pogoda i pory roku	r	Adverbials of time. Reflexive Pronouns and Verbs
20.	Rodzina Jeżewskich	ź, rz, sz, cz, c	Formal Phrases (you). Declension of names of persons
21.	Wszyscy dla wszystkich. J. Tuwim		The Use of the Present Tense
22.	Nowe mieszkanie	hard and soft consonants	Prepositions. Adverbials. Imperative with niech. The Perfect Aspect of Verbs
23.	Jak spędziliście lato?	e, ą	Past Tense. Impersonal Expressions. Adverbs
24.	Dzień Ewy Sarneckiej I		Use of Numerals (Telling the Time)
25.	Dzień Ewy Sarneckiej II		Adverbials with Instrumental
26.	Dzień Ewy Sarneckiej III	e, i, y	Participles in -ąc
27.	Dzień Ewy Sarneckiej IV (Ruch uliczny)		Comparison of Adjectives and Adverbs. Formation of Adverbs

N°	Text	Pronunciation Exercise	Grammar
28.	Dzień Ewy Sarneckiej V (W urzędzie poczto- wym I)		Impersonal Expressions in -*no*
29.	Dzień Ewy Sarneckiej VI (W urzędzie poczto- wym II)		*Jakiś* etc.
30,	Dzień Ewy Sarneckiej VII (Spotkanie z kole- żanką)	c, s, z, ć, ś, ź	Prepositions
31.	Dzień Ewy Sarneckiej VIII (W restauracji I)	dź	
32.	Dzień Ewy Sarneckiej IX (W restauracji II)	ń, m'	Future of Imperfect Verbs
33.	Rozmowa telefoniczna	Voiced consonants	
34.	Sport	Voiced consonants	Present of Perfect Verbs with a Future meaning
35.	Na dworcu kolejowym		Conditional Clauses. In- terrogative sentences
36.	Nad morzem	b, b'	
37.	Płyniemy na Hel	l, ł	Impersonal expressions
38.	Burza	r	Participles in -*szy*, -*ny*, -*ty*
39.	Pani Stefa jest chora	ę	
40.	W aptece	i, y	
41.	Chora nie czuje się do- brze		
42.	Porada lekarska		
43.	Podróż po Polsce		

Part III. Grammar
Part IV. Key to Texts and Exercises
Part V. Vocabulary

8

Alfabet — Alphabet
Pisownia — Orthography
Wymowa — Pronunciation
Akcent — Stress

POLISH ORTHOGRAPHY

Polish orthography is fundamentally phonetic and therefore easily learnt. There are, however, three exceptions to be noted:

1. The written nasal vowels ą, ę are not always pronounced as such, eg.: *zaczął, zaczęła* are pronounced [*zatʃoł, zatʃeła*] i.e. [*o*], [*e*] in colloquial Polish.

2. The so-called „palatalisation" or softening of the consonants appears in spelling in three different ways:

a) by special signs: **ś, ź, ć, dź, ń,** when ending a word and before consonants, eg.: *wieś* [*v'eś*], *maż* [*ma:ź*], *mieć* [*m'etś*], *kadź* [*ka:dź*], *dzień* [*dźeń*] — *światło* [**śf'a:tło:**], *źdźbło* [*źdźbło:*], *ćwierka* [**tśf'erka:**], *dźwięk* [*dźv'enk*], *bańka* [**ba:ńka:**] etc.;

b) by means of a following **i** before vowels, eg.: *siano* [**śa:***no*], *ziemia* [**żem'a:**], *ciało* [**tśa:***ło*], *dzieło* [**dźeło:***]*, *nie* [*ńe*] etc.;

c) it remains unexpressed before a following **i**, eg.: *zima* [**zi:***ma*], *bić* [*bi:tś*], *nic* [*ni:ts*] etc.

3. The voiced consonants: **b, d, g, w, z, ż, dz, dż, dź** are pronounced as voiceless before voiceless consonants and at the end of words, eg.: *babka* [*ba:pka:*], chleb [*hlep*], *kładka* [*kła:tka:*], sad [*sa:t*], próg [*pru:k*], paw [*pa:f*], raz [*ra:s*], mąż [*mąʃ*], jedz [*yets*], jedź [*yetś*] etc. There are two signs: **ch** and **h** for the same sound [*h*]

rz	„	**ż**	„	„	„ „ [*ʒ*]
ó	„	**u**	„	„	„ „ [*u:*]

THE POLISH ALPHABET

Latin characters are employed in Polish as in English, but as the pronunciation differs in the two languages, we give below all the Polish letters and combinations of letters, with their sound values in the usual alphabetical order.

Vowels: **a e i o u (ó) y**
                                      ą ę

Consonants: b c   d f g h (ch) j k l m n p r s t w z
ch dz   rz
ć dź   ń   ś   ź
cz dż   sz   ż (rz)

LETTERS AND SOUNDS

Here is a systematic survey which should be studied often when in doubt as to pronunciation and differences between Polish and English sounds:

Letter	Sign used in the manual	Pronunciation	Examples
a	[a:]	Similar to the E.*] a in „art" but shorter	Janek [ya:*nek*] — Johnnie
ą	[ą] [on] [om]	1. Before fricatives**] as French *on*, also when ending a word 2. Before corresponding plosives***] as *on, om* 3. Before ł as the E. short *o*-vowel, as in „Tom"	mąż [*mąʃ*] — husband mają [ma:*yą*] — they have kąt [*kont*] — corner kąpiel [komp'*el*] — bath mąka [**mon**ka:] — flour zaczął [za:*tʃoł*] — he began
b	[b] [b']	1. As E. b in „book" 2. Before i as soft b' 3. **bi** — before vowels as soft b' — by pronounced in a single utterance, as in „beyond" with the e omitted (*byond*)	baba [ba:ba:] — old woman, hag bije [bi:*ye*] — he beats biega [b'e*ga:*] — he runs

---

*) E. — abbreviation for: English, P. — abbreviation for: Polish, ' — sign of softening.
**) Fricatives: f, v, s, z, sz, ż, r, h.
***) Plosives: p, b, t, d, k, g.

Letter	Sign used in the manual	Pronunciation	Examples
c	[ts]	As *ts*, pronounced as a single sound, not separately, also before *a, o, u* and in the combination *ck* (*c-k*) Never pronounced as *k*!	cukier [**tsu**:*k'er*] — sugar dziecko [**dźet**s*ko*:] — child
ć	[tś]	1. ć — very soft 2. ci — before vowels as *ć* 3. Before *i* as *ć*	ćwiczyć [**tś**fi:tʃitś] — train ciocia [*tśo*:*tśa*] — aunt dzieci [*dźet*si:] — children
ch	[h]	As *ch* in the Scotch pronunciation of „loch" chi—rather rare; in foreign words like *chiński* (Chinese)	mech [*meh*] — moss
cz	[tʃ]	As E. *ch* in „church"	czas [*tʃa*:s] — time
d	[d]	As E. *d* in „daughter"	daleko [*da*:*leko*:] — far
dz	[dz]	1. As one sound, in strict conjunction 2. Before *i* as *dź*	chodzę [**ho**:dzę] — I go chodzi [**ho**:*dzi*:] — he goes
dź	[dź]	1. A fusion into one sound of *d* and *ź* (see below) as E. *j* in „journey" very softly pronounced 2. dzi — before vowels as *dź*	wiedźma [**w'edź***ma*:] — witch dziadek [**dźa**:*dek*] — grandfather
dż	[dʒ]	As one sound, viz. as *j* in the E. word „judge" For *ż* see below	gwiżdżę [**gvi**:ʒdʒę] — I whistle
e	[e]	As short *e* in E. „bed" (never as *i*:!)	teraz [**te***ra*:s] — now

Letter	Sign used in the manual	Pronunciation	Examples
ę	[ę] [en] [em] 	1. Before fricatives as the French *in* ʲ 2. Before corresponding plosives as *em, en* 3. When ending a word, and before *ł* and *l*, very often in colloquial P. as the pure E. short *e* in „bed"	męża [mę*ʒa*:] — of the man, of the husband gęba [gem*ba*:] — mouth zamęt [**za**:ment] — confusion ręka [ren*ka*:] — hand zaczęła [za:t**ʃeła**:] — she began
f	[f] [f']	1. As *f* in E. „from" 2. **fi** — before vowels as soft *f'*	farba [**fa**:r*ba*:] — paint szafie [ʃa:f'e] — Dat. or Instr. of the word „wardrobe"
g	[g] [g']	1. As E. *g* in „go" 2. **gi** — before vowels as soft *g'* 3. Before *i* as soft *g'* The term „soft g" does not denote the *g*-sound heard in the E. word „gem", but the sound of *g* as in „gild", followed by a very short *y*, both pronounced in one utterance, as in „gayest" with the *a* omitted (*gyest*)	góra [**gu**:*ra*:] — mountain za rogiem [za **ro**:g'em] — round the corner wyginać [vigi:na:tś] — to bend
h	[h]	1. As E. *h* in „house" 2. **hi** — rather rare; in foreign words	humor [**hu**:*mo*:r] — humour historia [hi:**sto**:*rya*:] — history

Letter	Sign used in the manual	Pronunciation	Examples
i	[i:]	Similar to the E. *i* in „police", „machine", but shorter; never as the E. short *i* in „ship", „rich" etc. Never as long *i* [*ai*] or *ə:* in „first" *i* is not only a separate vowel, but also a graphic sign of „softening"	wino [**vi**:*no*:] — wine
j	[y]	As the E. *y* in „you" (Never as *dʒ*)!	Janek [ya:*nek*] — Johnnie
k	[k] [*k'*]	1. As E. *k* in „token" 2. **ki** — before vowels as soft *k'* 3. Before *i* as soft *k'*, i. e. *ky* — pronounced in one utterance, analogously to soft *b'* and *g'*	kawa [**ka**:*va*:] — coffee **k**iedy [**k'***edi*] — when taki [**ta**:*ki*:] — such
l	*l*	Always as E. *l* in „leaf", not the „dark" variety, as in „ale"; still „softer", if in connection with „softening" *i*	lalka [*la*:l*ka*:] — doll list [*li*:st] — letter
ł	*ł* .	The „dark" *l*, only the tip of the tongue touches the inner surface of the upper incisors, whilst the organs of speech take the position of the following vowel. As E. *l* in „ale". This sound is also often pronounced as the E. *w* in „water", especially in Western Poland	łamać [**ła**:*ma*:t*ś*] — to break

Letter	Sign used in the manual	Pronunciation	Examples
m	[m] [m']	1. As E. *m* in „man" 2. **mi** — before vowels as soft *m*', i.e. *my* — pronounced in one utterance, analogously to soft *b*' and soft *g*'; compare the E. colloquialism: *m'yes* 3. Before *i* as soft *m*'	**matka** [**ma:**tka:]—mother **mi**asto [**m'a:**sto:] — town **mi**lion [**mi:**lyon]—million
n	[n]	As E. *n* in „name"	**n**oc [**no:**ts] — night
ń	[ń]	1. Before *i* as soft *ń* 2. **ni** — before vowels as *ń* 3. *ń* — soft *n*, as in French *gn* (*ligne*)	**pani** [**pa:**ni:] — mistress **ni**ania [**ńa:**ńa:] — nurse koń [ko:**ń**] — horse
o	[o:]	As the short *o* in „Tom" or the *o* in „all", but shorter	**n**owy [**no:**vi] — new **d**obry [**do:**bri] — good
ó	[u:]	As *u* in „put". It is identical in sound with the P. *u*, but is employed, when there is an etymological connection with *o*	**c**órka [**tsu:**rka:] — daughter wóz [vu:s] — car(t) wozu [**vo:**zu:] — of the car(t)
p	[p] [p']	1. As E. *p* in „palace" 2. **pi**—before vowels as soft *p*' 3. Before *i* as soft *p*', analogous to the other soft sounds above	**p**okój [**po:**ku:y] — room **pi**ękny [**p'e**nkni] — beautiful **pi**szę [**pi:**ʃę] — I write
r	[r]	As E. *r* in „three" with distinct trill; compare Scotch *r*	**gr**a [**gra:**] — play

Letter	Sign used in the manual	Pronunciation	Examples
rz	[ʒ]	1. Identical in sound with ż, like the s in the E. word „pleasure". It is used in spelling, when there is an etymological connection with r	rzeka [ʒeka:] — river góra, górze [gu:ra: gu:ʒe] — mountain, to the mountain
	[ʃ]	2. After p, t, ch it is voiceless, as sh in „shine"	przed [pʃet] — before trzy [tʃi] — three chrzest [hʃest] — baptism
s	[s]	As E. s in „soft", never as E. s in „music"	salon [sa:lo:n] — parlour
ś	[ś]	1. ś — very soft, hissing s 2. si — before vowels as ś 3. Before i as ś	iść [i:śtś] — to go Zosia [zo:śa:] — Sophy prosi [pro:si:] — he asks
sz	[ʃ]	As E. sh in „shop"	szafa [ʃa:fa:] — cupboard, wardrobe
t	[t]	As t in „table"	talerz [ta:leʃ] — plate
u	[u:]	As u in „food", but shorter	wuj [vu:y] — uncle duży [du:ʒi] — big
w	[v]	1. As E. v in „voice". Never as E. w!	woda [vo:da:] — water
	[v']	2. wi — before vowels as soft v', as E. v in „vehicle"	wieniec [v'eńets] — wreath
y	[i]	As the E. short i in „ship", „rich" etc.	syn [sin] — son
z	[z]	As E. z in „zeal"	zabawka [za:ba:fka:] — toy
ź	[ź]	1. zi — before vowels as ź 2. Before i as ź 3. ź — a very soft, hissing z	Rózia [ru:źa:] — Rosie zima [zi:ma:] — winter weźmie [veźm'e] — he'll take
ż	[ʒ]	Voiced sh, as E. s in „pleasure"	żaba [ʒa:ba:] — frog

15

ACCENT

In Polish the stress falls on the last syllable but one in words of more than one syllable. Monosyllabic words unite with the word preceding or following them to form a single combination.

Examples: **domy** (houses), **szafa** (wardrobe), **robić** (do)

        pod **stołem** (under the table), jak **długo** (how long)

In some verbial forms and words of foreign origin the stress falls on the third syllable (counted from the end).

    Examples: **byłyśmy** (we were; *Fem.*),

              chcieliby (they would like; *Masc.*) etc.

              muzyka (music), **lo**gika (logics),

              matematyka (mathematics) etc.

Teksty — Texts
Słowniki — Vocabularies
Objaśnienia — Explanatory notes
Objaśnienia gramatyczne —
    Grammar explanations
Ćwiczenia — Exercises

1

KIOSK — BOOTH

A. — Dzień dobry!
[dźeń **do:**bri]
Good morning (afternoon)!

B. — Dzień dobry!

A. — Trybuna? Życie? Express?
[tri**bu:**na: ʒitśe **eks**pres]
Tribune? Life? Express?

B. — Nie. Kurier.
[ńe **ku:**ryer]
No. Courier.

A. — Proszę.

[**pro**:ʃę]

Here you are.

B. — Dziękuję.

[dźen**ku**:yę]

Thank you.

SŁOWNICZEK	[sło:vni:tʃek]	VOCABULARY
dobry	[do:bri]	good
dzień	[dźeń]	day
dziękuję	[dźenku:yę]	thank you
Express	[ekspres]	Express ⎫ title of a daily paper
Kurier	[ku:ryer]	Courier ⎭
nie	[ńe]	no, not
proszę	[pro:ʃę]	here you are
Trybuna	[tribu:na:]	Tribune ⎫ title of a daily paper
Życie	[ʒitśe]	Life ⎭

OBJAŚNIENIA   [obya:śńeńa]   *EXPLANATORY NOTES*

dzień dobry!	may be used in the meaning of „good morning", „good afternoon", sometimes even in the meaning of „good evening"
Trybuna? Życie? Express?	they are not full sentences of course, but only titles of popular Warsaw dailies in the Nom. Sing. (No article is used with them). Something like: Is it Tribune, Życie or Express that are taken by you?
proszę	here it means: here you are; it may also mean: (if you) please, and is used at the beginning of a sentence

PRONUNCIATION EXERCISE

Read the following words and sentences twice or three times without troubling much about the meaning at first. If in doubt, read the description of articulation and comparison with English sounds, in the alphabetical list of sounds, Part I, page 10—15.

	ę [ę]	
proszę	[pro:ʃę]	please
dziękuję	[dźenku:yę]	thank you

	e [e]	
dzień	[dźeń]	day
nie	[ńe]	no
życie	[ʒitśe]	life
znaczenie	(zna:tʃeńe)	meaning

EXERCISES

I. *Copy the text, read it aloud and translate it.*
II. *Drill the phrases:*
   Dziękuję. Proszę. Dzień dobry!

2

SPOTKANIE — A MEETING

Pani Wolska: — Jak się pan ma, panie Kwieciński?
[pa:ni vo:lska:]   [ya:k śę pa:n ma: pa:ńe kf'etsi:ński:]
Mrs. Wolska: How are you (literally: How you are),
                 Mr. Kwieciński?

Pan Kwieciński: — Dziękuję, dobrze. A pani?
[pa:n kf'etsi:ński:]   [dźenku:yę do:bʒe a: pa:ni]

Mr. Kwieciński:	Thank you, (I am) well (all right).
	And you, Madam?
Pani Wolska:	–– Dziękuję, doskonale. Do widzenia!
	[dźen**ku**:yę do:sko:**na**:le do:vi:**dze**ńa:]
	Thank you, perfectly (well). Good-bye!
Pan Kwieciński:	— Do widzenia!
	[do:vi:**dze**ńa:]
	Good-bye!

SŁOWNICZEK   *VOCABULARY*

a	[a:]	and
dobrze	[**do**:bʒe]	well, all right
doskonale	[do:sko:**na**:le]	perfectly (well)
jak	[ya:k]	how
ma się	[ma:śę]	is, feels
pan	[pa:n]	a gentleman, sir, Mr.
pani	[**pa**:ni:]	a lady, Madam, Mrs.
panie	[**pa**:ńe]	Vocative Case of *pan*, when address-
		ing a gentleman directly

OBJAŚNIENIA   *EXPLANATORY NOTES*

jak się pan ma?	how are you? how do you feel?
Wolska	surname with the feminine ending (no article is used!)
Kwieciński	surname with the masculine ending (no article is used!)

PRONUNCIATION EXERCISE

Przeczytaj (*Read*):

Word Wyraz	Pronunciation Wymowa	Meaning Znaczenie
	ż, rz [ʒ]	
żegnaj	[ʒegna:y]	farewell
żona	[ʒo:na:]	wife
mąż	[mąʃ]	husband
do**brz**e	[**do**:bʒe]	well, all right
	dz, dzi [dz dź]	
dzwonić	[**dzvo**:ni:tś]	ring the bell
twier**dza**	[**tf'er**dza:]	fortress

do widzenia	[do: vi:**dze**ńa:]	good-bye
w pieniądzu	[f p'eńon**dzu**:]	in the coin, in the money
dziś	[dzi:ś]	today
dzieci	[**dź**etsi:]	children
dziękuję	[**dź**en**ku**:yę]	thank you
dziadek	[**dźa**:dek]	grandfather

EXERCISES

I. *Copy the text, read it aloud and translate it.*

II. *Translate into English:*

Dzień dobry pani. Dzień dobry! Jak się pani ma? Doskonale. A pan? Dziękuję, dobrze. Do widzenia!

III. *Translate into Polish:*

Good morning. Good afternoon. Thank you. How are you? Good--bye.

Note. *If the exercises are to be of any use in learning Polish, they should be written and memorized. You will find the solution of the exercises in the „KEY".*

3

ROZMOWA — A DIALOGUE

Zbyszek: — Co czytasz?
[**zbi**ʃek]   [tso: tʃita:ʃ]
Zbyszek: — What are you reading?

Andrzej: — Czytam gazetę. A ty?
[**a**:ndʒey]   [tʃita:m ga:**zetę** a: ti]
Andrzej: — I am reading a newspaper. And you?

Zbyszek: — Ja nic nie czytam. Czekam.

[ya: ni:ts ńe tʃita:m tʃeka:m]

I am not reading anything. I am waiting.

Andrzej: — Na kogo czekasz?

[na: ko:go: tʃeka:ʃ]

For whom? (Who for?)

Zbyszek: — Na Marysię. Czy znasz ją?

[na: ma:riśę tʃi zna:ʃ yą]

For Mary. Do you know her?

Andrzej: — Nie, nie znam.

[ńe ńe zna:m]

No. (I don't.)

Zbyszek: — To miła i ładna dziewczyna. Oto ona. Żegnaj.

[to: mi:ła: i: ła:dna: dźeftʃina: o:to: o:na: ʒegna:y]

She's a nice, pretty girl. Here she (is). So long.

Andrzej: — Do widzenia!

[do: vi:dzeńa:]

Good-bye.

SŁOWNICZEK

co	[tso:]	what
czekam, czekasz	[tʃeka:m tʃeka:ʃ]	I am waiting, you are wait-ing
czy?	[tʃi]	interrogative particle used at the beginning of inter-rogative sentences
czytam, czytasz	[tʃita:m tʃita:ʃ]	I am reading, you are read-ing
dziewczyna	[dźeftʃina:]	girl
gazeta	[ga:zeta:]	newspaper
gazetę	[ga:zetę]	Accusative of *gazeta*
ja	[ya:]	I
ją	[yą]	her (Acc. of the Personal Pronoun *ona*)
kogo?	[ko:go]	who(m)?
ładna	[ła:dna:]	pretty (Fem. Sing.)
miła	[mi:ła:]	nice („ „)
na	[na:]	here: for

nic	[ni:ts]	nothing
ona	[o:na:]	she
oto	[o:to:]	here e.g.: she is
to	[to:]	this, it
ty	[ti]	you (2nd person Sing.)
znam, znasz	[zna:m zna:ʃ]	I know, you know
żegnaj	[ʒegna:y]	so long, farewell

OBJAŚNIENIA

Zbyszek, Andrzej*)	masculine names
Marysia*)	feminine name
Marysię	Acc. of *Marysia*
co czytasz?	what are you reading? or: what do you read?
ja nic nie czytam	two negations are customary in Polish; the Personal Pronoun is used to emphasize that as far as the person speaking is concerned he is reading nothing; no Personal Pronoun is necessary, if no stress is laid on the person the ending indicates; e.g.: *czekam, czytasz*
czekam na Marysię	the verb *czekać* (to wait) is always connected with the preposition *na* (for), after which Accusatives of Nouns are used
nie znam	the negation *nie* is put **before** the verb

---

*) You will find a list of names with pronunciation at the end of the manual.

dziewczyna, gazeta

not only proper names like *Zbyszek*, *Andrzej* or *Marysia*, but also nouns like *dziewczyna*, *gazeta* etc. are used in Polish **without any article**, either indefinite or definite

For the A-conjugation of Verbs, forms of all Personal Pronouns and Word Order in Polish sentences see Part III, pages 181, 173 and 189 respectively.

ZAPAMIĘTAJ! — REMEMBER

(Learn all the phrases and sentences by heart.)

Na kogo czekasz?　　**Co** czytasz?　　**Nic nie** czytam.

Na kogo pan czeka?　　**Co** pan czyta?　　Czytam gazetę.

Na kogo pani czeka?　　**Co** pani czyta?　　Czytam „Trybunę".

Na kogo czeka Marysia?　　**Co** czyta Andrzej?

Ona **nie** czeka.　　　　　On **nic nie** czyta.

PRONUNCIATION EXERCISE

Przeczytaj:

Wyraz *Word*	Wymowa *Pronunciation*	Znaczenie *Meaning*
cz [tʃ]		
czarny	[tʃaːrni]	black
czytać	[tʃita:tś]	read
czekać	[tʃeka:tś]	wait
czy	[tʃi]	if, whether
czuwać	[tʃuːva:tś]	wake, sit up, watch
trz [tʃ]		
trzeba	[tʃeba:]	it is necessary, one should
trzy	[tʃi]	three
trzaskać	[tʃaːska:tś']	bang, crack
w powie**trz**u	[f poːv'etʃuː]	in the air
ł [ł]		
ławka	[łaːfkaː]	bench, form
ołówek	[oːłuːvek]	pencil
słowo	[słoːvoː]	word
słup	[słuːp]	pole

EXERCISES

I. *Copy the text, read it aloud and translate it.*

II. *Complete the following sentences:*
— czytasz? Ja nic — czytam. Czytam -. Czy - ją? Czekam na -

III. *Put the Personal or Interrogative Pronouns instead of the Proper Names in the following sentences:*
1. Pani Wolska czyta gazetę. — czyta gazetę.
2. Czy znasz Marysię? Czy znasz — ?
3. Andrzej czeka na Marysię. Na — czeka Andrzej?

IV. *Translate into Polish:*
What are you reading? I am reading a paper. I am not reading anything. Do you know her? She is a nice, pretty girl. Good-bye.

V. *Translate into English:*
A ty? Czekam. Na kogo? Oto pani Wolska. Proszę. Dziękuję. Nie.

4

SZUKAM ULICY OGRODOWEJ

A. — Przepraszam. Czy pan tu mieszka?
[pʃepra:ʃa:m tʃi pa:n tu: mʼeʃka:]
Excuse (me). Do you live here, sir?

B. — Nie. Dlaczego pan pyta?

[ńe dla:tʃego: pa:n pita:]

No. Why do you ask, sir?

A. — Pytam, bo szukam ulicy Ogrodowej.

[pita:m bo: ʃu:ka:m u:li:tsi o:gro:do:vey]

I am asking, for I am looking for Ogrodowa (Garden) Street.

B. — To niedaleko. Proszę iść na prawo, a potem na lewo.

[to: ńeda:leko: pro:ʃę i:śtś na: pra:vo: a: po:tem na: levo:]

It's not far. Please go to the right and then to the left.

A. — Dziękuję.

[dźenku:yę]

Thank you.

B. — Proszę bardzo.

[pro:ʃę ba:rdzo:]

You are welcome.

SŁOWNICZEK

bardzo	[ba:rdzo:]	very (much)
bo	[bo:]	for
dlaczego	[dla:tʃego:]	why
iść	[i:śtś]	go
lewo	[levo:]	left (used adverbially)
mieszka	[m'eʃka:]	lives (3rd person Singular)
niedaleko	[ńeda:leko:]	not far
ogród	[o:gru:t]	garden (N.)
ogrodowa	[o:gro:do:va:]	garden (Adj. Fem. Gender Sing.)
potem	[po:tem]	then, afterwards
(na) prawo	[(na:) pra:vo:]	(to the) right (used adverbially)
przepraszam	[pʃepra:ʃa:m]	excuse me, I beg your pardon
pytam, pyta	[pita:m pita:]	I ask, (he, she) asks
szukam	[ʃu:ka:m]	I am looking for
tu	[tu:]	here
ulica	[u:li:tsa]	street

OBJAŚNIENIA

ulicy Ogrodowej	Genitive case of *ulica Ogrodowa*
niedaleko	the endings -*o* indicate Adverbs
na prawo, na lewo	to the right, to the left

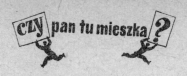

Czy pan tu mieszka? Dlaczego pan pyta? Jak się pan ma?	in formal address a whole expression is used in Polish. It is composed of the Noun *pan* — gentleman, sir, when addressing a man (*pani* — lady, madam, when addressing a woman), followed by the verb in the third person Singular
proszę bardzo	You're welcome, it's no trouble

For explanation of the various uses of *proszę* see page 76.

ZAPAMIĘTAJ!

Nie znam. **Nie** czytam. **Nie** czekam. **Nie** żegnam.

Czy tu mieszkasz? **Czy** pan(-i) tu mieszka?

Czy tu mieszka Marysia (Andrzej)?

Dlaczego pytasz? **Dlaczego** pan(-i) pyta?

Dlaczego ona(on) pyta?

Kogo szukasz? **Na kogo** czekasz?

PRONUNCIATION EXERCISE

Przeczytaj:

Wyraz	Wymowa	Znaczenie
	l [l]	
fala	[**fa**:la:]	wave
lewy	[**le**vi]	left
lot	[**lo**:t]	flight
lubić	[**lu**:bi:tś]	like, be fond of
wolę	[**vo**:lę]	I prefer
	pi [p']	
pić	[**pi**:tś]	drink
pięć	[**p'e**ńtś]	five
pionowy	[**p'o:no**:vi]	vertical

27

y [i]

życie	[ʒitśe]	life
dobry	[**do**:bri]	good
ty	[ti]	you (2nd pers. Sing.)
pyta	[**pi**ta:]	(he, she) asks

i [i:]

pani	[**pa**:ni:]	lady, Madam
do widzenia	[do: vi:**dze**ńa:]	good-bye
nic	[ni:ts]	nothing
ulica	[u:**li**:tsa:]	street

EXERCISES

I. *Write the following sentences in the Interrogative Form.*

    E x a m p l e : Pan Kwieciński czeka na panią Wolską.
                   Czy pan Kwieciński czeka na panią Wolską?

1. Zbyszek czeka na Marysię.
2. Andrzej zna pana B.
3. Pan A. przeprasza pana B.
4. Pan A. szuka ulicy Ogrodowej.

II. *Answer negatively the questions formed in Exercise One.*

III. *Write the following sentences in the Negative Form.*

    E x a m p l e : Szukam. Nie szukam.

1. Mieszkam tu.
2. Dziękuję.
3. Proszę.
4. Czytam.
5. Czekam.
6. Znam pana A.
7. Przepraszam.
8. Pytam pana B.

IV. *Translate the following sentences into Polish:*

1. I know her.
2. I am waiting for Mrs. (panią) Wolska.
3. Do you know Marysia?
4. Who(m) are you waiting for? (Na ...)
5. He is reading a newspaper.

5
ANNA ŚPIEWA W OPERZE *)

— Czy pamiętacie Annę?
— Pamiętamy, pamiętamy. Znamy ją dobrze.
— Słuchajcie, ona śpiewa w operze.
— Czekaj. Czy ona mieszka tutaj?
— Nie. Mieszka w Milanówku. Wraca codziennie o godzinie
jedenastej do domu. Ja zawsze czekam na nią w operze.
Czasem pomagam jej ...
— Śpiewać?
— Nie: załatwiać sprawunki.

SŁOWNICZEK

codziennie	[tso:dźenńe]	every day
czasem	[tʃa:sem]	sometimes
dom	[do:m]	home
godzina	[go:dzina:]	hour, o'clock
jedenasta	[yedena:sta:]	the eleventh (Fem. Gen. Nom. Sing.)
jej	[yey]	her, Dative of *ona* (she)
nią	[ńą]	her, Acc. „ „ „ after prepositions
opera	[o:pera:]	opera
czy pamiętacie?	[tʃi pa:m'enta:tśe]	do you remember?
pomagam	[po:ma:ga:m]	(I) help

*) All the reading-pieces have been translated into English; you will find them in the „Key".

słuchajcie	[słu:**ha**:ytśe]	listen (2nd pers. Pl. Imperative Mood)
sprawunek	[spra:**vu**:nek]	purchase
śpiewać	[śp'eva:tś]	sing
tutaj	[**tu**:ta:y]	here
w	[v]	in, at
wracać	[**vra**:tsa:tś]	return
załatwiać	[za:**ła**:tf'a:tś]	arrange, settle
zawsze	[**za**:fʃe]	always

OBJAŚNIENIA

Anna	[**a**:nna:]	Ann
Milanówek	[mi:la:**nu**:vek]	the name of a suburban locality near the capital of Poland, Warsaw
słuchajcie!	[słu:**ha**:ytśe]	here: I say
w Operze	[v o:**pe**ʒe]	in the Opera
czekaj!	[tʃeka:y]	wait (a minute)—2nd person Sing. Imperative Mood
o godzinie jedenastej	[o: go:**dzi**:ńe yedena:stey]	at 11 o'clock (in Polish we use the Ordinal Numeral)
wraca do domu	[**vra**:tsa: do: **do**:mu:]	(she) returns home
czekam na nią	[tʃeka:m **na**: ńą]	I wait for her
załatwiać sprawunki	[za:**ła**:tf'a:tś spra:**vu**:nki:]	go shopping, shop
śpiewać, załatwiać etc.		-ać — indicates the infinitive ending of verbs with the -a root

słuchaj!, słuchajmy!, słuchajcie!   Imperative Mood for the 2nd person Singular, first person Plural, 2nd person Plural respectively

For Imperative Mood and Infinitive see Part III, page 186.

ZAPAMIĘTAJ!

Co pamiętasz?   Co ona śpiewa?   Co on czyta?
Kogo znasz?   Kogo pamiętacie? Kogo szukają?
Czekam na Marysię.   Czy znasz Marysię? Pomagam Marysi.
Czekam na nią.   Czy znasz ją?   Pomagam jej.
Czy czytasz codziennie gazetę? Czytam zawsze „Trybunę".
                          Czasem czytam „Życie".

w operze   w Milanówku   w domu
o godzinie   do domu

PRONUNCIATION EXERCISE

Przeczytaj:

c, ci [ts, tś]

cały	[tsa:łi]	whole, all
co	[tso:]	what
cóż	[tsu:ʃ]	what, why
ci	[tsi:]	to you (Dative, 2nd pers. Sing.)
ciebie	[tśeb'e]	you (Accus. „ „ „
ciocia	[tśo:tśa:]	auntie

EXERCISES

I. *Write the following sentences:*

   a) *in all the persons of the Singular and Plural according to the given pattern of the conjugation of the Present Tense:*

   Singular   Plural

   1. (ja) czytam   1. (my) czytamy
   2. (ty) czytasz   2. (wy) czytacie
   3. (on, ona) czyta   3. (oni) — *men, men + wo-*
                              men and children)
                           (one — *women or*
                              children,   czytają
                              animals,
                              objects)

   I. Słucham opery.
   II. Pomagam jej załatwiać sprawunki.

b) *Put the same sentences in the Imperative Mood (2nd person Singular and Plural).*

31

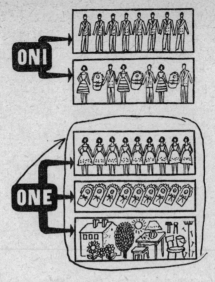

II. *Translate orally the following sentences; write them in the Interrogative and Negative Forms:*

1. I wait for her in the opera house.
2. She lives here.
3. He returns home every day at eleven o'clock.
4. We sometimes help her.

III. *Complete the following sentences:*

1. Pomagam jej załatwiać —.
2. Ona śpiewa —.
3. Znamy —.
4. Szukam — Ogrodowej.
5. Proszę iść —, a potem —.
6. Na — czekasz?
7. To miła i ładna —.

6
CO SŁYCHAĆ U CIEBIE *)

Janek: — Czy masz trochę czasu?
Tadek: — Kiedy?

---

*) The longer reading-pieces are divided in two or into three and more parts to make learning them, in smaller portions, easier.

Janek: — Teraz, zaraz.

Tadek: — Mam godzinę czasu, potem załatwiam jedną sprawę na Starym Mieście.

Janek: — No, to siadaj i opowiadaj, co słychać u ciebie.

Tadek: — Nie mam pojęcia, o co ci chodzi.

Janek: — Czy jesteś żonaty?

Tadek: — Tak.

Janek: — Jak się żona nazywa?

Tadek: — Nazywa się Krystyna.

Janek: — Ile ma lat?

Tadek: — Ma lat dwadzieścia, a ja dwadzieścia sześć. Mamv jedno dziecko, chłopca. On ma rok. Nazywa się Staś. Mieszkamy w Lublinie. Ja mam pracę w fabryce. A ty?

Janek: — Ja nie jestem żonaty. Mieszkam u matki w Krakowie. Mam pracę w biurze.

Tadek: — A twoja siostra?

Janek: — Moja siostra jest w Szczecinie. Ma męża i dzieci.

Tadek: — Czy jest szczęśliwa?

Janek: — Tak. No, już późno, powodzenia!

Tadek: — Dziękuję. Nawzajem.

SŁOWNICZEK *)

biuro, -a	[byu:ro:, -a:]	office
chłopiec, -pca	[hło:p'ets, -ptsa:]	boy, lad
ci	[tśi:]	Dative of the Personal Pronoun *ty* (you)
ciebie	[tśeb'e]	2nd person Sing. Object Case
czas, -u	[tʃa:s, -u:]	time
dwadzieścia	[dva:dźeśtśa:]	twenty
dzieci *(Pl.)*	[dźetsi:]	children
dziecko, -a	[dźetsko:, -a:]	child
fabryka, -i	[fa:brika:, -i:]	factory
ile	[i:le]	how much (many)
jedna, jedno	[yedna: yedno:]	one (Fem., Neuter)
jest, jestem	[yest yestem]	(he, she) is, (I)am
już	[ju:ʃ]	already
kiedy	[k'edi]	when
lata *(Pl.)*	[la:ta:]	years
matka, -i	[ma:tka:, -i:]	mother
mąż, męża	[mąʃ męza:]	husband
miasto, -a	[m'a:sto:, -a:]	town, city
mieć	[m'etś]	have
moja	[mo:ya:]	my, mine
nawzajem	[na:vza:yem]	here: the same to you
nazywać się, -m, -sz	[na:ziva:tś śę, -m, -ʃ]	be called, (I)am called, (you) are called S.
no	[no:]	well
on	[o:n]	he
opowiadać, -m, -sz	[o:po:v'a:da:tś, -m, -ʃ]	tell (a story), relate
pojęcie, -a	[po:yeńtśe, -a:]	idea
powodzenie, -a	[po:vo:dzeńe, -a:]	luck
późno	[pu:źno:]	late
praca, -y	[pra:tsa:, -i]	work
rok, -u	[ro:k, -u:]	year
siadać, -m, -sz	[śa:da:tś, -m, -ʃ]	sit down
siostra, -y	[śo:stra:, -i]	sister
sprawa, -y	[spra:va:, -i]	affair, matter
stary, -a, -e	[sta:ri, -a:, -e]	old
szczęśliwy, -a, -e	[ʃtʃęśli:vi, -ya: -e]	happy

---

*) From Lesson Six we start noting: a) besides the Infinitive Form of the Verb the 1st and 2nd person Singular, b) the Genitive Case endings of the Nouns, c) the masculine, feminine and neuter endings of the Adjectives.

sześć	[ʃeśtś]	six
teraz	[tera:s]	now
trochę	[tro:hę]	a little, a bit
twoja	[tfo:ya:]	your, yours (2nd pers. Sing. Fem. Gen.)
u	[u:]	at, with
zaraz	[za:ra:s]	immediately, directly
żona, -y	[ʒo:na:, -i]	wife
żonaty	[ʒo:na:ti]	(a) married (man)

OBJAŚNIENIA

Krystyna (-y)	[kristina: (-i)]	Christine
Staś (-sia)	[sta:ś (-śa:)]	Stanley (diminutively), Stan
Stare Miasto	[sta:re m'a:sto:]	the oldest part of the capital of Poland
na Starym Mieście	[na: sta:rim m'eśtśe]	in the Old Town
Kraków (-owa)	[kra:ku:f (-o:va:)]	a medieval town in the south of Poland, former capital of Poland
w Krakowie	[f kra:ko:v'e]	at Cracow
Lublin (-a)	[lu:bli:n (-a:)]	a town in the south- -east of Poland
w Lublinie	[v lu:bli:ńe]	at Lublin
Szczecin (-a)	[ʃtʃetsi:n (-a:)]	a town and a port in the north-west of Poland
w Szczecinie	[f ʃtʃetsi:ńe]	at Szczecin

o co chodzi?	what is the matter? what do you want to know?
o co ci chodzi?	what do you mean?
co słychać?	what (is the) news?
załatwiam jedną sprawę	I am settling an affair, I am doing some business
nie mam pojęcia	I have no idea, I don't understand
jak się (ona) nazywa?	what is (her) name?
ile (ona) ma lat?	how old is (she)?

on ma rok	he is one year old
mieszkam u matki	I live with (my) mother
powodzenia!	good luck!

For explanations on Nouns, Genders and Cases see Part III, pages 167—168.
For a list of Cardinal Numbers and the conjugation of the verb „to be" see Part III, pages 178—179 *and* 184—185 *respectively.*

ZAPAMIĘTAJ!

Czy masz czas?   Mam **trochę** czasu.   Mam **godzinę** czasu.
Kiedy?   **O** godzinie jedenastej.   Teraz.   Zaraz.   Potem.
Jak się nazywasz?   **Ile** masz lat?   Mam — lat.

Co słychać (**u** ciebie)?
Co słychać (**u** niej)?
Co słychać **u** pani Wolskiej?
Co słychać **u** Andrzeja?

O co ci chodzi?
O co jej chodzi?

Czy jesteś żonaty?
Mam żonę i jedno dziecko.
Czy jesteś szczęśliwy?
Tak.

Mam, masz, ma, mamy, macie, mają e. g.
Mam pracę. **Mam** czas. **Mam** żonę. **Mam** dziecko.
        Nie mam pojęcia.

PRONUNCIATION EXERCISE

Przeczytaj:

	s, si [s, ś]	
sam	[sa:m]	alone, -self
sos	[so:s]	sauce

ser	[ser]	cheese
słodki	[sło:tki:]	sweet
nosi	[no:si:]	(he, she, it) carries
niesie	[ńeśe]	(he, she, it) is carrying
siostra	[śo:stra:]	sister
śpiewać	[śp'eva:tś]	sing

z, zi [z, ź]

zaraz	[za:ra:s]	directly
gazeta	[ga:zeta:]	newspaper
zupełnie	[zu:pełńe]	quite, completely
zima	[źi:ma:]	winter
ziemia	[źem'a:]	earth, land
Kazia	[ka:źa:]	feminine name, Nom.
źle	[źle]	badly, wrong

EXERCISES

I. *Change a) the Plural in the following sentences into the Singular, b) the Singular into the Plural in the proper person:*

a) 1. Jak się nazywacie?
   2. Czy oni (*men*) tu mieszkają?
   3. Mamy pracę w fabryce.
   4. Jesteśmy szczęśliwi.
   5. One (*women*) mają dwadzieścia lat.

b) 1. Czasem jej pomagam.
   2. On zawsze czeka na Marysię w operze.
   3. Nie znam pana Kwiecińskiego.
   4. Nie słuchaj.

II. *Complete the following sentences:*

   1. Co słychać u — ?
   2. Czy masz trochę — ?
   3. Nie mam — , o co ci chodzi.
   4. Mieszkamy w — .
   5. Mam pracę w — .
   6. Czy ona jest — ?

III. *Translate the following phrases and sentences:*

   1. Good luck!
   2. The same to you.
   3. I am not married.
   4. My sister lives in the Old Town.
   5. She has a husband and children.
   6. It's late.

7. When? Now.
8. Sit down.

IV. *Complete the following sentences:*

1. Mieszkam (*with mother*).
2. Moja siostra mieszka (*at Szczecin*).
3. Tadek ma (*a wife*) i jedno (*child*).
4. Ma (*work*) w biurze.
5. Mam (*one hour*) czasu.
6. Czy ona ma (*a husband*) i (*children*)?

7

U PANI KWIECIŃSKIEJ

Pani Kwiecińska: — Gdzie jest Marysia, Haneczko?

Haneczka: — Marysia jest na poczcie. Wysyła depeszę do Antka.

Pani Kwiecińska: — A Ryś?

Haneczka: — Nie mam pojęcia.

Pan Jodłowski: — Czy nie przeszkadzam?

Pani Kwiecińska: — Ależ nie, bynajmniej. Proszę, niech pan siada.

Pan Jodłowski:	— Dziękuję za zaproszenie, ale czy naprawdę nie przeszkadzam?
Pani Kwiecińska:	— Nie, nie, proszę pana.
Pan Jodłowski:	— Czy mąż jest w domu?
Pani Kwiecińska:	— Mąż jest dzisiaj w Poznaniu. Nie ma go w domu.
Pan Jodłowski:	— Ach, tak. Kiedy wraca?
Pani Kwiecińska:	— Jutro.
Pan Jodłowski:	— Ach, tak. No, to nie przeszkadzam. Do jutra więc. Dziękuję.
Pani Kwiecińska:	— Proszę bardzo, proszę bardzo.

SŁOWNICZEK

ach!	[a:h]	ah!
ale	[a:le]	but
ależ	[a:leʃ]	why
bynajmniej	[bina:ymńey]	by no means, not at all
depesza, -y	[depeʃa:, -i]	telegram
do (Antka)	[do:]	to (Tony)
dzisiaj	[dzi:śa:y]	today
gdzie	[gdźe]	where
jutro	[yu:tro:]	tomorrow
naprawdę	[na:pra:vdę]⁻	indeed, in earnest
niech pan siada!	[ńeh pa:n śa:da:]	sit down! (in Polish 3rd pers. Sing.)
poczta, -y	[po:tʃta:, -i]	post, post-office
przeszkadzać, -m, -sz	[pʃeʃka:dza:tś, -m, -ʃ]	disturb
więc	[v'ents]	so, then
wysyła	[visiła:]	(she) is sending, sends
za	[za:]	for
zaproszenie, -a	[za:pro:ʃeńe, -a:]	invitation

OBJAŚNIENIA

Antek (-tka)	[a:ńtek (-tka:)]	Anthony (diminutively)
Haneczka (-i)	[ha:netʃka: (-i.)]	Ann (diminutively)
Jodłowski (-ego)	[yo:dło:fski: (-ego:)]	surname (Masc. Gender)
Poznań (-nia)	[po:zna:ń (-ńa:)]	a town in the west of Poland
Ryś (-sia)	[riś (-śa:)]	Dick

(ona) jest na poczcie	(she) is in the post-office
czy nie przeszkadzam?	am I not in the way?
ależ nie, bynajmniej	why, no, not at all
nie ma go w domu	(he) is not at home
do jutra więc	till tomorrow then

ZAPAMIĘTAJ!

w biurze   w fabryce   w mieście (*but*: **na** Starym
                             Mieście!)

w Lublinie   **w** Krakowie   **w** Szczecinie
u Stasia   **u** Krystyny   **u** matki

Dziękuję **za** zaproszenie.   Ona dziękuje **za** sprawunki.
Dziękuję **za** gazetę.   On dziękuje **za** pracę.
Dziękuję **za** „Trybunę".   Marysia dziękuje **za** depeszę.

Kiedy wraca pan Kwieciński?   Jutro.
Kiedy wracasz do domu?   O jedenastej.
Kiedy macie czas?   Teraz.
Kiedy ona śpiewa w operze?   Dzisiaj.

Gdzie siadasz? **Gdzie** jest Ryś? **Gdzie** jest pan Kwieciński?
                Nie ma go w domu.

Co wysyłasz?   Depeszę.
Do kogo wysyłasz depeszę?   **Do** Antka; **do** Andrzeja.
                              Do Marysi; **do** Haneczki.

PRONUNCIATION EXERCISE

Przeczytaj:

n, ni [n, ń]

nos	[no:s]	nose
pewne	[**pev**ne]	certain (Pl. Fem.)
nóż	[nu:ʃ]	knife
nikt	[ni:kt]	nobody
nie	[ńe]	no, not
niosę	[**ńo**:se]	I am carrying

ł [ł]

wysyłam	[visiła:m]	I am sending
słychać	[słiha:tś]	to be heard
ławka	[ła:fka:]	bench, form
słowo	[sło:vo:]	word
ołówek	[o:łu:vek]	pencil

EXERCISES

I. *Answer the following questions:*

1. Gdzie jest Marysia?
2. Co ona wysyła?
3. Do kogo?
4. Gdzie jest Ryś?
5. Gdzie jest mąż pani Kwiecińskiej?
6. Kiedy wraca?

II. *Translate the following sentences:*

1. Nie ma go tutaj.
2. On tutaj nie mieszka.
3. On mieszka w Warszawie.
4. On śpiewa w operze.
5. On wraca codziennie do domu o godzinie 11.
6. Czy nie przeszkadzam?
7. Ależ nie, bynajmniej.

III. *Translate the following phrases and sentences:*

1. The boy is one year old.
2. How old are you?
3. What's your name? (use *pan*, *pani* and 3rd person Sing.)
4. Have you an hour to spare?
5. He is not married.
6. They work (have work) in an office.

IV. *Use proper Personal Pronouns instead of the underlined names and surnames:*

1. Haneczka nie jest na poczcie.
2. Antek i Ryś nie mieszkają w Warszawie.
3. Pani Kwiecińska i Haneczka są tutaj.
4. Jan Jodłowski dziękuje za zaproszenie.
5. Pan Kwieciński wraca jutro.
6. Czy Anna śpiewa w operze?

8

PORADA PRAWNA

X. — A, witam pana, panie Józefie, witam. Co słychać u pana?

Y. — Właśnie wracam z Wrocławia, gdzie mieszka mój brat z żoną i dziećmi.

X. — I cóż?

Y. — Mam wielką prośbę do pana.

X. — Słucham, słucham.

Y. — Brat nie zna jeszcze nikogo we Wrocławiu, a chodzi mu o odszkodowanie za wypadek...

X. — Pan wie, że ja już nie załatwiam takich spraw. Jeśli jednak pański brat nie zna nikogo we Wrocławiu, zgadzam się udzielić mu porady prawnej...

Y. — Nie wiem, jak mam dziękować...

X. — Proszę przynieść dokumenty w poniedziałek rano, a w następną sobotę proszę przyjść po odpowiedź.

Y. — Rozumiem. Bardzo dziękuję. Do widzenia!

X. — Do widzenia, panie Józefie.

SŁOWNICZEK

dokument	[do:**ku**:ment]	document
jaki, -ka, -kie	[**ya**:ki:, -ka:, -k'e]	what — like
jednak	[**ye**dna:k]	however
jeszcze	[**ye**ʃtʃe]	yet
jeśli	[**ye**śli:]	if
mu	[mu:]	(to) him (Dative, Masc. Sing.)

następny, -a, -e	[na:stempni, -a:, -e]	next
nikt	[ni:kt]	nobody (Nom.)
nikogo	[ni:ko:go:]	nobody (Gen. of *nikt*)
odpowiedź	[o:tpo:v'etś]	answer
odszkodowanie	[o:tʃko:do:va:ńe]	compensation
pański, -ka, -kie	[pa:ński, -ka:, -k'e]	your (sir)
poniedziałek, -łku	[po:ńedźa:łek, -łku:]	Monday
porada, -y	[po:ra:da:, -i]	advice
prawny, -a, -e	[pra:vni, -a:, -e]	legal
prośba, -y	[pro:źba:, -i]	request
przyjść	[pʃiyśtś]	come
przynieść	[pʃińeśtś]	bring
rano	[ra:no:]	in the morning
rozumieć, -m, -sz	[ro:zu:m'etś, -m, -ʃ]	understand
sobota, -y	[so:bo:ta:, -i]	Saturday
taki, -ka, -kie	[ta:ki:, -ka:, -k'e]	such
udzielić	[u:dźeli:tś]	give, impart
wielki, -ka, -kie	[v'elki:, -ka:, k'e]	great
wiedzieć, wiem, wiesz	[v'edźetś v'em v'eʃ]	know
witać, -m, -sz	[vi:ta:tś, -m, -ʃ]	welcome, greet
właśnie	[vła:śńe]	just
wypadek, -dku	[vipa:dek, -tku:]	accident
z	[z (s)]	from
za	[za:]	for
zgadzać się, -m, -sz	[zga:dza:tś śę, -m, -ʃ]	agree

OBJAŚNIENIA

Józef (-a)	[yu:zef (-a:)]	Joseph
Wrocław (-wia)	[vro:tsła:v (-v'a:)]	a town in the south-west of Poland
witam pana, panie Józefie		welcome, Mr. Joseph
i cóż?		well?
słucham, słucham		I am listening; well?
nie zna jeszcze nikogo		he doesn't know anybody yet
chodzi mu o odszkodowanie		he wants to get compensation

43

przyjść po odpowiedź	come for an answer
nie wiem, jak mam dziękować	I don't know how to thank
ma przyjść	is to come

For Declensions of Nouns and Adjectives, Personal Pronouns, Object Case see Part III, pages 168—172, 176—177.

PRONUNCIATION EXERCISE

Przeczytaj:

wi [v']

witam	[**vi**:ta:m]	(I) welcome, (I) greet
wielka	[**v'**elka:]	big, large, great (Fem.)
wiatr	[v'a:tr]	wind
wiosna	[**v'o**:sna]	spring (season)

r [r]

brat	[bra:t]	brother
Wrocław	[**vro:tsła**:f]	town in western Poland
opera	[o:pera:]	opera
wracam	[**vra**:tsa:m]	I return

ZAPAMIĘTAJ!

Mam wielką prośbę.

Czy **masz** brata we Wrocławiu?

On (ona) **ma** dokumenty.

Jak **mam** dziękować?

Nie zgadzam się.

Nie słuchasz opery.

Ona (on) **nie** zna pana Józefa.

Nie wracamy z Poznania.

Nie mieszkacie w Szczecinie

One (oni) **nie** znają nikogo.

Czy wiesz?

Czy rozumiesz?

Nie wiem.

Nie rozumiem. (**Nie mam** pojęcia)

po wypadku — *after an accident*

po odpowiedź — *for an answer*

w Krakowie *but:* **we** Wrocławiu (*as it is easier to pronounce!*)

z Poznania *but:* **ze** Szczecina

EXERCISES

I. *Answer the following questions:*
   1. Gdzie mieszka brat pana Józefa?
   2. Z kim tam mieszka? (*whom — with*)
   3. O co mu chodzi?
   4. Czy zna kogo we Wrocławiu?
   5. Kiedy pan Józef ma przyjść (*is to come*) z dokumentami po odpowiedź?

II. *Tell the story of Joseph's brother in the first person Singular. Begin:* Mieszkam...

III. *Translate the following phrases and sentences:*
   1. I have a great request.
   2. I don't know how to thank you.
   3. I understand.
   4. Thank you very much.

IV. *Use the following phrases in sentences:* właśnie, gdzie, wiem, zgadzam się, rozumie, witam.
   1. — pana, panie Józefie.
   2. On nie — po polsku.
   3. — wracam z Lublina.
   4. Czy pan się zgadza? — —
   5. Nie — , kim jest pan Jodłowski.
   6. — mieszka twoja siostra?

V. *Use the adjectives:* ładny, miły, szczęśliwy, wielki *in correct gender and case with the given nouns:*
   dziewczyna, Ryś, Marysia. Haneczka, Janek i Tadek, prośba.

   E x a m p l e : Pani Kwiecińska — miła, ładna, szczęśliwa.
   Pan Kwieciński — miły, ładny...

9
ŚNIADANIE

Piotr: — Czy nie jesteś głodna, Basiu?

Basia: — Nie. Zwykle jem śniadanie o godzinie ósmej rano, a teraz jest dopiero dziesiąta. Ale ty jesteś pewnie głodny, co?

Piotr: — Ja mam zawsze ogromny apetyt. Mama zostawia mi śniadanie przed wyjściem do pracy, więc od dziewiątej czekam już na obiad.

Basia: — A cóż ty masz na śniadanie, że tak prędko o nim zapominasz?

Piotr: — Mam zwykle dwie bułki z masłem albo dwie kromki chleba z masłem, czasem jem jeszcze jedno jajko albo wędlinę i piję jedną albo dwie filiżanki kawy.

Basia: — Och, ty żarłoku, i jeszcze jesteś głodny? Ja piję szklankę herbaty z jednym kawałkiem cukru i jem jedną kromkę chleba z kawałkiem białego sera.

Piotr: — Bo ty chcesz utrzymać piękną linię, a ja chcę być silny!

SŁOWNICZEK

albo	[a:lbo:]	or
apetyt, -u	[a:petit, -u:]	appetite
biały, -a, -e	[b'a:łi, -a:, -e]	white
bułka, -i	[bu:łka:, -i:]	roll
być	[bitś]	be
chcę, chcesz	[htsę htseʃ]	(I, you) want
chleb, -a	[hlep, -ba:]	bread
cukier, cukru	[tsu:k'er tsu:kru:]	sugar
dopiero	[do:p'ero:]	barely, just

dwie	[dv'e]	two (Fem. Plur.)
dziewiąta	[dźev'onta:]	ninth (Fem. Sing.)
filiżanka, -i	[fi:li:ʒa:nka:, -i:]	cup
głodny, -a, -e	[gło:dni, -a:, -e]	hungry
herbata, -y	[herba:ta:, -i]	tea
jajko, -a	[ya:yko:, -a:]	egg
jeść, jem, jesz	[yeśtś yem yeʃ]	eat
kawa, -y	[ka:va:, -i]	coffee
kawałek, -łka	[ka:va:łek:, -łka:]	piece
kromka, -i	[kro:mka:, -ki:]	slice, piece
linia, -ii	[li:ńa, -i:i:]	line, here: figure
masło, -a	[ma:sło:, -a:]	butter
mi (Dative)	[mi:]	me
nie bardzo	[ńe ba:rdzo:]	not very much
o (nim)	[o: (ni:m)]	of, about (him)
obiad, -u	[o:b'a:t, -du:]	dinner
od (Gen.)	[o:t]	from
ogromny, -a, -e	[o:gro:mni, -a:, -e]	enormous, immense
ósma	[u:sma:]	eight (Fem. Sing.)
pewnie	[pevńe]	surely, probably
pić	[pi:tś]	drink
piękny, -a, -e	[p'enkni, -a:, -e]	beautiful
prędko	[prentko:]	quickly, soon
przed (Instr.)	[pʃet]	before
ser, -a	[ser, -a:]	cheese
silny, -a, -e	[si:lni, -a, -e]	strong
szklanka, -i	[ʃkla:nka:, -i:]	glass
śniadanie, -a	[śńa:da:ńe, -a:]	breakfast
tylko	[tilko:]	only
utrzymać	[u:tʃima:tś]	keep up
wędlina, -y	[vendli:na:, -i]	smoked meat
więc	[v'ents]	then, so
wyjście, -a	[viyśtśe, -a:]	going out, leaving
z (czym) (Instr.)	[s (tʃim)]	with (what)
zapominać, m, -sz	[za:po:mi:na:tś, -m, -ʃ]	forget
zostawiać, -m, -sz	[zo:sta:v'a:tś, -m, -ʃ]	leave
zwykle	[zvikle]	usually
żarłok	[ʒa:rło:k]	glutton

OBJAŚNIENIA

Basia (-si)	[ba:śa:, (-i:)]	Barbara (dimin.), Babs
Piotr (-a)	[p'o:tr (-a:)]	Peter

przed wyjściem do pracy	before going to work
bułki z masłem, chleb z masłem	rolls and butter, bread and butter
chcesz utrzymać piękną linię	you want to keep a slim figure

ZAPAMIĘTAJ!

Czy Basia jest głodna?	**Czy** Marysia jest miła?
Czy (ona) jest szczęśliwa?	**Czy** (ona) jest ładna?

    rano   jutro   teraz   zaraz   zawsze   czasem

Kiedy?

at	**o** ósmej, dziewiątej, dziesiątej (*Loc.*)
after (past)	**po** ósmej, **po** dziewiątej, **po** dziesiątej (*Loc.*)
before	**przed** ósmą, **przed** dziewiątą,
	przed dziesiątą (*Instr.*)

Mam **na** śniadanie.	Czekam **na** obiad.	(*Acc.*) — *for*
z masłem	**z** kawałkiem	(*Instr.*) — *with*

PRONUNCIATION EXERCISE

Przeczytaj:

ą [ą, on, om]

wąchają	[vąha:yą]	they smell
pąk	[ponk]	bud
bąk	[bonk]	horse-fly, top
żądło	[ʒondło:]	sting
mądry	[mondri]	wise
ząb	[zomp]	tooth

Change of final voiced consonants into voiceless ones:

Final **z** [s]	teraz, zaraz	[tera:s za:ra:s]	now, at once
b [p]	chleb	[hlep]	bread
d [t]	obiad	[o:b'a:t]	dinner
w [f]	Wrocław, Kraków	[vro:tsła:f kra:ku:f]	names of towns
dź [tś]	odpowiedź	[o:tpo:v'etś]	answer (N.)
ż [ʃ]	mąż	[mąʃ]	husband

EXERCISES

I. *Answer the following questions:*
1. Kiedy Basia zwykle je śniadanie?
2. Kto zostawia Piotrowi śniadanie i kiedy?
3. Co je Piotr na śniadanie?
4. Co je Basia na śniadanie?
5. Co jesz na śniadanie?
6. Czy teraz jesteś głodny (głodna)?
7. Czy masz apetyt?

II. *Apply the proper gender, number and case of adjectives:*
głodny, silny, miły, ładny *with the following nouns:*
mąż, żona, dzieci, Basia, Piotr, chłopcy, panie.

III. *Write the following sentences in the Interrogative Form, then answer orally in the Negative Form:*
1. Mąż wraca jutro.
2. Haneczka śpiewa w operze.
3. Tadek jest na poczcie.
4. Pan Jodłowski przeszkadza.
5. Wracamy z Wrocławia.
6. Dobrze opowiadasz.
7. Znacie mnie.
8. Jesteśmy głodni.
9. Oni czekają na obiad.
10. Prędko zapominasz o śniadaniu.

IV. *Translate the following sentences:*
1. Are you hungry? Not very.
2. I usually have two pieces of bread and butter for breakfast.
3. He sometimes drinks one or two glasses of coffee.
4. She wants to be strong.
5. Do they take bread or rolls?

10
ŚNIADANIE U PAŃSTWA KOWALSKICH

Jest godzina siódma. Państwo Kowalscy i ich dzieci jedzą śniadanie.

— Podaj mi masło, Zosiu — mówi pani Kowalska do swojej siedmioletniej córki.

— Mleko jest gorące — narzeka czteroletni Andrzejek.

— Poczekaj chwilę, synku — mówi ojciec. — Nie dotykaj palcami szklanki.

— Czemu tatuś i mamusia piją kawę, a ja mleko? — pyta malec.

— Nie wiesz, Andrzejku? Bo jesteś jeszcze mały. Mleko jest dobre dla dzieci. Rozumiesz?

— Rozumiem — kiwa głową chłopiec.

— Teraz mleko nie jest już gorące, pij, Andrzejku.

— Czy to jajko dla mnie? — pyta Zosia.

— Tak, córeczko. Każdy z nas ma dzisiaj po jednym jajku na pierwsze śniadanie i po jednym jabłku na drugie śniadanie.

SŁOWNICZEK

chwila, -i	[hfi:la:, -i:]	moment
córeczka, -i	[tsu:retʃka:, -i:]	little daughter
córka, -i	[tsu:rka:, -i:]	daughter
czemu? (= dlaczego?)	[tʃemu:]	why?
czteroletni, -nia, -nie	[tʃtero:letni:, -ńa:, -ńe]	four years old
dla (Gen.)	[dla:]	for
dobry, -a, -e	[do:bri, -a:, -e]	good
dotykać, -m, -sz	[do:tika:tś, -m, -ʃ]	touch
drugie	[dru:g'e]	second (Neuter, Sing.)
głowa, -y	[gło:va:, -i]	head
gorący, -a, -e	[go:rontsi, -a:, -e]	hot
ich	[i:h]	their

jedzą (jeść)	[yedzą (yeśtś)]	they eat (to eat)
każdy, -a, -e	[ka:ʒdi, -a:, -e]	everyone
kiwać, -m, -sz	[ki:va:tś, -m, -ʃ]	nod
malec, -lca	[ma:lets, -ltsa:]	youngster
mały, -a, -e	[ma:łi, -a:, -e]	little
mamusia, -si	[ma:mu:śa:, -i]	Mummy
mleko, -a	[mleko:, -a:]	milk
(dla) mnie	[(dla:) mńe]	(for) me
mówić	[mu:vi:tś]	say
narzekać, -m, -sz	[na:ʒeka:tś, -m, -ʃ]	complain
(z) nas	[(z) na:s]	(of) us
ojciec, ojca	[o:ytśets o:yts:a]	father
palec, palca, (Pl.) palce	[pa:lec pa:lca: pa:lce]	finger
państwo, -a	[pa:ństfo:, -a:]	Mr. and Mrs.
pierwszy, -a, -e	[p'erfʃi, -a:, -e]	(the) first
poczekać, -m, -sz	[po:tʃeka:tś, -m, -ʃ]	wait
podać, -m, -sz	[po:da:tś, -m, -ʃ]	pass, give
siedmioletni, -nia, -nie	[śedm'o:letni:, -ńa:, -ńe]	seven years old
siódma	[śu:dma:]	seventh (Fem., Sing.)
swojej	[sfo:yey]	here: her (Possessive)
synek, synka	[sinek sinka:]	sonnie
tatuś, -sia	[ta:tu:ś, -śa:]	Daddy

OBJAŚNIENIA

podaj mi masło	pass me the butter
poczekaj chwilę	wait a little, wait a moment
kiwa głową	nods his head
każdy z nas	each of us
ma po jednym jajku	has an egg each
drugie śniadanie	second breakfast, lunch
Zosiu!, Andrzejku! ⎫	these are Vocatives, different
synku!, córeczko! ⎭	from other cases

For conjugation of the verbs: rozumieć, wiedzieć, jeść *see* Part III, pages 181—182.

ZAPAMIĘTAJ!

Why? — **Dlaczego?** (Czemu?)
Kiedy jesz śniadanie? **Co** jesz na śniadanie? **Jak** jesz? **Prędko?**
Podaj mi masło. **Proszę** podać mi kawę, dwie bułki z masłem i dwa jajka.

4*

Czy to jabłko jest **dla** mnie?   Nie, **dla** dzieci. (*Gen.*)
po jabłku   **po** jajku   (*each a...*)
Poczekaj chwilę! (*Acc.*)   **Nie** dotykaj szklanki! (*Gen.*)
Podaj masło! (*Acc.*)   **Nie** jedz masła! (*Gen.*)
Pij mleko! (*Acc.*)   **Nie** pij mleka! (*Gen.*)
Jedz jajko! (*Acc.*)   **Nie** jedz jajka! (*Gen.*)

PRONUNCIATION EXERCISE

Przeczytaj:

ę [ę, en, em]

dziękuję	[dźen**ku**:yę]	thank you
proszę	[**pro**:ʃę]	(if you) please, you're welcome
czuję się	[tʃu:yę śę]	I feel, I am
pamiętam	[pa:**m'enta**:m]	I remember
trochę	[**tro**:hę]	a little, a bit
będzie	[**beń**dźe]	will be, shall be
gęsty	[**gę**sti]	thick
zęby	[**zem**by]	teeth

ż, rz [ʒ]

każdy	[**ka**:ʒdi]	everyone
narzekać	[na:ʒeka:tś]	complain
Andrzejek	[a:nd**ʒe**yek]	Andrew
żarłok	[**ʒa**:rło:k]	glutton
w operze	[v o:**pe**ʒe]	in the opera
w biurze	[v b'u:ʒe]	in the office

EXERCISES

I. *Answer the following questions:*

1. O której godzinie jedzą śniadanie państwo Kowalscy?
2. Jak się nazywa córka, jak się nazywa syn?
3. Ile lat ma Zosia, a ile Andrzejek?
4. Dlaczego Andrzejek pije mleko?

5. Czy jajko jest dla Zosi?
6. Po ile jaj ma każdy na pierwsze śniadanie?
7. Po ile jabłek ma każdy na drugie śniadanie?

II. *Translate the following sentences:*
1. Pass the butter, please.
2. My coffee is hot.
3. Wait a moment.
4. Do you understand?
5. Why does Andrew complain?
6. Drink milk now, Andrew.
7. I have an apple.
8. Is this roll for me?
9. Don't you know?

III. *In the following sentences change:* a) *the Singular into the Plural*, b) *the Plural into the Singular.*

a) 1. Córka je chleb z masłem i pije herbatę.
2. Chłopiec jest jeszcze głodny.
3. Jajko jest dla ciebie.
4. Jem śniadanie o godzinie siódmej.

b) 1. Oni jedzą dwie bułki z masłem.
2. One piją dwie szklanki mleka.
3. Nie dotykajcie szklanek.
4. Mieszkamy przy ulicy Ogrodowej.

IV. *Add the following Adjectives, in proper gender, number and case, to the given Nouns:*

a) gorący   kawa, herbata, mleko, chleb, bułki
b) mały *)   chłopiec, dziewczyna, córka, śniadanie, dzieci
c) silny *)   chłopcy, dzieci
d) miły *)   państwo Kowalscy, Marysia, Zosia, Zbyszek, Tadek i Janek

11

U ZNAJOMYCH

— Haneczko, pan Markiewicz.

— Witam pana. Proszę siadać, o tu po prawej stronie. Co mam panu podać: jajka, szynkę, boczek czy rybę? Rysiek, podaj panu chleb, masło.

---

*) *Mascul. Plural:* mali, silni, mili.

— Proszę.

— Dziękuję bardzo, ale nie jadam tak obfitego śniadania.

— A cóż pan jada na śniadanie?

— U nas w Polsce pijemy kawę albo herbatę i jemy bułki z masłem lub chleb. Zaczynamy pracę wcześnie, więc nie mamy dużo czasu na pierwsze śniadanie. W biurze, w fabryce czy w szkole jemy tak zwane drugie śniadanie. Każdy ma z sobą chleb czy bułkę z masłem, czasem jajko lub kiełbasę i popijamy to herbatą lub czarną kawą o godzinie dziesiątej czy jedenastej rano.

— Nie macie przerwy w pracy?

— W szkole są przerwy co 45 minut. Dzieci piją mleko i jedzą śniadanie na tak zwanej dużej przerwie, o godzinie pół do jedenastej. Robotnicy mają przerwę w pracy w południe. W biurze nie mamy przerwy.

SŁOWNICZEK

boczek, -ku	[**bo**:tʃek, -ku:]	bacon
czarny, -a, -e	[**tʃa**:rni, -a:, -e]	black
czy	[**tʃ**i]	here: or
dużo	[**du**:ʒo:]	much, many
duży, -a, -e	[**du**:ʒi, -a:, -e]	big
jadać, -m, -sz	[**ya**:da:tś, -m, -ʃ]	(usually) eat
kiełbasa, -y	[ķ'ełba:sa:, -i]	sausage

54

minuta, -y	[mi:**nu**:ta:, -i]	minute
obfity, -a, -e	[o:pfi:ti, -a:, -e]	copious, abundant
popijać, -m, -sz	[po:**pi**:ya:tś, -m, -ʃ]	drink (after something)
pół	[pu:ł]	half
prawy, -a, -e	[**pra**:vi, -a:, -e]	right
przerwa, -y	[**p**ʃerva:, -i]	break
robotnik, -a	[ro:**bo**:tni:k, -a:]	worker
ryba, -y	[**ri**ba:, -i]	fish
(z) sobą	[(s) **so**:bą]	with (him)self
strona, -y	[**stro**:na:, -i]	side
szkoła, -y	[ʃ**ko**:ła:, -i]	school
szynka, -i	[ʃinka:, -i:]	ham
tak zwane (*abbr.: tzw.*)	[ta:k **zva**:ne]	so called, what is called
umieć, -m, -sz	[u:m'etś, -m, -ʃ]	know, be able
wcześnie	[ftʃeśńe]	early (Adv.)
zaczynać, -m, -sz	[za:tʃina:tś, -m, -ʃ]	begin
znajomy, -ego	[zna:**yo**:mi, -ego:]	acquaintance, friend

OBJAŚNIENIA

po prawej stronie	on the right hand (side)
co mam panu podać?	what am (shall — can) I to serve you with?
nie jadam	I can't eat
a cóż pan jada na śniadanie?	what do you take for breakfast then?
dużo czasu na	much time for
popijamy to	after that we drink
co czterdzieści pięć minut	every 45 minutes
o godzinie pół do jedenastej	at half past ten

For Functions of the Genitive see Part III, page 163.

ZAPAMIĘTAJ!

Proszę.   Proszę bardzo.

Proszę siadać.

Proszę podać...

Proszę teraz iść.

Proszę przyjść rano.

Proszę nie zapominać...

Proszę nie zostawiać...

Proszę nie dotykać...

Proszę nie przeszkadzać.

Proszę zaczynać pracę.
Proszę zgłosić się po odpowiedź.
Proszę przynieść dokumenty.
Proszę chwilę poczekać.
Proszę śpiewać codziennie.
Proszę wracać do domu.
Proszę opowiadać o żonie.
Proszę udzielić mi porady.

na prawo	**po** prawej stronie	
na lewo	**po** lewej stronie	

co	**w** szkole	**na** przerwie
co 45 minut	**w** pracy	
codziennie		

Co **mam** ci (panu, pani) podać? Gdzie **mamy** poczekać?
Jak to **mam** rozumieć? **Mają** z sobą śniadanie
(with themselves).

EXERCISES

I. *Translate the following sentences:*

1. Everyone has bread or a roll and butter.
2. There are breaks in school every 45 minutes.
3. We begin our work very early.
4. At ten or eleven in the morning I drink tea.
5. Children have milk at half past ten.

II. *Change the Affirmative Form into the Negative Form in the following sentences:*

1. Jem śniadanie.
2. Masz czas.
3. On zaczyna pracę o siódmej.
4. Dzieci mają przerwę o ósmej.
5. Andrzejek pije mleko.
6. Zosia je jajko.
7. Państwo Jodłowscy mają córkę.
8. Znamy Haneczkę.

III. *Form questions in the second person Singular or Plural to the following answers; use the Question Words in brackets:*

1. Jadam szynkę na drugie śniadanie. (Co?)
2. Nie mamy przerwy w pracy. (Czy?)
3. Czekamy na brata Haneczki. (Na kogo?)
4. Mama zostawia Piotrowi śniadanie przed wyjściem do pracy. (Kiedy?)
5. Basia je kromkę chleba z kawałkiem białego sera. (Z czym?)
6. Andrzejek jest małym chłopcem. (Kto?)

IV. *Complete the sentences with a suitable form of the Verb in brackets:*

1. Zbyszek nie (czytać) gazety.
2. Andrzej nie (znać) Marysi.
3. Ja (szukać) ulicy Ogrodowej.
4. Czy państwo Kowalscy (mieszkać) tutaj? (*3rd pers. Plur.*)
5. Chłopcy (pamiętać) Annę.
6. Ja (wracać) codziennie o godzinie dziesiątej do domu.
7. Marysia i Haneczka często (pomagać) Basi.
8. Nie (czekać) na mnie. (*2nd pers. Plural*)
9. Czy Anna dobrze (śpiewać)?
10. Tadek nie (mieć) czasu.
11. Ja (opowiadać) o mojej matce.

V. *Change a) the negative sentences formed in the preceding exercise into affirmative sentences, b) affirmative sentences into negative ones.*

12

MOJA NARZECZONA

— Co trzymasz w prawej ręce?

— To fotografia mojej narzeczonej. Jak ci się podoba?

— Fotografia czy narzeczona?

— Naturalnie narzeczona.

— Bardzo przystojna. Ale jakie ma oczy? Tego na fotografii nie widać.

— Krysia ma niebieskie oczy i jasne włosy.

— To tak jak Basia, moja siostra. Ale ja wolę brunetki albo szatynki, może właśnie dlatego, że Basia jest blondynką.

— Czy Krysia jest wysoka?

— Tak, jest wysoka i zgrabna. Twarz ma owalną, nosek prosty, uszy małe, usta pełne, czerwone. Bardzo się podoba. Wszyscy oglądają się za nią na ulicy.

— I wybiera ciebie, Antku?

— Tak. Nasz ślub za miesiąc; mam już dyplom inżyniera w kieszeni.

— Czy Krysia pracuje?

— Nie. Studiuje dziennikarstwo i także niedługo kończy studia.

SŁOWNICZEK

blondynka, -i	[blo:ndinka:, -i:]	fair-haired woman
brunetka, -i	[bru:netka:, -i:]	black-haired woman
czerwony, -a, -e	[tʃervo:ni, -a:, -e]	red
dlatego że	[dla:tego: ʒe]	because, for the reason that
dyplom, -u	[diplo:m, -u:]	diploma
dziennikarstwo, -a	[dźenni:ka:rstfo:, -a:]	journalism
fotografia, -ii	[fo:to:gra:f'a:, -i:i:]	photography, photo, snapshot
inżynier, -a	[i:nʒińer, -a:]	engineer
jasny, -a, -e	[ya:sni, -a:, -e]	blond, fair
kieszeń, -ni	[k'eʃeń, -ni:]	pocket
kończyć, -czę, -czysz	[ko:ńtʃitś, -tʃę, -tʃiʃ]	finish, end
miesiąc, -a	[m'eśonts, -a:]	month
może	[mo:ʒe]	perhaps, may be
na (fotografii)	[na: (fo:to:gra:fi:i:)]	in (the snapshot)
narzeczona, -ej	[na:ʒetʃo:na:, -ey]	fiancée
nasz, -a, -e	[na:ʃ, -a:, -e]	our, ours
naturalnie	[na:tu:ra:lńe]	naturally, of course
niebieski, -ka, -kie	[ńeb'eski:, -ka:, -k'e]	blue
niedługo	[ńedłu:go:]	soon
nos, -a	[no:s, -a:]	nose
nosek, noska	[no:sek no:ska:]	little nose
oczy (Plural of oko)	[o:tʃi]	eyes
oglądać się, -m, -sz	[o:glonda:tś śę, -m, -ʃ]	look round, look after (in the street)
owalny, -a, -e	[o:va:lni, -a:, -e]	oval
panna, -y	[pa:nna:, -i]	young girl, Miss

pełny, -a, -e	[pełni, -a:, -e]	full
pracować, pracuję, -esz	[pra:tso:va:tś pra:-tsu:yę, -yeʃ]	work
prosty, -a, -e	[pro:sti, -a:, -e]	straight
przystojny, -a, -e	[pʃisto:yni, -a:, -e]	handsome
ręka, -i, (Pl.) ręce	[renka:, -i:, rentse]	hand, hands
studia (Pl.)	[stu:dya:]	studies
studiować, studiuję, -esz	[stu:dyo:va:tś stu:-dyu:yę, -eʃ]	study
szatynka, -i	[ʃa:tinka:, -i:]	brown-haired woman
ślub, -u	[ślu:p, -bu:]	wedding
także	[ta:gʒe]	also, too
tego	[tego:]	of this (Gen. after negation)
trzymać, -m, -sz	[tʃima:tś, -m, -ʃ]	hold
twarz, -y	[tfa:ʃ, -ʒi]	face
usta (Pl.)	[u:sta:]	mouth
uszy (Pl. of ucho)	[u:ʃi (u:ho:)]	ears (ear)
widać	[vi:da:tś]	can be seen
włosy (Pl.)	[vło:si]	hair
woleć, wolę, -lisz	[vo:letś vo:lę, -li:ʃ]	prefer
wszyscy (Pl.)	[fʃistsi]	everybody, all
wtedy	[ftedi]	then
wybierać, -m, -sz	[vɪb'era:tś, -m, -ʃ]	choose
wysoki, -ka, -kie	[viso:ki:, -ka:, -k'e]	tall
zgrabny, -a, -e	[zgra:bni, -a:, -e]	graceful

OBJAŚNIENIA

jak ci się podoba?	how do you like?
to tak, jak Basia	just like Basia
wszyscy oglądają się za nią	everybody looks after her

ślub za miesiąc	our wedding (is) in a month
mam dyplom inżyniera w kieszeni	I have got my engineer's diploma in my pocket

For the conjugation of the verbs in **-ę, -esz** *see* Part III, page 181.

ZAPAMIĘTAJ!

Co trzymasz . . . .? **Kogo** wybierasz? **Jak** ci się podoba?
Dlaczego? **Dlatego że... Bo...**

w prawej ręce   w lewej ręce
Nie widać (*Gen.*) dziewczyny, inżyniera, Zosi, Antka,
           pani Wolskiej, pana Kwiecińskiego

(*in*):	(*after*):	(*from, since, for*):
za miesiąc	**po** miesiącu	**od** miesiąca
za chwilę	**po** chwili	**od** chwili
za godzinę	**po** godzinie	**od** godziny
za rok	**po** roku	**od** roku

EXERCISES

I. *Answer the following questions:*

   1. Jakie oczy ma Krysia? Jakie włosy?
   2. Czy Basia jest brunetką, szatynką czy blondynką?
   3. Jaką twarz ma Krysia? Jaki nosek? usta?
   4. Dlaczego wszyscy oglądają się za nią na ulicy?
   5. Kiedy ślub Antka i Krysi?
   6. Co robi Krysia?

II. *Say what you look like, what are your eyes, your hair, nose like.*

III. *Translate the following sentences:*

   1. How do you like her?
   2. It's my fiancée.
   3. She is very handsome.
   4. I prefer blondes.
   5. I have my engineer's diploma in my pocket.
   6. Where does he work?
   7. He finishes his studies in a year.

IV. *Write the following sentences in the Negative Form, changing Accus. into Genit. after the negation, where needed:*

1. Ona pracuje w biurze.
2. On mi się podoba.
3. Haneczka jest zgrabna.
4. Mam dyplom inżyniera.
5. W prawej ręce trzymam fotografię.
6. Krysia mieszka w Warszawie.
7. Czy znacie Annę?
8. Dlaczego pani pyta o Rysia?
9. Oni wysyłają depeszę.
10. Zbyszek jest żonaty.
11. Oni są szczęśliwi.

13

KRYSIA KUPUJE PŁASZCZ

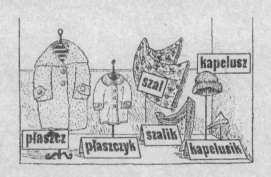

— Gdzie można kupić ładny płaszcz jesienny? Czy w Domach „Centrum"?

— Nie. Są tam jesionki, płaszcze, nawet futra, ale jeżeli chcesz kupić coś eleganckiego, to musisz pójść do Domu Mody. Chodźmy do „Ewy". O, widzisz ten płaszcz w zielono--czarną kratkę? Jak ci się podoba, Krysiu?

— Nie bardzo. Jest zbyt jaskrawy.

— A ty wolisz coś w spokojnym kolorze i zwykłego kroju, czy tak? Taki, jak mój popielaty płaszcz?

— Tak. Lubię popielaty płaszczyk. Przecież mogę ożywić go jaskrawym szalikiem, mogę włożyć kolorowy kapelusik, ale na deszczowe jesienne czy wiosenne dni wolę nosić suknie i płaszcze w jednym kolorze.

O, patrz, tam jest coś ładnego. Wejdźmy.

SŁOWNICZEK

centralny, -a, -e	[tŝentra:lni, -a:, -e]	central
coś	[tso:ś]	something
deszczowy, -a, -e	[deʃtʃo:vi, -a:, -e]	rainy
Domy „Centrum"	[do:mi tsentru:m]	Central Stores
elegancki, -a, -e	[elega:ntski:, -a:, -e]	elegant, smart
futro, -a	[fu:tro:, -a:]	fur coat
jaskrawy, -a, -e	[ya:skra:vi, -a:, -e]	showy, colourful
jesienny, -a, -e	[yeśenni, -a:, -e]	autumnal
jesionka, -i	[yeśo:nka:, -i:]	autumn coat
jeżeli	[yeʒeli:]	if
kapelusz, -a	[ka:pelu:ʃ, -a:]	hat
kapelusik, -a	[ka:pelu:si:k, -a:]	little hat
kolor, -u	[ko:lo:r, -u:]	colour
kolorowy, -a, -e	[ko:lo:ro:vi, -a:, -e]	colourful
kratka, -i	[kra:tka:, -i:]	check
krój, kroju	[kru:y kro:yu:]	cut (N.)
kupić, kupię, kupisz	[ku:pi:tŝ ku:p'ę ku:pi:ʃ]	buy
lubić, lubię, -isz	[lu:bi:tŝ lu:b'ę, -i:ʃ]	like, be fond of
ładny, -a, -e	[ła:dni, -a:, -e]	pretty, nice
moda, -y	[mo:da:, -i]	fashion
mogę, możesz	[mo:gę mo:ʒcʃ]	I can, you can
można	[mo:ʒna:]	you can, it can be, it is possible
musisz	[mu:si:ʃ]	you must
nawet	[na:vet]	even
nosić, noszę, nosisz	[no:si:tŝ no:ʃę no:si:ʃ]	wear
ożywić, ożywię, -isz	[o:ʒivi:tŝ o:ʒiv'ę, -i:ʃ]	enliven, liven up
patrz!	[pa:tʃ]	look!
popielaty, -a, -e	[po:p'ela:ti, -a:, -e]	grey
pójść, pójdę, -dziesz	[pu:yśtŝ pu:ydę pu:ydźeʃ]	go
przecież	[pʃetśeʃ]	after all
rzecz, -y	[ʒetʃ, -tʃi]	thing

spokojny, -a, -e	[spo:**ko**:yni, -a:, -e]	quiet
suknia, -i	[**su**:kńa:, -i:]	dress, gown
szalik, -a	[**ʃa**:li:k, -a:]	scarf
tam	[ta:m]	there
ten, ta, to	[ten ta: to:]	this (Masc., Fem., Neuter)
towarowy, -a, -e	[to:va:**ro**:vi, -a:, -e]	ware (Adj.)
widzieć, widzę, -dzisz	[**vi**:dźetś **vi**:dzę, -i:ʃ]	see
włożyć, włożę, -ysz	[**vło**:ʒitś **vło**:ʒę **vło**:ʒiʃ]	put on
zbyt	[zbit]	too
zielony, -a, -e	[źelo:ni, -a:, -e]	green
zielono-czarny	[źelo:no: **tʃa**:rni]	green and black
zwykły, -a, -e	[**zvi**kłi, -a:, -e]	ordinary

OBJAŚNIENIA

gdzie można kupić?	where can one buy?
jeśli chcesz kupić	if you wish to buy
coś eleganckiego	something smart, something elegant
chodźmy	let us go
„EWA"	name of a fashionable store in Warsaw
płaszcz w kratkę	check coat
zbyt jaskrawy	too showy
coś w spokojnym kolorze	some quiet colour
patrz!	look!
wejdźmy	let us go in

For Plural of Nouns (names of things) and Adjectives, for Diminutives see Part III, pages 169—172, 176—177, 173 respectively.

ZAPAMIĘTAJ!

Można kupić.	**Możemy** śpiewać.
Można włożyć.	**Musimy** iść.
Można ożywić.	**Lubimy** czytać.
Można pójść.	**Wolimy** słuchać opery.
	Chcemy mieszkać w Szczecinie.

Gdzie?	**w** biurze	**w** kieszeni	tam
	w szkole	**w** szklance	**na** ulicy

w fabryce   w ręce
w domu   w ustach
w Domach „Centrum"   w oczach
w Domu Mody

coś dobrego (*Gen.*)
coś ładnego
coś miłego
coś białego, czerwonego, niebieskiego
coś wielkiego
coś kolorowego
coś pięknego
coś gorącego
coś eleganckiego

Zdrobnienia (*Diminutives*):

Barbara	— Basia	kapelusz	— kapelusik
Jan	— Jaś	szal	— szalik
Anna	— Haneczka	płaszcz	— płaszczyk
Maria	— Marysia	matka	— mama, mamusia

PRONUNCIATION EXERCISE

Softened or palatalized consonants

[ń]	jesień, suknia, nią, inżynier	[yeśeń su:kńa: ńą i:nʒińer]	autumn, dress, with her, engineer
[tś]	chodźcie, pójść, widzieć	[ho:tśtśe pu:yśtś vi:dźetś]	come, to go, to see
[ś]	coś, jesienny, kape-lusik, się	[tso:ś yeśenni ka:-pelu:si:k śę]	something, autumnal, little hat, Refl. Pr.
[ź]	zielony	[źelo:ni]	green
[dź]	w modzie, chodźmy, wejdźmy, widzieć	[v mo:dźe ho:dźmi veydźmi vi:dźetś]	fashion (Loc.), let's go, let's go in, to see
[p']	kupię, popielaty	[ku:p'ę po:p'ela:ti]	I'll buy, grey
[b']	lubię, wybierać	[lu:b'ę vib'era:tś]	I like, to choose
[f']	fotografia	[fo:to:gra:f'a:]	photography
[v']	opowiadać, dwie	[o:po:v'a:da:tś dv'e]	tell, two
[k']	kiedy	[k'edi]	when

64

EXERCISES

I. *Answer the following questions:*

1. Gdzie można kupić ładny płaszcz w Warszawie?
2. Co można kupić w Domach „Centrum"?
3. Jaki sklep ma eleganckie suknie i płaszcze?
4. Czym można ożywić popielaty płaszczyk?
5. Czy Krysi podoba się płaszcz w zielono-czarną kratkę? Dlaczego?
6. Jakie suknie i płaszcze wolisz: jaskrawe czy w spokojnym kolorze?

II. *Form questions to the following answers:*

1. Bardzo mi się podoba ten popielaty płaszcz. (Co?)
2. Mój płaszcz jest zielony. (Jaki?)
3. Mogę włożyć kolorowy kapelusik. (Co?)
4. Na jesienne dni woli Krysia rzeczy w jednym kolorze. (Kiedy?)
5. Musimy pójść do Domu Mody. (Gdzie?)
6. Tak, widzę ten kolorowy kapelusik. (Czy?)

III. *Complete the following sentences with the Adjectives (in brackets) in proper gender, number and case:*

1. Popatrz na tę (elegancki) suknię.
2. Nie lubię (jaskrawy) kolorów.
3. To jest (popielaty) jesionka.
4. Mój szalik nie jest (zielony).
5. Weź (zwykły) suknię.
6. Ten kapelusik jest bardzo (ładny).
7. Pani Kwiatkowska kupuje (czarny) futro.

IV. *Translate the following sentences:*

1. Jeżeli chcesz kupić coś eleganckiego, idź do „Ewy".
2. Chodźmy do Domów „Centrum".
3. Patrz, tam jest coś ładnego. Wejdźmy.
4. Lubię twój kolorowy kapelusik.
5. Dom Mody ma dużo płaszczy i sukien.
6. Czy w Domach „Centrum" są ładne futra?

14

SUKNIA KRYSI

— Jak myślisz, Ewo, czy jest mi dobrze w tym kolorze?

— Czy prosisz mnie o radę, Krysiu? Czy myślisz naprawdę o kupnie tej sukni?

— Niekoniecznie, ale spośród tych kilkunastu sukien, które tu przymierzam, ta mi się najbardziej podoba. Ile ona kosztuje? Czy jest droga?

— Nie, proszę pani. To piękny fason i leży doskonale.

— Milczysz, Ewo? Patrzysz na mnie i uśmiechasz się. Dlaczego?

— Moja droga, tobie jest ładnie w każdej sukni, ale cóż robić, ta mi się właśnie najmniej podoba. Ale rób, jak uważasz.

— Może masz rację. Poczekam jeszcze.

SŁOWNICZEK

drogi, -ga, -gie	[dro:gi:, -ga:, -g'e]	expensive, dear
fason, -u	[fa:so:n, -u:]	fashion
kilkanaście	[ki:lka:na:śtśe]	several
kosztować, kosztuje	[ko:ʃto:va:tś ko:ʃtu:ye]	cost, it costs
który, -a, -e	[ktu:ri, -a:, -e]	which
kupno, -a	[ku:pno:, -a:]	buying
leżeć, leżę, leżysz	[leʒetś leʒę leʒiʃ]	lie

ładnie	[la:dńe]	prettily, nicely
milczeć, milczę, mil-czysz	[mi:ltʃetś mi:ltʃę mi:ltʃiʃ]	be silent
mnie (Acc. 1st pers. Sing.)	[mńe]	me
myśleć (o) (Loc.), my-ślę, myślisz	[miśletś miślę miśli:ʃ]	think (of)
najbardziej	[na:yba:rdźey]	most
najmniej	[na:ymńey]	least
niekoniecznie	[ńeko:ńetʃńe]	not necessarily, not wholly
patrzeć na (Acc.), patrzę, patrzysz	[pa:tʃetś na: pa:tʃę pa:tʃiʃ]	look at
prosić o (Acc.), pro-szę, prosisz	[pro:si:tś pro:ʃę pro:si:ʃ]	ask for
przymierzać, -m, -sz	[pʃim'eʒa:tś, -m -ʃ]	try on
racja, -cji	[ra:tsya:, -tsyi:]	reason, cause
robić, robię, robisz	[ro:bi:tś ro:b'ę ro:bi:ʃ]	do, make
spośród	[spo:śru:t]	among
tobie (Dative 2nd pers. Sing.)	[to:b'e]	to you
uśmiechać się, -m, -sz	[u:śm'eha:tś śę, -m, -ʃ]	smile

OBJAŚNIENIA

czy jest mi dobrze w tym kolorze? — does this colour suit me?
spośród kilkunastu — among several, out of several
ile ona (suknia) kosztuje? — how much does it (this dress) cost?
leży doskonale — (it) fits (you) perfectly
tobie jest ładnie w każdej sukni — you look nice in every dress
może masz rację — perhaps, maybe you are right

For the conjugation of the verbs in -ę, isz *see* Part III, page 181.

Anegdota

— Po co Stokowscy uczą się francuskiego?
— Zaadoptowali francuskie niemowlę i chcą je rozumieć, jak zacz-nie mówić.

po co?	[po:tso:]	what for?
uczyć się	[u:tʃitś śę]	learn
francuski	[fra:ntsu:ski:]	French (language)
francuskiego	[fra:ntsu:sk'ego:]	Genit. of *francuski*

zaadoptowali	[za:a:do:ptó:va:li:]	they have adopted
niemowlę, -cia	[ńemo:vlę, -ća]	baby
chcą	[htsą]	they want
je (*Acc.*)	[ye]	it
rozumieć, -m, -sz	[ro:zu:m'eté, -m, -ʃ]	understand
jak	[ya:k]	when
zacznie	[za:tʃńe]	it begins
mówić, -ę, -sz	[mu:vi:té, -ę, -ʃ]	speak

ZAPAMIĘTAJ!

Kto tak myśli? Nikt.

Jak myślisz?

Co myślisz o... (*Loc.*)?

Czy myślisz **o** kupnie sukni?

      Znam ją doskonale.

      Suknia leży doskonale.

      Doskonale rozumiem.

      Wiem doskonale, co robić.

      Czy jest **mi** (*Dat.*) dobrze w tym kolorze?

      O co **ci** chodzi?

      Czy **ci** się podoba?

      Jej jest ładnie w każdej sukni.

      Czy **wam** nie przeszkadzamy?

Dlaczego się uśmiechacie?

Dlaczego milczycie?

Dlaczego nie myślicie **o** niej?

Przysłówki (*Adverbs*):

Czy ci się podoba?

Czy to **daleko?**

Kiedy wracasz?

      To **tutaj.**

Niekoniecznie. To **dobrze.**

Niedaleko.

Może **dzisiaj**, może **jutro.**

Jeszcze trochę.

Pewnie.

PRONUNCIATION EXERCISE

Przeczytaj:

miły	[mi:łi]	nice, pleasant
miał	[m'a:ł]	had

miód	[m'u:t]	honey
mierzyć	[m'eʒitś]	measure
uśmiech	[u:śm'eh]	smile (N.)

EXERCISES

I. *Answer the following questions:*
1. Czy lubisz suknie w zielonym kolorze?
2. Czy futra są drogie?
3. Ile sukien przymierza Krysia?
4. Dlaczego Ewa patrzy na Krysię i uśmiecha się?
5. Czy Krysia i Ewa kupują coś w Domu Mody?

II. *Write the following sentences in the Negative Form:.*
1. Mam śpiewać dzisiaj.
2. Kto załatwia takie sprawy?
3. Żona zostawia mu śniadanie.
4. Moja herbata jest gorąca.
5. Czy pijesz kawę?
6. To jabłko jest dla ciebie.
7. Tu umieją robić ładne płaszcze.
8. Krysia ma czerwony kapelusz.
9. Płaszcz podoba się Ewie.

III. *In the following sentences change:* a) *the Singular into the Plural,*
b) *the Plural into the Singular:*

a)
1. Muszę pójść do fabryki.
2. Chodź najpierw na śniadanie.
3. Ona nie lubi jaskrawych kolorów.
4. Czy wolisz deszczowe dni?
5. On kończy studia za rok.
6. Myślisz, że ta suknia jest droga?

b)
1. Te suknie leżą doskonale.
2. Chłopcy milczą i uśmiechają się.
3. Bułki z masłem są dobre.
4. Prosicie o mleko czy o kawę?
5. Panie patrzą na dziewczynę.
6. Mamy rację.

IV. *Translate the following sentences:*
1. Czy prosi pan o radę?
2. Chodzi o odszkodowanie.
3. Nie znam tu nikogo.
4. Kiedy wraca twoja matka?
5. Czy podoba ci się moja narzeczona?
6. Co trzymasz w ręce?

15

W DOMU TOWAROWYM

W każdym większym mieście są większe i mniejsze sklepy różnego rodzaju i przynajmniej jeden dom towarowy.

Oto Dom Towarowy w Warszawie. Zajmuje on sześć pięter dużego budynku. Przez duże drzwi wchodzimy do budynku. Na parterze po prawej stronie jest urząd pocztowy, po lewej sprzedaje się artykuły kosmetyczne i różnego rodzaju papiery.

Schody ruchome wiozą nas na pierwsze piętro.

*

* *

— Proszę o ten garnek. Nie, nie ten duży. Ile kosztuje ten mniejszy po prawej stronie?

— Dwadzieścia złotych — mówi sprzedawca.

— Proszę mi dać jeszcze tę małą solniczkę. Ile płacę razem?

— Trzydzieści złotych.

*

* *

— Czy mogę dostać płytę gramofonową z muzyką rozrywkową?

— Proszę, tu jest katalog. Jest dużo płyt z muzyką taneczną.

— Dziękuję. O, płyta z muzyką jazzową. Proszę o te dwie płyty, numer 5 i 112.

— Płyty nr 5 już brak, ale płyta nr 7 jest też bardzo dobra.

— Dobrze, biorę obie.

*

*   *

— Proszę o papier listowy. Nie, ani niebieski, ani zielony, tylko biały. I duży format.

— Czy w kopercie, czy w pudełku?

— Może być pudełko, jeżeli papier ładny.

— Proszę. Oto trzy rodzaje najlepszego papieru listowego.

— Biorę to pudełko. Ile płacę?

— Czterdzieści złotych.

— Czy są tylko małe notesy?

— Nie, są i duże notesy w plastykowej oprawie.

— Biorę ten zielony notes.

— Proszę do kasy.

— Płaci pan 75 zł — mówi kasjerka.

*

*   *

— Lubię wszystko oglądać i długo wybierać.

— I ja też. Przebieram, przebieram i czasem nic nie kupuję, ale przyjemnie oglądać ładne rzeczy. Jedźmy windą na drugie piętro.

— Co sprzedają przy tamtym stoisku?

— Bieliznę męską, damską i dziecinną. A tu koszule, krawaty, marynarki.

— A gdzie można dostać materiały wełniane?

— Też na drugim piętrze. Patrz! Moja kuzynka, Marysia Zielińska.

— Gdzie?

— Tam na prawo. Wybiera kapelusz.

— Jaka tam kolejka! Mężczyźni, kobiety, dzieci... Stoją w kolejce po buciki.

— Czwarte piętro — firanki, dywany. Piąte piętro — artykuły sportowe, czapki, rękawiczki. Uff, jaka jestem zmęczona. Chodźmy do kawiarni.

— Dobrze. I ja jestem zmęczony i głodny.

SŁOWNICZEK

ani ... ani	[a:ni: ... a:ni:]	neither ... nor
artykuł, -u	[a:rtiku:ł, -u:]	article
bielizna, -y	[b'eli:zna:, -i]	linen
brać, biorę, bierzesz	[bra:tś b'o:rę b'eʒeʃ]	take
brak, -u	[bra:k, -u:]	lack, want; there's none
bucik, -a	[bu:tsi:k, -a:]	shoe
budynek, -nku	[bu:dinek, -nku:]	building
czapka, -i	[tʃa:pka:, -i:]	cap
czwarty, -a, -e	[tʃfa:rti, -a:, -e]	fourth
dać, dam, dasz	[da:tś da:m da:ʃ]	give
damski, -ka, -kie	[da:mski:, -ka:, -k'e]	ladies' (Adj.)
długo	[dłu:go:]	a long time
dostać, -nę, -niesz	[do:sta:tś, -nę, -n'eʃ]	get
drzwi	[dʒvi:]	door (in Polish the Plural!)
duży, -a, -e	[du:ʒi, -a:, -e]	big, large
dywan, -u	[di:va:n, -u:]	carpet
dziecinny, -a, -e	[dźetsi:nni, -a:, -e]	children's
firanka, -i	[fi:ra:nka:, -i:]	curtain
format, -u	[fo:rma:t, -u:]	size
garnek, -nka	[ga:rnek, -nka:]	pot
gramofon, -u	[gra:mo:fo:n, -u:]	gramophone (N.)
gramofonowy, -a, -e	[gra:mo:fo:no:vi, -a:, -e]	gramophone (Adj.)
inny, -a, -e	[i:nni, -a:, -e]	other
jazz, -u	[dʒaez, -u:]	jazz (N.)
jazzowy, a, -e	[dʒaezo:vi, -a:, -e]	jazz (Adj.)
jechać, jadę, jedziesz	[yeha:tś ya:dę yedźeʃ]	go, drive, ride (at the moment)
jeździć, jeżdżę, jeździsz	[yeździ:tś yeʒdʒę yeździ:ʃ]	go, drive, ride (usually)
już	[yu:ʃ]	already

kasa, -y	[ka:sa:, -i]	cash-desk
kasjer, -a	[ka:syer, -a:]	cashier (Masc.)
kasjerka, -i	[ka:syerka:, -i:]	cashier (Fem.)
kawiarnia, -i	[ka:v'a:rńa:, -i:]	café, coffee-house
kobieta, -y	[ko:b'eta:, -i]	woman
kolejka, -i	[ko:leyka:, -i:]	queue
koperta, -y	[ko:perta:, -i]	envelope
kosmetyczny, -a, -e	[ko:smetitʃni, -a:, -e]	cosmetic
koszula, -i	[ko:ʃu:la:, -i:]	shirt
krawat, -u	[kra:va:t, -u:]	tie
kupować, kupuję, -esz	[ku:po:va:tś ku:pu:yę, -eʃ]	buy
kuzyn, -a	[ku:zin, -a:]	cousin (Masc.)
kuzynka, -i	[ku:zinka:, -i:]	cousin (Fem.)
lewy, -a, -e	[levi, -a:, -e]	left
list, -u	[li:st, -u:]	letter
marynarka, -i	[ma:rina:rka:, -i:]	suit, coat
materiał, -u	[ma:terya:ł, -u:]	material, stuff
męski, -a, -e	[męski:, -a:, -e]	men's, masculine
mężczyzna, -y	[męʃtʃizna:, -i]	man
mniejszy, -a, -e	[mńeyʃi, -a:, -e]	lesser, smaller
muzyka, -i	[mu:zika:, -i:]	music
najlepszy, -a, -e	[na:ylepʃi, -a:, -e]	best
niebieski, -ka, -kie	[ńeb'eski:, -ka:, -k'e]	blue
notes, -u	[no:tes, -u:]	note-book
numer, -u	[nu:mer, -u:]	number
obie	[o:b'e]	both (Fem.)
oglądać, -m, -sz	[o:glonda:tś, -m, -ʃ]	look at, inspect, examine
oprawa, -y	[o:pra:va:, -i]	cover
papier, -u	[pa:p'er, -u:]	paper
papier listowy	[paıp'er li:sto:vi]	writing-paper
parter, -u	[pa:rter, -u:]	ground-floor
patrzeć, -ę, -ysz	[pa:tʃetś, -ę, -iʃ]	look at
piąty, -a, -e	[p'onti, -a:, -e]	fifth
plastykowy, -a, -e	[pla:stiko:vi, -a:, -e]	made of plastic
płacić, -cę, -cisz	[pła:tsi:tś, -tsę, -tsi:ʃ]	pay
płyta, -y	[płita:, -i]	plate, slab
płyta gramofonowa	[płita: gra:mo:fo:no:va:]	record
przebierać, -m, -sz	[pʃeb'era:tś, -m, -ʃ]	sort over, pick, select, choose
przyjemnie	[pʃiyemn'e]	agreeably
przynajmniej	[pʃina:ymn'ey	at least

pudełko, -a	[pu:**deł**ko:, -a:]	box
razem	[**ra**:zem]	together
rękawiczka, -i	[renka:**vi**:tʃka:, -i:]	glove
rodzaj, -u	[**ro**:dza:y, -u:]	kind, sort
rozrywkowy, -a, -e	[ro:zrivko:vi, -a:, -e]	entertaining, light (music)
różny, -a, -e	[**ru**:ʒni, -a:, -e]	different, various
ruchomy, -a, -e	[ru:**ho**:mi, -a:, -e]	movable
rzecz, -y	[ʒetʃ, -i]	thing
schody (*Pl.*)	[**sho**:di]	stairs
schody ruchome	[**sho**:di ru:**ho**:me]	escalator
sklep, -u	[sklep, -u:]	shop
solniczka, -i	[so:l**ni**:tʃka:, -i:]	salt-cellar
sportowy, -a, -e	[spo:r**to**:vi, -a:, -e]	sports (Adj.)
sprzedawać, -aję, -ajesz	[spʃeda:va:tś, -a:yę, -a:yeʃ]	sell
sprzedawca, -y	[spʃeda:ftsa:, -i]	shop-assistant
stać, stoję, stoisz	[sta:tś **sto**:yę sto:i:ʃ]	stand
stoisko, -a	[sto:**i**:sko:, -a:]	stand
szósty, -a, -e	[ʃu:sti, -a:, -e]	sixth
tamten, tamta, tamto	[**ta**:mten **ta**:mta: **ta**:mto:]	that
taneczny, -a, -e	[ta:**netʃ**ni, -a:, -e]	dancing (Adj.)
też	[teʃ]	also
trzeci, -a, -e	[tʃetsi:, -a:, -e]	third
tylko	[**tilko**:]	only
uff!	[u:f]	ugh!
urząd pocztowy urzędu pocztowego	[**u**:ʒont po:tʃ**to**:vi] [u:**ʒen**du: po:tʃto:**ve**go:]	post-office Genitive of *urząd pocztowy*
wchodzić, wchodzę, wchodzisz	[**fho**:dzi:tś **fho**:dzę **fho**:dzi:ʃ]	get in
wełniany, -a, -e	[veł**ńa**:ni, -a:, -e]	woollen
wieźć, wiozę, wieziesz	[v'eśtś **v'o**:zę v'eźeʃ]	carry, convey, transport
większy, -a, -e	[v'**enk**ʃi, -a:, -e]	bigger, larger
wszystko	[f**ʃistko**:]	everything, all
wybierać, -m, -sz	[vib'**e**ra:tś, -m, -ʃ]	choose, select
wyżej	[vi**ʒey**]	higher
zajmować, zajmuję zajmujesz	[za:y**mo**:va:tś za:y**mu**:yę za:y**mu**:yeʃ]	occupy
zmęczony, -a, -e	[zment**ʃo**:ni, -a:, -e]	tired

OBJAŚNIENIA

po prawej stronie	on the right (hand side)
po lewej stronie	on the left (hand side)
sprzedaje się	is (are) sold
stoją w kolejce	are waiting in a queue
nic nie kupuję —	I buy nothing, don't buy
niczego nie kupuję	anything
wielkie miasto, płyta gramofonowa	Adjectives may be placed before or after Nouns

For the conjugation of the verbs: **wieźć, jechać, jeździć,** see Part III, page 182.

Ordinal Numbers — Part III, pages 178—179.

ZAPAMIĘTAJ!

każdy sklep różnego rodzaju rzeczy, artykuły, stoiska, płyty
każda kawiarnia
każde miasto
Nic nie wiem,   **nic nie** widać,   **nic nie** wiozą.

Wyrażenia nieosobowe (*Impersonal phrases*):

sprzedaje się, kupuje się, płaci się, daje się, wybiera się...

Ile kosztuje chleb, ser, boczek?
Ile kosztuje ten dywan, ta firanka, to pióro?
Ile kosztują bułki, buciki itp. (i tym podobne)
Jaki? (*Adj.*) mały, duży, długi, ładny, doskonały, ogromny
Jak? (*Adv.*) mało, dużo, długo, ładnie, doskonale, ogromnie
Jaka jestem zmęczona!

Jaki jestem głodny!
Jaki on (jest) duży!
Jaka ona (jest) miła!
Jakie to dziecko (jest) ładne!
Proszę
(*literally*: I beg you, or please, if you please)
is a polite word widely used in Polish.
When somebody knocks at the door, the Pole says: **Proszę!**
— *meaning:* C o m e i n, p l e a s e.
When he hands you anything, he says: **Proszę.**
When you thank him, he again answers: **Proszę** *or:* **Proszę**
bardzo — meaning: I t' s n o t r o u b l e.
When you say: I b e g y o u r p a r d o n, I h a v e n' t
h e a r d, *the Pole says:* **Proszę** *or:* **Co proszę?**
At the beginning of a sentence in conversation he frequently
inserts the expression: **Proszę pana (pani, państwa)** —
comparable to: W e l l, s i r (madam, ladies and gentlemen)
or: I f y o u p l e a s e, s i r (madam . . .)

PRONUNCIATION EXERCISE

Przeczytaj:

sz [ʃ]

depesza	[depeʃaː]	telegram
sześć	[ʃeśtś]	six
Szymon	[ʃimoːn]	Simon
szukać	[ʃuːkaːtś]	look for, search
zawsze	[zaˑfʃe]	always
masz	[maːʃ]	(you) have (2nd pers. Sing.)

szcz [ʃtʃ]

szczekać	[ʃtʃekaːtś]	bark
szczęśliwy	[ʃtʃęśliːvi]	happy
jeszcze	[yeʃtʃe]	still, yet
szczotka	[ʃtʃoːtkaː]	brush
szczur	[ʃtʃuːr]	rat

EXERCISES

I. *Answer the following questions:*

1. Co jest w każdym większym mieście?
2. Ile pięter zajmuje Dom Towarowy w Warszawie?
3. Co jest na parterze po lewej i po prawej stronie?
4. Dokąd nas wiozą schody ruchome?
5. Po.co stoją w kolejce mężczyźni, kobiety i dzieci?
6. Co wybiera Marysia Zielińska?
7. Co można kupić na czwartym i piątym piętrze?

II. *Put in the Ordinal Numbers, formed from the Cardinal Numerals found in brackets:*

1. Słuchaj (pięć) płyty.
2. To jest (sześć) piętro.
3. (jeden) chłopiec śpiewa, (dwa) uśmiecha się.
4. Na (trzy) piętrze wszyscy kupują buciki.
5. O godzinie (dziesięć) wracam do domu.
6. (Siedem) dziewczyna w kolejce kupuje płaszcz, (osiem) wybiera szalik.
7. Jemy śniadanie o godzinie (dziewięć).
8. (Cztery) garnek jest ładny i niedrogi.

III. *Complete the following sentences with the Adjectives:* duży, mały, ruchomy, inny, zielony, sportowy, pocztowy.

1. Gdzie jest urząd — ?
2. Zbyszek kupuje artykuły —.
3. Schody — wiozą nas na szóste piętro.
4. Pani Kwiecińska ma — garnek.
5. Proszę przymierzyć ten — kapelusik.
6. Ten płaszcz mi się nie podoba. Wolę —.
7. Andrzejek ma — notes.

IV. *Translate the following phrases and sentences:*

1. Nie bardzo.
2. Przecież mogę nosić ten płaszcz.
3. Niekoniecznie.
4. Ile kosztuje to futro?
5. Czy to piękny fason?
6. Dlaczego milczysz?

16
U FRYZJERA

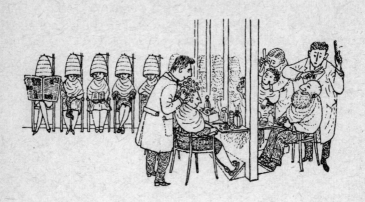

— Czym mogę panu służyć? — pyta fryzjer.

— Proszę mnie szybko ogolić.

Fryzjer nic nie mówi, choć nie widzi ani jednego włoska na gładkiej twarzy młodego chłopca. Golenie nie zabiera mu dużo czasu.

— Czy ostrzyc także?

— Proszę tylko przystrzyc włosy z tyłu.

— Czyja teraz kolej? — pyta jakiś starszy pan z brodą.

— Proszę pana, proszę usiąść tutaj — zaprasza fryzjer.

— Proszę mnie ostrzyc krótko — mówi starszy pan.

Fryzjer nic nie mówi, choć starszy pan z dużą brodą jest zupełnie łysy. Nie, przepraszam, dokoła łysiny ma trochę włosów.

Fryzjer porusza się szybko dokoła klienta, nożyczki poruszają się..., ale przeważnie w powietrzu, tylko raz na dziesięć razy obcinają włos.

Strzyżenie skończone.

A u fryzjera damskiego?

Panie zamawiają kolejkę. Jedne myją i suszą włosy, inne robią manicure. Tej pani fryzjerka farbuje włosy, brwi i rzęsy. Pan Jan układa włosy, pan Józef robi trwałą ondulację jednej pani „na zimno", drugiej „na gorąco" i tak dalej, i dalej przez cały dzień.

SŁOWNICZEK

broda, -y	[**bro**:da:, -i]	beard
brwi (Pl.)	[brvi:]	eye-brows
czyj, czyja, czyje	[tʃiy tʃiya: tʃiye]	whose (Masc., Fem., Neuter)
dokoła	[do:**ko**:ła:]	round (Adv.)
farbować, -uję, -esz	[fa:**rbo**:va:tś, -**bu**:yę, -eʃ]	dye, tint
fryzjer, -a	[**frizyer**, -a:]	hairdresser (Masc.)
fryzjerka, -i	[frizy**er**ka:, -i:]	hairdresser (Fem.)
gładki, -ka, -kie	[**gła**:tki, -ka:, -k'e]	smooth
golenie, -a	[go:**len**'e, -a:]	shaving
gorąco	[go:**ront**so:]	hotly, warmly
jakiś, jakaś, jakieś	[**ya**:ki:ś **ya**:ka:ś **ya**:k'eś]	a, a certain
klient, -a	[kli:yent, -a:]	customer
kolej, -ei	[**ko**:ley, -ei:]	turn
krótko	[**kru**:tko:]	briefly, short (Adv.)
łysina, -y	[łisi:na:, -i]	baldness, bald spot
łysy, -a, -e	[łisi, -a:, -e]	bald
manicure	[ma:**ni**:kyu:r]	manicure
młody, -a, -e	[**mło**:di, -a:, -e]	young
myć, myję, -esz	[mitś **miyę**, -eʃ]	wash
nożyczki (Pl.)	[no:ʒitʃki:]	scissors
obcinać, -m, -sz	[o:ptsi:na:tś, -m, -ʃ]	cut
ogolić, -lę, -isz	[o:**go**:li:tś, -lę, -li:ʃ]	shave
ondulacja, -cji	[o:ndu:**la**:tsya:, -tsyi:]	waving
ostrzyc, -gę, -żesz	[o:stʃits, -gę, -ʒeʃ]	cut (hair)
poruszać się, -m, -sz	[**po**:ru:ʃa:tś śę, -m, -ʃ]	move, here: snip
przeważnie	[pʃeva:ʒńe]	mostly
przez	[pʃes]	(all day) long

przystrzyc, -gę, -żesz	[pʃistʃits, -gę, -ʒeʃ]	cut short (hair)
raz	[ra:s]	once
razy (Pl.)	[ra:zi]	times
rzęsy (Pl.)	[ʒęsi]	eye-lashes
skończone	[sko:ńtʃo:ne]	finished, is (are) over
służyć, żę, -ysz	[słu:ʒitś, -ę, -iʃ]	serve
starszy, -a, -e	[sta:rʃi, -a:, -e]	elderly
strzyżenie, -a	[stʃiʒeńe, -a:]	haircut
suszyć, suszę, -ysz	[su:ʃitś su:ʃę, -iʃ]	dry
szybko	[ʃipko:]	quickly
trwały, -a, -e	[trfa:łi, -a:, -e]	permanent
tył, -u	[tił, -u:]	back
z tyłu	[s tiłu:]	in the back
układać, -m, -sz	[u:kła:da:tś, -m, -ʃ]	dress (hair)
usiąść, usiądę, usią- dziesz	[u:śąśtś u: śondę u:śońdźeʃ]	sit down, take a seat
włos, -a	[vło:s, -a:]	(one) hair
włosek, włoska	[vło:sek vło:ska:]	(one) little hair
zabierać, -m, -sz	[za:b'era:tś, -m, -ʃ]	take
zapraszać, -m, -sz	[za:pra:ʃa:tś, -m, -ʃ]	invite
zimno	[zi:mno:]	cold (Adv.)
zupełnie	[zu:pełńe]	just, completely

OBJAŚNIENIA

czym mogę panu służyć?	what can I do for you?
nie zabiera mu dużo czasu	it doesn't take long
ani jednego włoska	not one hair
czy ostrzyc także?	shall I cut your hair, too?
czyja teraz kolej?	whose turn (is it) now?
raz na dziesięć	once in ten times
zamawiają kolejkę	they reserve their turn
na zimno, na gorąco	cold permanent, steam permanent
i tak dalej (abbr.: itd.)	and so on
przez cały dzień	all day long

ZAPAMIĘTAJ!

Czym mogę służyć?   **Nic nie** mówi.

Czyja teraz kolej?   **Nie** widzi **ani nie** słyszy.

Proszę mnie ostrzyc.
Proszę mnie ogolić.
Proszę mi zrobić manicure.
Proszę mi zrobić trwałą ondulację.

Zapraszam państwa na obiad.
Zapraszam panią do kawiarni.
Nie zapraszaj Basi!

EXERCISES

I. *Answer the following questions:*
   1. Dlaczego golenie młodego chłopca nie zabiera dużo czasu fryzjerowi?
   2. Czyja teraz kolej?
   3. O co prosi starszy pan?
   4. Co robi fryzjer?
   5. Jak jest u fryzjera damskiego?
   6. Co robi pan Jan, pan Józef?

II. *Conjugate orally in all persons the following sentences:*
   a) Nic nie mówię.
   b) Układam włosy.
   c) Poruszam się szybko.
   d) Co robię?
   e) Nie umiem golić.

III. *Translate the following sentences:*
   1. What can I do for you?
   2. The shave does not take much time.
   3. Whose turn is it now?
   4. Take a seat here, please.
   5. I beg your pardon.
   6. The haircutting is over.
   7. Ladies are drying their hair.
   8. And so on and so on all day long.

IV. *Write questions to the following answers:*
   1. Fryzjer nie widzi ani jednego włoska na gładkiej twarzy chłopca. (Kto? Czego? Gdzie?)
   2. Fryzjer nic nie mówi. (Dlaczego?)
   3. Panie zamawiają kolejkę. (Kto? Co?)
   4. Pan Józef robi trwałą ondulację. (Kto? Co? Jaką?)

6 — Let's Learn Polish

17

PRZYJACIELE

Marek i Piotr są studentami Politechniki. Są dobrymi przyjaciółmi, choć każdy jest inny. Marek jest żywy, mówi szybko, często nie czeka nawet na odpowiedź. Piotr jest powolny, namyśla się nad odpowiedzią, często odpowiada pytaniem na pytanie, żeby lepiej zrozumieć, o co chodzi Markowi.

Oto jedna z tysięcy rozmów:

Marek: Jak się masz, Piotrze?
Piotr: Jak się mam?
Marek: No, tak. Mówi **mi** Jacek, że nie przychodzisz na wykłady, że **ciebie** nie widać nigdzie...
Piotr: **Mnie?** Nie widać nigdzie?
Marek: Przecież **ci** mówię...

Marek: Słuchaj, chcę pójść z **tobą** do kina jutro wieczór, dobrze?
Piotr: Ze **mną?**
Marek: No, tak. Do kina „Ochota" na ten angielski film. Bierzemy balkon.
Wiesz, Danka wciąż mówi o **tobie**...
Piotr: Danka? O **mnie?**
Marek: No, tak. Mówi, że taki jesteś poważny, rozumny, że **cię** bardzo lubi.

Piotr. Danka mnie lubi?

Marek: Ech, co tu gadać, lubi **cię**, i tyle. A ty ani słowa do niej nigdy nie powiesz ani do żadnej innej dziewczyny! Stary kawaler z **ciebie**! No, do widzenia do jutra. Czekaj na **mnie** o ósmej przed kinem.

SŁOWNICZEK

angielski, -ka, -kie	[a:ng'elski:, -ka:, -k'e]	English
balkon, -u	[ba:lko:n, -u:]	balcony
często	[tʃęsto:]	often
ech!	[eh]	eh!
film, -u	[fi:lm, -u:]	film, pictures
gadać, -m, -sz	[ga:da:tś, -m, -ʃ]	talk
kawaler, -a	[ka:va:ler, -a:]	bachelor
kino, -a	[ki:no:, -a:]	cinema
lepiej	[lep'ey]	better
namyślać się, -m, -sz	[na:miśla:tś śę, -m, -ʃ]	reflect, make up one's mind
nigdy	[ni:gdi]	never
nigdzie	[ni:gdźe]	nowhere
odpowiadać, -m, -sz	[o:tpo:v'a:da:tś, -m, -ʃ]	answer
politechnika, -i	[po:li:tehni:ka:, -i:]	Polytechnical School
poważny, -a, -e	[po:va:ʒni, -a:, -e]	serious
powolny, -a, -e	[po:vo:lni, -a:, -e]	slow
przychodzić, -dzę, -dzisz	[pʃiho:dzi:tś, -dzę, -dzi:ʃ]	come
przyjaciel, -a	[pʃiya:tśel, -a:]	friend
pytanie	[pita:ńe, -a:]	question
rozmowa, -y	[ro:zmo:va:, -i]	talk, conversation
rozumny, -a, -e	[ro:zu:mni, -a:, -e]	intelligent, wise
słowo, -a	[sło:vo:, -a:]	word
student, -a	[stu:dent, -a:]	student
tyle	[tile]	so much
tysiąc, -a	[tiśonts, -a:]	a thousand
wciąż	[ftśąʃ]	constantly, continually
wieczór, -ora	[v'etʃu:r, -o:ra:]	evening
wykład, -u	[vikła:t, -du:]	lecture
zrozumieć, -m, -sz	[zro:zu:m'etś, -m, -ʃ]	understand, have understood
żaden, żadna, żadne	[ʒa:den ʒa:dna: ʒa:dne]	none, no
żywy, -a, -e	[ʒivi, -a:, -e]	lively

6*

OBJAŚNIENIA

dobry przyjaciel	good friend
każdy jest inny	each (of them) is different
namyśla się nad odpowiedzią	thinks over his answer
odpowiada pytaniem na pytanie	answers the question with a question
żeby lepiej zrozumieć	to understand better
o co chodzi Markowi	what Mark has in mind
jak się masz?	how are you?
no tak	well, yes
ciebie nie widać nigdzie	you are not seen anywhere
jutro wieczór — jutro wieczorem	tomorrow night
ech, co tu gadać	eh, there's no doubt
lubi cię, i tyle	she likes you, that's sure
żadna inna dziewczyna	no other girl
stary kawaler z ciebie	you are an old bachelor
do jutra	till tomorrow
ciebie — cię	you; *the longer form is used after verbs when emphasis or differentiation between two persons is intended; this longer form is always used after prepositions; e.g.: do ciebie etc.*
	For further information see Part III, pages 173—4.

ZAPAMIĘTAJ!

Instr.		*Nom.*
Jestem nowym studentem.	*but*:	Jestem zmęczony.
Piotr jest dobrym przyjacielem.		Piotr jest powolny.
Marysia jest dobrą żoną.		Marysia jest dobra.
Staś jest miłym dzieckiem.		Staś jest miły.
Basia jest ładną dziewczyną.		Basia jest ładna.
Ten papier jest dokumentem.		Ten papier jest zielony.
Andrzej i Antek są miłymi chłopcami.		Oni są silni.
		(One są silne).
Jesteśmy spokojnymi dziećmi.		Jesteśmy spokojni.
		(spokojne).

Jesteście już starszymi panami.   Jesteście bardzo
                                         poważni.

C h o d z i ć: **na** wykłady   C z e k a ć: **na** przyjaciela
              na Politechnikę   **o** ósmej godzinie
              do szkoły   **przed** kinem
              do kina
Nigdzie ciebie **nie** widać.   **Ani** słowa **nie** powiesz.
              Nie znam **żadnej** Danki.

EXERCISES

I. *Answer the following questions:*
   1. Kim są Marek i Piotr?
   2. Jaki jest Marek?
   3. Jaki jest Piotr?
   4. Co mówi Jacek?
   5. Gdzie chce pójść Marek z Piotrem i kiedy?
   6. Do jakiego kina? na jaki film?
   7. Kto mówi ciągle o Piotrze?
   8. Co Danka mówi o nim?
   9. Dlaczego Marek narzeka na Piotra?

II. *Translate the following sentences:*
   1. On to robi, żeby lepiej zrozumieć, o co chodzi.
   2. Każdy chłopiec jest inny.
   3. Jak się masz, Zbyszku?
   4. W kinie „Ochota" jest ładny angielski film.
   5. Studenci są bardzo poważni i rozumni.

III. *In the following sentences replace the Personal Pronoun of the
   1st person Singular by a proper Pronoun of: a) the 2nd person
   Singular, b) the 3rd person, masculine, Singular.*

   E x a m p l e : Basia chce pójść ze mną do kina.
                   a) Basia chce pójść z tobą do kina.
                   b) Basia chce pójść z nim do kina.

   1. Oni mnie lubią.
   2. Matka wciąż mówi o mnie.
   3. Nigdzie mnie nie widać.
   4. Czy państwo Kowalscy czekają na mnie?

5. Ja nie powiem ani słowa.
6. On mieszka ze mną.
7. Ona mnie nie rozumie.
8. Dzieci mnie nie słuchają.
9. Jodłowski przychodzi do mnie codziennie.
10. Mówią mi, że ze mnie stary kawaler.

18

ODDAJEMY BIELIZNĘ DO PRANIA

— Danusiu, trzeba dzisiaj oddać bieliznę do prania. Pomóż mi ją policzyć, o tu, w korytarzu. Masz papier i pióro. Proszę cię, pisz, co ci dyktuję.

— Dobrze, ciociu. Proszę, już jestem gotowa.

— Dziesięć chusteczek do nosa.

— Dziesięć chusteczek...

— Sześć ręczników.

— Sześć ręczników...

— Czekaj, tu jest jeszcze jeden.

— To znaczy siedem ręczników.

— Tak. Trzy obrusy.

— Dobrze. Trzy obrusy.

— Dwie serwety na stół, dwanaście serwetek.

— Zaraz, zaraz. Dwie serwety, dwanaście serwetek.

— Cztery prześcieradła, trzy poszwy na kołdry.

— Trzy poszwy...

— Pięć poszewek na poduszki i jedna poszwa na pierzynę, to już wszystko.

— Wszystko?

— Tak. Daj mi kartkę, albo nie. Napisz to wszystko jeszcze raz, już nie dla pralni, ale dla mnie.

— Dobrze, ciociu.

SŁOWNICZEK

bielizna, -y	[bʼeli:zna:, -i]	linen, napery
chusteczka (do nosa), -i	[huːstetʃka: (do: no:sa:), -i:]	handkerchief
ciocia, -i	[tɕoːtɕa:, -i:]	auntie
dyktować, -uję, -esz	[diktoːvaːtɕ, -uːyę, -eʃ]	dictate
kartka, -i	[kaːrtka:, -i:]	sheet (of paper)
kołdra, -y	[koːłdra:, -i]	quilt, counterpane, eiderdown
korytarz, -a	[koːrita:ʃ, -ʒa:]	corridor, passage
obrus, -a	[oːbruːs, -a:]	table-cloth
oddać, -m, -sz	[oːddaːtɕ, -m, -ʃ]	
oddawać, oddaję, -esz	[oːddaːvaːtɕ oːddaːyę, -eʃ]	} give, send, get
pierzyna, -y	[pʼeʒina:, -i]	eiderdown
pióro, -a	[pʼuːro:, -a:]	pen
pisz!	[piːʃ]	write!
poduszka, -i	[poːduːʃka:, -i:]	pillow
policzyć, -ę, -ysz	[poːliːtʃitɕ, -ę, -iʃ]	count, have counted
pomóż!	[poːmuːʃ]	help!
poszewka, -i	[poːʃefka:, -i:]	small pillow-case
poszwa, -y	[poːʃfa:, -i]	pillow-case, counterpane-case, eiderdown-case, covering
pralnia, -i	[praːlńa:, -i:]	laundry
pranie, -a	[praːńe, -a:]	washing
prześcieradło, -a	[pʃeśtɕeraːdło:, -a:]	(bed) sheet
ręcznik, -a	[rentʃniːk, -a:]	towel
serweta, -y	[serveta:, -i]	table-cover
serwetka, -i	[servetka:, -i:]	napkin
stół, stołu	[stuːł stoːłu:]	table

OBJAŚNIENIA

trzeba	we must
oddać bieliznę do prania	get the linen washed
serwety na stół	literally: covers for tables, table-cloths
zaraz, zaraz	just a moment
poszwy na kołdry	literally: covers for eiderdowns (counterpanes); pillow-cases
to już wszystko	that's all
jeszcze raz	once more

For Numerals (30—1 000 000) and their use with Nouns see Part III, page 179.

Anegdota

— Ile macie lat? — pyta pan Nowak starego chłopa.

— Sześćdziesiąt dwa czy sześćdziesiąt trzy, nie wiem dokładnie — odpowiada chłop.

— Co? nie wiecie, ile macie lat?

— Widzicie, liczę moje kury i owce, konie i krowy, świnie i pieniądze, bo mogą mi to ukraść. Ale nikt mi nie ukradnie moich lat.

stary	[**sta**:ri]	old
chłop	[hło:p]	peasant
czy	[tʃi]	here: or
dokładnie	[do:**kła**:**d**ńe]	for sure, precisely
liczę	[**li**:tʃę]	I count
koń, konie	[ko:ń **ko**:ńe]	horse, horses
kura, kury	[**ku**:ra: **ku**:ri]	hen, hens
owca, owce	[**o**:ftsa: **o**:ftse]	sheep
pieniądze	[p'eńondze]	money
krowa, krowy	[**kro**:va: **kro**:vi]	cow, cows
bo	[bo:]	because, for
ukraść	[**u**:kra:śtś]	steal
nikt	[ni:kt]	nobody
nie ukradnie	[ńe u:**kra**:**d**ńe]	• will not steal
świnia, świnie	[**śvi**:ńa: **śvi**:ńe]	swine, pigs

ZAPAMIĘTAJ!

Trzeba czekać.

szukać.

pytać.

pamiętać.

Można podać kawę.

załatwiać teraz sprawy.

dużo opowiadać.

zgłosić się.

pomagać.	przyjść o czwartej.
słuchać.	zgadzać się albo nie.
uważać.	być silnym.
podziękować.	

Nie trzeba przeszkadzać, wysyłać depeszy, dużo jeść!

Nie można zostawiać dzieci na ulicy, dotykać gorącej szklanki, jeść tak obfitego śniadania, oglądać się na ulicy.

PRONUNCIATION EXERCISE

Przeczytaj:

	bi [b']	
biedny	[b'edni]	poor
biały	[b'a:łi]	white
lubi	[lu:bi:]	likes
biodro	[b'o:dro:]	hip

EXERCISES

I. *Add Cardinal Numbers (in brackets) to the following Nouns.*
   Example (Przykład): pióro (2) — dwa pióra
   1. obrus (5)
   2. serweta (3)
   3. chusteczka (10)
   4. ręcznik (1)
   5. prześcieradło (4)
   6. poszewka (7)
   7. suknia (2)
   8. futro (1)

II. *Form Ordinals from the Cardinal Numbers and group them in two columns.*
   Przykład: 5 — pięć — piąty
   6, 3, 12, 10, 1, 7, 5, 2, 4, 8, 9, 11.

III. *Translate the following sentences:*
   1. Pomóż mi policzyć bieliznę do prania.
   2. Czy masz papier i pióro?
   3. Policz ręczniki i obrusy.
   4. Pisz, co ci dyktuję.
   5. Napisz to jeszcze raz.
   6. Czy to wszystko?

19

POGODA I PORY ROKU

— Patrz, jaki śliczny dzień!

— Prawda. Słońce świeci i grzeje mocno, choć to jesień, a nie lato.

— Lubię jesienne miesiące

— Czy i listopad także?

— O nie, tylko tak zwaną polską jesień. Koniec sierpnia jest często słoneczny, wrzesień i październik są ciepłe i pogodne.

— Ranki i wieczory są już bardzo zimne. Ptaków już nie słychać. Ja osobiście wolę lato, zwłaszcza w czasie urlopu.

— Ja też, ale pracuje się lepiej w jesieni. Czerwiec jest zwykle upalny, lipiec też, a wtedy ciężko wysiedzieć w mieście, a cóż dopiero w biurze.

— Moja żona mówi, że najlepiej czuje się w zimie, naturalnie nie tej deszczowej z końcem listopada czy w grudniu, ale tej śnieżnej, w styczniu lub lutym. Ma wtedy dużo energii, porusza się szybko, nie męczy się.

— A moi rodzice wzdychają zawsze do wiosny. Ale to naturalne; ludzie starsi boją się zimy.

SŁOWNICZEK

bać się, boję się, boisz się	[ba:tś śę bo:yę śę bo:i:ʃ śę]	fear, be afraid
ciepły, -a, -e	[tśepłi, -a:, -e]	warm
ciężko	[tśęʃko:]	hard (Adv.)
czerwiec, czerwca	[tʃerv'ets tʃerftsa:]	June
energia, -ii	[energ'a:, -i:i:]	energy
grudzień, grudnia	[gru:dźeń gru:dńa:]	December
grzać, grzeję, grzejesz	[gʒa:tś gʒeyę gʒeyeʃ]	warm
jesień, -eni	[yeśeń, -eni:]	autumn
koniec, końca	[ko:ńets ko:ńtsa:]	end
lato, -a	[la:to:, -a:]	summer
lipiec, lipca	[li:p'ets li:ptsa:]	July
listopad, -a	[li:sto:pa:t, -da:]	November
luty, -ego	[lu:ti, -ego:]	February
męczyć się, -ę, -ysz	[mentʃitś śę, -ę, -iʃ]	tire
mocno	[mo:tsno:]	strongly, much
najlepiej	[na:ylep'ey]	best
naturalny, -a, -e	[na:tu:ra:lni, -a:, -e]	natural
osobiście	[o:so:bi:śtśe]	personally
(ja) osobiście	[(ya:) o:so:bi:śtśe]	I myself
październik, -a	[pa:źdźerni:k, -a:]	October
pogoda, -y	[po:go:da:, -i]	weather
pogodny, -a, -e	[po:go:dni, -a:, -e]	serene, fine
polski, -ka, -kie	[po:lski:, -ka:, -k'e]	Polish
pora, -y	[po:ra:, -i]	season
prawda, -y	[pra:vda:, -i]	truth, (it's) true
ptak, -a	[pta:k, -a:]	bird
ranek, ranka	[ra:nek ra:nka:]	morning
rodzice (Pl.)	[ro:dzi:tse]	parents
sierpień, sierpnia	[śerp'eń śerpńa:]	August
słoneczny, -a, -e	[sło:netʃni, -a:, -e]	sunny
słońce, -a	[sło:ńtse, -a:]	sun
styczeń, stycznia	[stitʃeń stitʃńa:]	January
śliczny, -a, -e	[śli:tʃni, -a:, -e]	fine, wonderful, charming
śnieżny, -a, -e	[śnieʒni, -a:, -e]	snowy
świecić, -cę, -cisz	[śf'etsi:tś, -tsę, -tsi:ʃ]	shine
upalny, -a, -e	[u:pa:lni, -a:, -e]	hot, scorching
urlop, -u	[u:rlo:p, -u:]	leave
wiosna, -y	[v'o:sna:, -i]	spring
wrzesień, września	[vʒeśeń vʒeśńa:]	September

wysiedzieć, -dzę, -dzisz	[viśedźetś, -dzę, -dzi:ʃ]	stay, sit (out), remain
wzdychać, -m, -sz	[**vzdi**ha:tś, -m, -ʃ]	sigh
zimny, -a, -e	[**zi**:mni, -a:, -e]	cold

OBJAŚNIENIA

patrz!	look!
jaki śliczny dzień!	what a fine (wonderful) day!
w czasie urlopu	during a leave
pracuje się lepiej	it's better to work, one works better
ciężko wysiedzieć	it's hard to sit, to remain
a cóż dopiero	and still more so
wzdycha do wiosny	longs for spring
to naturalne	it's natural
poruszać się, męczyć się	*Verbs used with the Reflexive Pronoun* się, *the same for all the persons Sing. and Pl.*

For further information on Reflexive Pronouns and Verbs, see Part III, pages 174, 185.

Anegdota

Meteorolog: — Proszę zapowiedzieć deszcz na jutro.
Asystent: — Czy to pewne, panie profesorze?
Meteorolog: — Naturalnie. Zgubiłem parasol, mój syn ma jutro rozgrywki tenisowe, a żona wybiera się na wycieczkę.

meteorolog	[meteo:**ro**:lo:g]	meteorologist, weather man
asystent	[a:**sist**ent]	assistant
zapowiedzieć	[za:po:**v'e**dźetś]	forecast
na jutro	[na: **yu**:tro:]	for tomorrow

pewne	[**pevne**]	certain
naturalnie	[na:tu:**ra**:lńe]	of course, naturally
zgubiłem	[zgu:**bi**:łem]	I've lost
parasol	[pa:**ra**:so:l]	umbrella
rozgrywki tenisowe	[ro:**zgrif**ki: teni:**so**:ve]	tennis match
wybiera się na	[vib'era: śę na:]	is going on
wycieczka	[vitśetʃka:]	trip, excursion

ZAPAMIĘTAJ!

Kiedy?

rano   wieczorem

w poniedziałek	w styczniu	w sierpniu
we wtorek	w lutym	we wrześniu
w środę	w marcu	w październiku
w czwartek	w kwietniu	w listopadzie
w piątek	w maju	w grudniu
w sobotę	w czerwcu	
w niedzielę	w lipcu	w roku ......

na wiosnę	*or:* wiosną (*Instr.*)	
w lecie	latem	
w jesieni	jesienią	
w zimie	zimą	

Jaki śliczny dzień!   Jak mocno grzeje słońce!
Jaki upalny miesiąc!   Jaka pogodna zima!
                 Jaki zimny ranek!
                 Jaka ciepła wiosna!

PRONUNCIATION EXERCISE

Przeczytaj:

	r [r]	
razem	[**ra**:zem]	together
różne	[**ru**:ʒne]	different
ręka	[**ren**ka:]	hand, arm

robić	[ro:bi:tś]	do, make
ryba	[riba:]	fish
strach	[stra:h]	fear
troska	[tro:ska:]	worry, care

EXERCISES

I. *Answer the following questions:*
1. Kiedy słońce świeci i grzeje mocno?
2. Czy listopad jest ładny?
3. Jaki jest często koniec sierpnia?
4. Jakie są wrzesień i październik?
5. Czy lubisz jesienne miesiące?
6. Co wolisz: jesień czy lato?
7. Kiedy pracuje się lepiej: w lecie czy w jesieni?
8. Kiedy ciężko wysiedzieć w mieście?
9. Czy dobrze czujesz się w zimie? Dlaczego?
10. Czy masz dużo energii, czy łatwo się męczysz?
11. Czego się boją starsi ludzie?

II. *Write the following sentences in the Negative Form:*
1. Ranki i wieczory są zimne.
2. Moja żona pracuje.
3. Pani Wolska porusza się szybko.
4. Wzdycham do wiosny.
5. Boimy się zimy.
6. Lubię jesień.
7. Mam teraz urlop.
8. On ma dużo energii.

III. *To the following Nouns add the Adjectives;* śliczny, miły, słoneczny, ciepły, pogodny *in proper gender, number and case:*
dzień, jesień, wiosna, lato, miesiąc, wrzesień, ranki, wieczory.

IV. *Translate the following sentences:*
1. Jaki śliczny dzień!
2. Pracuje się lepiej w jesieni.
3. Dzieci poruszają się szybko.
4. Moja matka ma dużo energii.
5. Najlepiej czuję się w lecie.
6. To naturalne, że starsi ludzie boją się zimy.
7. Słońce mocno grzeje.

20

RODZINA JEŻEWSKICH

Państwo Kowalscy mieszkają przy Alejach Niepodległości. Mają bardzo miłych sąsiadów, państwa Jeżewskich.

Państwo Jeżewscy pracują zawodowo. On jest urzędnikiem Narodowego Banku Polskiego, ona jest znaną lekarką chorób dziecięcych. Synowie też pracują: starszy, Mietek, jest architektem i pracuje w Biurze Projektów, natomiast młodszy, Kazik, jest absolwentem Szkoły Głównej Planowania i Statystyki i ma dobrą posadę w jednej z firm handlu zagranicznego. Jest obecnie na Światowej Wystawie w Brukseli. Janka chodzi do szkoły ogólnokształcącej. Jest w dziesiątej klasie i ma jeszcze przed sobą dwa lata nauki. Uczy się dobrze. Chce być dziennikarką.

SŁOWNICZEK

absolwent, -a	[a:pso:lvent, -a:]	undergraduate
aleja, -ei	[a:leya:, -ei:]	alley, avenue
architekt, -a	[a:rhi:tekt, -a:]	architect
bank, -u	[ba:nk, -u:]	bank
chodzić (do szkoły)	[ho:dzi:tś (do: ʃko:łi)]	frequent, attend (school)
choroba, -y	[ho:ro:ba:, -i]	disease, illness, sickness
dziecięcy, -a, -e	[dźetśentsi, -a:, -e]	child's, children's
dziennikarz, -a	[dźenni:ka:ʃ, -ʒa:]	journalist (Masc.)
dziennikarka, -i	[dźenni:ka:rka:, -i:]	journalist (Fem.)

95

firma, -y	[**fi**:rma:, -i]	firm
główny, -a, -e	[**głu**:vni, -a:, -e]	central, main
handel, -dlu	[**ha**:ndel, -dlu:]	trade, commerce
klasa, -y	[**kla**:sa:, -i]	form, grade
lekarka, -i	[le**ka**:rka:, -i:]	(woman) physician
młodszy, -a, -e	[**mło**:tʃi, -a:, -e]	younger
narodowy, -a, -e	[na:ro:**do**:vi, -a:, -e]	national
niepodległość, -ci	[ɳepo:d**leg**ło:śtś, -tsi:]	independence
obecnie	[o:**bets**ɳe]	at present, now
ogólnokształcący, -a, -e	[o:**gu**:lno:kʃta:**łtson**tsi, -a:, -e]	general education (Adj.)
planowanie, -a	[pla:no:**va**:ɳe, -a:]	planning
posada, -y	[po:**sa**:da:, -i]	position, place, job
projekt, -u	[**pro**:yekt, -u:]	project
rodzina, -y	[ro:**dzi**:na:, -i]	family
sąsiad, -a	[**są**śa:t, -da]	neighbour
starszy, -a, -e	[**sta**:rʃi, -a:, -e]	older
statystyka, -i	[sta:**tist**ika:, -i:]	statistics
stołeczny, -a, -e	[sto:**łet**ʃni, -a:, -e]	capital, metropolitan
światowy, -a, -e	[**śf**'ato:vi, -a:, -e]	universal, worldly, world's
uczyć się, uczę, -ysz	[**u**:tʃitś śę, **u**:tʃę, -iʃ]	learn
urzędnik, -a	[**u**:ʒendni:k, -a:]	clerk
wystawa, -y	[**vista**:va:, -i]	exhibition, fair
zagraniczny, -a, -e	[za:gra:**ni**:tʃni, -a:, -e]	foreign
zawodowo	[za:vo:**do**:vo:]	professionally
znany, -a, -e	[**zna**:ni, -a:, -e]	(well) known

OBJAŚNIENIA

mieszkają przy Alejach Niepodległości	they live in Independence Avenue
pracują zawodowo	work professionally
Narodowy Bank Polski	the National Bank of Poland
choroby dziecięce	children's diseases
znana lekarka chorób dziecięcych	well known specialist of children's diseases
Biuro Projektów	Project Bureau
Szkoła Główna Planowania i Statystyki	Central School of Planning and Statistics
Światowa Wystawa w Brukseli	World Fair at Brussels
Janka chodzi do szkoły ogólnokształcącej	Jane attends a general education school
ma przed sobą dwa lata nauki	she has still two years of study

jest urzędnikiem, lekarką   *after „be" we use the Instr. case of the Noun, when speaking of what the profession of a given person is*

ɼor patterns of declensions of names of persons see Part III, page 172.

Anegdota

Mąż: To straszne starzeć się samotnie. Moja żona nie obchodzi urodzin od czterech lat.

straszne	[stra:ʃne]	terrible
starzeć się	[sta:ʒetś śę]	grow old
samotnie	[sa:mo:tńe]	alone
nie obchodzi	[ńe o:pho:dzi:]	she has not celebrated
urodziny	[u:ro:dzi:ni]	birthday
od czterech lat	[o:t tʃtereh la:t]	for four years

ZAPAMIĘTAJ!

ojciec	syn	brat	mąż
matka	córka	siostra	żona

Expressions corresponding in Polish to the E. „you"

(ty) **mieszkasz,** *when addressing one person, in familiar address — brother and sister, husband and wife, school children, teacher speaking to his pupils, close friends etc.*

(wy) **mieszkacie,** *when addressing several persons, in familiar address*

pan mieszka, *when addressing a man, in formal address*

pani mieszka, *when addressing a woman, in formal address*

panowie mieszkają, *when addressing a group of men, in formal address*

panie mieszkają, *when addressing a group of women, in formal address*

państwo mieszkają, *when addressing a married couple or a mixed group of men and women*

PRONUNCIATION EXERCISE

Find the words with [ʒ], [ʃ], [tʃ], [ts]
in the text and pronounce each of them three times.

EXERCISES

I. *Answer the following questions:*
1. Gdzie mieszkają państwo Kowalscy?
2. Jak nazywają się ich sąsiedzi?
3. Kim jest pan Jeżewski? pani Jeżewska?
4. Co robi Mietek? Kazik?
5. Gdzie jest teraz Kazik?
6. Do jakiej szkoły chodzi Janka?
7. W której jest klasie?

II. *Write the following sentences in the Plural:*
1. On zna Brukselę.
2. Czy chodzisz do szkoły?
3. Mój syn jeszcze nie pracuje.
4. Pracuję zawodowo.
5. On ma dobrą posadę.
6. Ona jest znaną lekarką.

III. *Write questions to the following answers:*
1. Pan Jeżewski jest urzędnikiem. (Kto?)
2. Kazik ma dobrą posadę. (Co?)
3. Jest obecnie na Światowej Wystawie w Brukseli. (Gdzie?)
4. Janka uczy się dobrze. (Jak?)

IV. *Translate the following sentences:*
1. I have very nice neighbours.
2. Where do you live, my friends?
3. Which form is Janka in?
4. Do you work, my child?

21

WSZYSCY DLA WSZYSTKICH

Murarz domy buduje,
Krawiec szyje ubrania,
Ale gdzieżby co uszył,
Gdyby nie miał mieszkania?

A i murarz by przecie
Na robotę nie ruszył,
Gdyby krawiec mu spodni
I fartucha nie uszył.

Piekarz musi mieć buty,   Tak dla wspólnej korzyści
Więc do szewca iść trzeba,   I dla dobra wspólnego
No, a gdyby nie piekarz,   Wszyscy muszą pracować,
To by szewc nie miał chleba.   Mój maleńki kolego!

Julian Tuwim

SŁOWNICZEK

budować, -uję, -ujesz	[bu:**do**:va:tś, -u:yę, -u:yeʃ]	build
but, -a	[bu:t, -a:]	boot, shoe
dobro, -a	[**do**:bro:, -a:]	good (N.)
fartuch, -a	[**fa**:rtu:h, -a:]	apron
gdyby	[**gdi**bi]	if
kolega, -i	[ko:**le**ga:, -i:]	colleague, comrade, friend
korzyść, -ci	[**ko**:ʒiśtś, -tsi:]	profit, benefit
krawiec, -wca	[**kra**:v'ets, -ftsa:]	tailor
leczyć, leczę, -ysz	[**let**ʃitś **let**ʃę, -iʃ]	treat
maleńki, -ka, -kie	[ma:**leń**ki:, -ka:, -k'e]	tiny, little
mieszkanie, -a	[m'eʃ**ka**:ńe, -a:]	lodging, flat
murarz, -a	[**mu**:ra:ʃ, -ʒa:]	bricklayer, mason
musi, muszą	[**mu**:si: **mu**:ʃą]	he, she, it must, they must
piec, piekę, pieczesz	[p'ets **p'e**kę **p'et**ʃeʃ]	bake
piekarz, -a	[**p'e**ka:ʃ, -ʒa:]	baker
robota, -y	[ro:**bo**:ta:, -i]	work, job
ruszyć, -ę, -ysz	[**ru**:ʃitś, -ę, -iʃ]	start
spodnie (Pl.)	[**spo**:dńe]	trousers
szewc, -wca	[ʃefts, -ftsa:]	shoemaker
szyć, uszyć, (u)szyję, (u)szyjesz	[(**u**)ʃitś (u:)ʃiyę (u:)ʃiyeʃ]	sew, have sewn
ubranie, -a	[u:**bra**:ńe, -a:]	suit, clothes
wspólny, -a, -e	[**f**spu:lńi, -a:, -e]	common

OBJAŚNIENIA

ale gdzieżby co uszył   but where would he sew something
gdyby nie miał mieszkania   if he had no lodging
ruszyć na robotę (do roboty)   go to work, start working
więc do szewca iść trzeba   so he must go to the shoemaker
Julian Tuwim   a great poet of the 20th century

ZAPAMIĘTAJ!

Co kto robi? { *What does everybody do?*
              What is everybody doing?

Murarz buduje domy.
Krawiec szyje ubrania.
Piekarz piecze chleb i bułki.
Szewc robi buty.

Fryzjer goli, czesze i strzyże.
Matka liczy bieliznę do prania.
Marysia wysyła depeszę.
Pan Kowalski udziela porady.

Piotr i Basia jedzą śniadanie.
Krysia studiuje dziennikarstwo.
Ewa kupuje suknię.
Pani Zielińska wybiera kapelusz.

Marek i Piotr chodzą na wykłady.
Pan Kwieciński pracuje w biurze.
Pani Jeżewska leczy dzieci.
Janka uczy się.

22

NOWE MIESZKANIE

Siostra pani Jeżewskiej, pani Jadwiga Mazurek, ma od pierwszego marca nowe mieszkanie. Jeden pokój i kuchnię, ale w nowym bloku, mieszkanie czyste, ładne. Podłoga jasna, ściany i sufit białe.

Dziś sobota, godzina szósta wieczór. Cała rodzina Jeżewskich siedzi u cioci przy podwieczorku, ale po herbacie i doskonałych ciastkach wszyscy zabierają się do roboty: urządzają pokój cioci, a raczej wykonują jej rozkazy.

— Julku (to szwagier pani Mazurek, pan Jeżewski), powieś ten obraz nad biurkiem na środku ściany. Wyżej, jeszcze wyżej, bardziej do siebie na prawo, o tak, dobrze.

— Marysiu (do pani Jeżewskiej), podaj mi ten ozdobny talerz ze stołu. Nie kładź tej fotografii na stół, Janeczko. Potrzymaj ją chwilę. Zrobimy dla niej miejsce o tu, na biurku. A ty, Mietku, stań teraz na drabinie i zawieś mi firanki. Na okno postaw potem te trzy doniczki. Kazik niech odsunie trochę te dwa krzesła i przysunie szafę bardziej do ściany.

— A ta półka, ciociu?
— Postawcie ją tu w rogu obok tapczanu. Kazik, bierz po kolei książki i ustawiaj je na półce.

No, dziękuję wam, wszystkie meble są na miejscu, to najważniejsze. Drobiazgi mogę ułożyć jutro sama. Macie tu jabłka i gruszki, musicie być zmęczeni.

— Nie jesteśmy zmęczeni, ciociu — mówią Janka, Mietek i Kazik i uśmiechają się. — Ale owoce zawsze można zjeść.
— Gdzie jest kot?
— Siedzi w kuchni, ciociu.
— To dobrze.

SŁOWNICZEK

bardziej	[ba:rdźey]	more
biurko, -a	[b'u:rko:, -a:]	desk
blok, -u	[blo:k, -u:]	block
cały, -a, -e	[tsa:łi, -a:, -e]	whole, all
ciastko, -a	[tśa:stko:, -a:]	cake
czysty, -a, -e	[tʃisti, -a:, -e]	clean
doniczka, -i	[do:ni:tʃka:, -i:]	flower-pot
drabina, -y	[dra:bi:na:, -i]	ladder
drobiazg, -u	[dro:b'a:sk, -zgu:]	trifle, small thing
gruszka, -i	[gru:ʃka:, -i:]	pear
jasny, -a, -e	[ya:sni, -a:, -e]	light
kłaść, kładę, kładziesz	[kła:śtś kła:dę, -dźeʃ]	put
kot, -a	[ko:t, -a:]	cat
krzesło, -a	[kʃesło:, -a:]	chair
książka, -i	[kśonʃka:, -i:]	book
kuchnia, -i	[ku:hńa:, -i:]	kitchen
łóżko, -a	[łu:ʃko:, -a:]	bed
meble (Pl.)	[meble]	furniture, pieces of furniture

najważniejszy, -a, -e	[na:yva:ʒńeyʃi -a:, -e]	(the) most important
nowy, -a, -e	[no:vi, -a:, -e]	new
obok	[o:bo:k]	beside
obraz, -u	[o:bra:s, -zu:]	picture
odsunąć, -nę, -niesz	[o:tsu:nońtś, -nę, -ńeʃ]	push away, remove
okno, -a	[o:kno:, -a:]	window
owoc, -u	[o:vo:ts, -u:]	fruit
ozdobny, -a, -e	[o:zdo:bni, -a:, -e]	ornamental
podłoga, -i	[po:dło:ga:, -i:]	floor
podwieczorek, -rku	[po:dv'etʃo:rek, -rku:]	high tea
po kolei	[po:ko:lei:]	successively, one after another
pokój, pokoju	[po:ku:y po:ko:yu:]	room
południe, -a	[po:łu:dńe, -a:]	noon
postawić, -wię, -wisz	[po:sta:vi:tś, -v'ę, -vi:ʃ]	put, set
potrzymać, -m, -sz	[po:tʃima:tś, -m, -ʃ]	hold
powiesić, -szę, -sisz	[po:v'esi:tś, -ʃę, -si:ʃ]	hang
półka, -i	[pu:łka:, -i:]	shelf
przysunąć, -nę, -niesz	[pʃisu:nońtś, -nę, ńeʃ]	push nearer
raczej	[ra:tʃey]	rather
rozkaz, -u	[ro:ska:s, -zu:]	order, command
róg, rogu	[ru:k ro:gu:]	corner
stanąć, -nę, -niesz	[sta:nońtś, -nę, -ńeʃ]	stop, stand
sufit, -u	[su:fi:t, -u:]	ceiling
szafa, -y	[ʃa:fa:, -i]	wardrobe
szwagier, szwagra	[ʃfa:g'er ʃfa:gra:]	brother-in-law
ściana, -y	[śtśa:na:, -i]	wall
środek, środka	[śro:dek śro:tka:]	middle
talerz, -a	[ta:leʃ, -ʒa:]	plate
tapczan, -u	[ta:ptʃa:n, -u:]	couch
ułożyć, -ę, -ysz	[u:ło:ʒitś, -ę, -iʃ]	arrange, dispose
urządzić, -dzę, -dzisz	[u:ʒondzi:tś, -dzę, -dzi:ʃ]	arrange, settle, furnish
ustawiać, -m, -sz	[u:sta:v'a:tś, -m, -ʃ]	range, place, put, set
wykonać, -m, -sz	[viko:na:tś, -m, -ʃ]	carry out, fulfill
zabierać się (do roboty), -m, -sz	[za:b'era:tś śę (do: ro:bo:ti), -m, -ʃ]	set (to work)
zawiesić, zawieszę, -sisz	[za:v'esi:tś za:v'eʃę, -si:ʃ]	hang up, have hung
zjeść, zjem, zjesz	[zyeśtś zyem zyeʃ]	eat, have eaten
zrobić, zrobię, zrobisz	[zro:bi:tś zro:b'ę zro:bi:ʃ]	do, make; have done, made

103

OBJAŚNIENIA

cała rodzina siedzi przy podwie-czorku	the whole family is sitting at high tea
zrobić dla niej miejsce	make room for it
wszystko jest na miejscu	everything is in its (right) place
wysoko, wyżej; bardzo, bardziej	high, -er; much, more
do siebie	in your direction

For the perfective aspect of the Verbs (zawiesić, zjeść, zrobić) *see* Part III, page 180.

For the Imperative Mood see Part III, page 186.

ZAPAMIĘTAJ!

od pierwszego marca (*Gen.*)   **w** bloku, **w** skrzyni (*Loc.*)

u cioci (*Gen.*)   **po** herbacie, **po** południu (*Loc.*)

obok tapczanu (*Gen.*)

do roboty (*Gen.*) .

dla niej (*Gen.*)

ze stołu (*Gen.*)

N A (*E. on to*) — *Acc.*   N A (*E. on*) — *Loc.*

P o s t a w **na** środek   L e ż y (s t o i) **na** środku

       na biurko   **na** biurku

       na stół   **na** stole

       na drabinę   **na** drabinie

       na okno   **na** oknie

       na półkę   **na** półce

       w róg   **w** rogu

       nad biurko   **nad** biurkiem

Niech pamięta (= *let him, her, it remember*).

Niech pan pamięta. (*to a man*)

Niech pani pamięta. (*to a woman*)

Niech państwo pamiętają. (*to men and women*)

Niech pamiętają (= *let them remember*).

Niech panowie pamiętają. (*to men*)

Niech panie pamiętają. (*to women*)

Proszę, niech pan(i) pamięta. (*more polite*)

Proszę, niech państwo pamiętają. (*more polite*)

Proszę czytać. (*a more impersonal form*)

PRONUNCIATION EXERCISE

Wymów następujące wyrazy. (*Pronounce the following words*):

hard:	bardzo	cały	meble	nowy	pod	stanąć
soft:	biurko	ciastka	miejsce	nie	piec	ściana

EXERCISES

I. *Answer the following questions:*
1. Co ma siostra pani Jeżewskiej?
2. Jakie jest jej nowe mieszkanie?
3. Co robi cała rodzina Jeżewskich w sobotę po południu?
4. Do jakiej roboty zabierają się wszyscy?
5. Kto to jest Julek? Marysia?
6. Kto to jest Janeczka? Mietek, Kazik?
7. Co mówi pani Mazurek do pana Jeżewskiego?
8. Co mówi do pani Jeżewskiej? do Janeczki?
9. Co mówi do Mietka? do Kazika?
10. Gdzie jest miejsce na fotografię?
11. Co stawia Mietek na oknie?
12. Co ma przysunąć Kazik?
13. Gdzie jest miejsce na półkę?
14. Gdzie są książki?
15. Czy chłopcy i Janka są zmęczeni?

II. *Complete the following sentences with the Imperative Mood of the Verbs in brackets:*
1. Niech Janeczka (potrzymać) fotografię.
2. Niech pan (postawić) doniczki na oknie.

3. Niech pani (odsunąć) to krzesło.
4. Niech chłopiec (położyć) książki na półce.
5. Niech Marysia (ustawiać) meble.
6. Niech Zbyszek (zrobić) miejsce na półkę.
7. Niech Tadek i Piotr (policzyć) ręczniki.
8. Niech jego córki (ułożyć) te drobiazgi.

III. *Change* a) *the Singular into Plural,* b) *the Plural into the Singular and use them in sentences:*

a) 1. moja siostra
   2. nowe mieszkanie
   3. czysty pokój
   4. doskonałe ciastko
   5. mały obraz
   6. duże biurko

b) 1. ozdobne talerze
   2. śliczne fotografie
   3. ładne firanki
   4. moje książki
   5. zmęczone dzieci
   6. dobre owoce

1. Czy znasz ...?
2. Moi znajomi mają ...
3. Lubię ...
4. Ciocia kupuje ...
5. Powieś te ...
6. U mojego brata są dwa ...

1. Na ścianie wisi ...
2. Czyja ta ...?
3. Widzę w oknie ...
4. Kto ma ...?
5. Niech to ... śpi.
6. Jabłko to ...

23

JAK SPĘDZILIŚCIE LATO?

— Gdzie byłeś z rodziną w lecie?

— Byłem z żoną na wsi u krewnych. Żona była tam przez dwa miesiące z młodszymi dziećmi, ja tylko dwa tygodnie. Potem byłem dwa tygodnie na wczasach w Ciechocinku.

— Tak? A córka, syn?

— Ewa była na międzynarodowym obozie studenckim nad morzem, a Romek był na obozie harcerskim w górach. A ty jak spędziłeś lato?

— Nienadzwyczajnie. Chciałem wyjechać z żoną na wy-

cieczkę zagraniczną do Włoch, ale moja matka była tak chora, że zostaliśmy w domu.

— A jak ma się teraz twoja matka?

— Dziękuję, trochę lepiej, ale mama ma już siedemdziesiąt parę lat, więc raz jest lepiej, raz gorzej. Wysłałem teraz żonę w góry do Zakopanego na trzy tygodnie.

— Cóż, kiedy pogoda popsuła się. Jest zimno, mglisto i deszczowo.

— Tak, toteż żona już wraca do Poznania w tych dniach, ale miała dwa tygodnie pięknej, słonecznej pogody.

— To wspaniale. No, do widzenia. Muszę iść do domu.

— A ja idę załatwić sprawę służbową w Izbie Rzemieślniczej. Do widzenia!

SŁOWNICZEK

był, była, było	[bił biła: biło:]	(he, she, it) was
byłem	[biłem]	I was
chciałem	[htśa:łem]	I wanted
chory, -a, -e	[ho:ri, -a:, -e]	ill, sick
deszczowo	[deʃtʃo:vo:]	rainy (Adv.)
gorzej	[go:ʒey]	worse (Adv.)
góry (Pl.)	[gu:ri]	mountains
harcerski, -ka, -kie	[ha:rtserski:, -ka:, -k'e]	scout's (2nd case)
iść, idę, idziesz	[i:śtś i:dę i:dźeʃ]	go
izba, -y	[i:zba:, -i]	room; here: Council
krewny, -ego	[krevni, -ego:]	relation

107

krewna, -ej	[**krevna**:, -ey]	relation
mglisto	[**mgli**:sto:]	foggy (Adv.)
miejski, -ka, -kie	[**m'eyski**:, -ka:, -k'e]	town (Adj.), municipal
międzynarodowy, -a, -e	[m'endzina:ro:**do**:vi, -a:, -e]	international
morze, -a	[**mo**:ʒe, -a:]	sea
nienadzwyczajnie	[ńena:dzvit**ʃa**:yńe]	not very well, not extraordinarily well
obóz, obozu	[**o**:bu:s o:**bo**:zu:]	camp
parę	[**pa**:rę]	a few, several
pogoda, -y	[po:**go**:da:, -i]	weather
popsuć się, -uję, -ujesz	[**po**:psu:tś śę, -u:yę, -u:yeʃ]	grow worse
potem	[**po**:tem]	afterwards, then
rada, -y	[**ra**:da:, -i]	council
rzemieślniczy, -a, -e	[ʒem'**eśl**ni:tʃi, -a:, -e]	(of) trade, (of) handicraft
służbowy, -a, -e	[słu:ʒ**bo**:vi, -a:, -e]	official
spędzić, -dzę, -dzisz spędziłeś	[**spen**dzi:tś, -dzę, -dzi:ʃ] [spędzi:łeś]	spend (Past Tense)
studencki, -ka, -kie	[stu:**den**tski:, -ka:, -k'e]	student's, students'
toteż	[**to**:teʃ]	so
tydzień, tygodnia	[**ti**dźeń tigo:dńa:]	week
wczasowy, -a, -e	[ftʃa:**so**:vi, -a:, -e]	(of) rest, (of) leave
wczasy (Pl.)	[ft**ʃa**:si]	leave
wieś, wsi	[v'eś fśi:]	village, country
wspaniale	[fspa:**ńa**:le]	magnificently, splendid(ly)
wycieczka, -i	[vitśet**ʃka**:, -i:]	excursion, trip
wyjechać, -jadę, -jedziesz	[vi**ye**ha:tś, -ya:dę, -yedźeʃ]	go away, leave for
wysłać, -ślę, -ślesz	[**vi**sła:tś, -ślę, -śleʃ]	send
załatwić, -ę, -isz	[za:**ła**:tfi:tś, -ę, -i:ʃ]	settle, arrange
zostać, -nę, -niesz	[**zo**:sta:tś, -nę, -ńeʃ]	stay

OBJAŚNIENIA

na wsi	in the country
obóz nad morzem	a camp at the seaside
na obozie	at a camp
siedemdziesiąt parę lat	over seventy years old
raz jest lepiej, raz gorzej	sometimes she is better, sometimes worse

wysłać w góry	send to the mountains
cóż, kiedy	but
w tych dniach	soon, in the next few days
załatwić sprawę służbową	settle some official business
Izba Rzemieślnicza	Craftsmen's Guild, Board of Trade
dobrze, lepiej; źle, gorzej	well, better; badly, ill-worse

For patterns of the Past Tense see Part III, pages 184—185.

Anegdota

— Kogo pan szuka?
— Pana Kowalskiego.
— Umarł trzy tygodnie temu.
(Roztargniony) — Dobrze, przyjdę jutro.

umarł	[u:ma:rł]	he died
trzy tygodnie temu	[tʃi tigo:dne temu:]	three weeks ago
roztargniony	[ro:sta:rgńo:ni]	absent-minded
dobrze	[do:bʒe]	all right
przyjdę	[pʃiydę]	I'll come

ZAPAMIĘTAJ!

Acc.	*Loc.*
J a d ę **na** wczasy	J e s t e m **na** wczas**ach**
na obóz	**na** oboz**ie**
w góry	**w** gór**ach**
na wieś	**na** wsi
nad morze	**nad** morz**em**

Jak spędziłeś urlop?

Wspaniale.
Doskonale.
Dobrze.
Nie bardzo dobrze.
Nienadzwyczajnie.

Rok — lata (*year — years*)

(*Adverbs, not Adjectives*):

J e s t ciepło   przez (całe) lato
       gorąco   przez dwa miesiące
       zimno
       mglisto
       deszczowo   w tych dniach
       słonecznie
       pogodnie
       pięknie *and so on*

PRONUNCIATION EXERCISE

Przeczytaj następujące wyrazy:

    [ę] pogodę, spędzić, radę, parę, między, izbę, przyjdę
    [ą] chorą, wsią, wycieczką, izbą, radą, krewną

E X E R C I S E S

I. *Translate the following questions and answer them:*

    1. Where were you in summer?
    2. How old are you?
    3. Are you well?
    4. What is the weather like?
    5. Do you know Italy?
    6. Where do you want to go in summer?

II. *Form correct sentences from the following Substitution Table:*

Ewa	wysłał	trzydzieści lat	w góry
Moja żona	miał	miłych	na obozie
		sąsiadów	harcerskim
Młodsze dzieci	mają	lato	
Zbyszek	ma		
Państwo		wycieczki	
Kowalscy	spędziła	córkę	
Pan Jeżewski	nie pamiętają	dwa tygodnie	
		pogody	nad morzem

110

III. *Connect the Adjectives:* chory, młodsze, międzynarodowym, zagraniczną, słonecznej, Rzemieślniczej *with suitable Nouns:*
1. On jest —.
2. Nie mieli — pogody.
3. Musimy załatwić sprawę w Izbie —.
4. Czy twoja córka była na obozie — ?
5. Gdzie są — dzieci?
6. Jedziemy na wycieczkę —.

24

DZIEŃ EWY SARNECKIEJ I

Budzik zadzwonił głośno. Która godzina? Szósta rano. Ewa Sarnecka obudziła się natychmiast. Przecież budziła się o szóstej codziennie, z wyjątkiem niedzieli, kiedy mogła spać dłużej.

Szybko wstała, narzuciła szlafrok i cicho przeszła do łazienki. Kąpała się wieczorem, rano wzięła tusz, umyła starannie twarz, szyję, ramiona, wyczyściła zęby pastą, wypłukała usta wodą i wróciła do pokoju.

Spojrzała na zegar. 15 minut po szóstej. Miała jeszcze pół godziny czasu. Włożyła szybko bieliznę i pończochy, narzuciła szlafrok i usiadła przed lustrem. Nałożyła krem na twarz, wtarła go mocno w skórę, uczesała się i przeszła do jadalni.

SŁOWNICZEK

bielizna (osobista)	[b'eli:zna: (o:so:bi:sta:)]	underwear
budzić się, -dzę, -dzisz	[bu:dzi:tś śę, -dzę, -dzi:ʃ]	wake up
budzik, -a	[bu:dzi:k, -a:]	alarm-clock
cicho	[tsi:ho:]	quietly, softly, silently
jadalnia, -i	[ya:da:lńa:, -i:]	dining-room
kąpać się, kąpię, kąpiesz	[kompa:tś śę komp'ę komp'eʃ]	bath, take a bath
lustro	[lu:stro:]	looking glass
łazienka, -i	[ła:źenka:, -i:]	bath-room
mogła	[mo:gła:]	she could
nałożyć, nałożę, -ysz	[na:ło:ʒitś na:ło:ʒę, -iʃ]	put on
narzucić, -cę, -cisz	[na:ʒu:tsi:tś, -tsę, -tsi:ʃ]	throw on, put on
natychmiast	[na:tihm'a:st]	immediately, at once
obudzić się, -dzę, -dzisz	[o:bu:dzi:tś śę, -dzę -dzi:ʃ]	awake, wake up
pasta, -y (do zębów)	[pa:sta:, -i (do: zembu:f)]	tooth-paste
pończocha, -y	[po:ńtʃo:ha:, -i]	stocking
przejść, przejdę, -dziesz	[pʃeyśtś pʃeydę, -dźeʃ]	pass, cross
ramię, ramienia, (Pl.) ramiona	[ra:m'ę ra:m'eńa: ra:m'o:na:]	arm-arms; shoulder, shoulders
skóra, -y	[sku:ra:, -i]	skin
spać, śpię, śpisz	[spa:tś śp'ę śpi:ʃ]	sleep
spojrzeć, -rzę, -ysz	[spo:yʒetś, -ʒę, -iʃ]	look at, glance
starannie	[sta:ra:nńe]	carefully
szlafrok, -a	[ʃla:fro:k, -a:]	dressing gown
szyja, szyi	[ʃîya:, ʃii:]	neck, throat
tusz, -u	[tu:ʃ, -u:]	shower
uczesać się, -szę, -szesz	[u:tʃe:sa:tś śę, -ʃę, -ʃeʃ]	comb, brush one's hair
umyć, umyję, -jesz	[u:mitś u:miyę, -yeʃ]	wash, have washed
wetrzeć, wetrę, wetrzesz	[vetʃetś vetrę vetʃeʃ]	} rub in
wcierać, wcieram, -sz	[ftśera:tś ftśera:m, -ʃ]	
wtarła	[fta:rła:]	she rubbed in
woda, -y	[vo:da:, -i]	water

112

wyczyścić, -szczę, ścisz	[vitʃiśtsi:tś, -ʃtʃę, -śtsi:ʃ]	clean
wyjątek, -jątku	[viyontek, -yontku:]	exception
wypłukać, -czę, -czesz	[vipłu:ka:tś, -tʃę, -tʃeʃ]	rinse
zadzwonić, -nię, -nisz	[za:dzvo:ni:tś, -nię, ni:ʃ]	ring
ząb, zęba, (Pl.) zęby	[zomp zemba: zembi]	tooth, teeth
zegar, -a	[zega:r, -a:]	clock

ZAPAMIĘTAJ!

godzina (*hour*)   minuta (*minute*)

kwadrans (*quarter of an hour*)

pół godziny (*half an hour*)

    zegar (*clock*)   wskazówka zegara (*hand of a clock*)

    zegarek (*watch*) tarcza zegara (*face of a clock*)

Która godzina? — *What time is it?*

Jest trzecia. — *It's three o'clock.*

Jest piętnaście minut po trzeciej. — *It's fifteen minutes past three.*

Jest pół do czwartej (literally: half to four!). — *It's half past three.*

Jest za dwadzieścia czwarta (literally: in twenty four!) — *It's twenty to four.*

A t t e n t i o n! *Ordinal Numerals in telling the time, not Cardinal Numerals!*

EXERCISES

I. *Answer the following questions:*
1. O której godzinie zadzwonił budzik?
2. Kiedy budziła się Ewa codziennie?
3. Co zrobiła najpierw? Gdzie przeszła?
4. Co robiła w łazience wieczorem? rano?
5. Co zrobiła, kiedy się umyła i uczesała?

II. *In the following sentences change the Present Tense into the Past Tense:*
1. Mój ojciec budzi się o godzinie siódmej.
2. Dzieci kąpią się wieczorem.
3. Wracam piętnaście minut po dziewiątej.
4. Tadek ma jeszcze pół godziny czasu.

III. *From memory or with the help of the manual write all the words connected with getting up. Form of them sentences in the first person Plural, Present Tense.*

IV. *Translate the following sentences:*
1. On nie mu budzika.
2. Usiądź przed lustrem, Ewo.
3. Czy kąpałeś się wieczorem?
4. Czym czyścisz zęby?

25

DZIEŃ EWY SARNECKIEJ II

Był to duży, trochę ciemny pokój. Pod jedną ścianą stał duży kredens, pod drugą oszklona szafka. W środku znajdował się okrągły stół, dokoła stołu sześć krzeseł.

Matka Ewy przyniosła z kuchni śniadanie. Ewa nie jadła dużo na pierwsze śniadanie, chcąc utrzymać piękną linię. Zjadła trzy sucharki z miodem i wypiła szklankę gorzkiej herbaty.

Szybko wróciła do swego pokoju, zrzuciła szlafrok i powiesiła go w szafie. Włożyła bluzkę-sweterek i spódnicę. Upudrowała się, umalowała usta i znów spojrzała na zegar. Siódma godzina.

SŁOWNICZEK

bluzka, -i	[blu:ska:, -i:]	blouse
chcieć, chcę, chcesz	[htśetś htsę htseʃ]	want
gorzki, -ka, -kie	[go:ʃki:, -ka:, -k'e]	bitter; here: without sugar
kredens, -u	[kredens, -u:]	side-board
miód, miodu	[m'u:t **m'o**:du:]	honey
okrągły, -a, -e	[o:**krong**łi, -a:, e-]	round
oszklony, -a, -e	[o:ʃklo:ni, -a:, -e]	glazed
przynieść, -niosę, -niesiesz	[pʃińeśtś, -ńo:sę, -ńeśeʃ]	bring
spódnica, -y	[spu:dni:tsa:, -i]	skirt
sucharek, -rka	[su:ha:rek, -rka:]	biscuit, toast
sweterek, -rka	[sfeterek, -rka:]	sweater
szafka, -i	[ʃa:fka:, -i:]	cupboard
umalować, -uję, -ujesz	[u:ma:lo:va:tś, -u:yę, -u:yeʃ]	paint; here: make up
upudrować się, upudruję, -ujesz	[u:pu:dro:va:tś śę, -u:yę, -u:yeʃ]	powder
wypić, -piję, -pijesz	[vipi:tś, -pi:yę, -pi:yeʃ]	drink
znajdować się, -uję, -ujesz	[zna:ydo:va:tś śę, -u:yę, -u:yeʃ]	to be
zrzucić, zrzucę, zrzucisz	[zʒu:tsi:tś zʒu:tsę zʒu:tsi:ʃ]	take off

OBJAŚNIENIA

chcąc   wishing (*Pres. Participle — non-inflected*).
    For further information see Part III, pages 186—187.

ZAPAMIĘTAJ!

Meble: kredens, szafa, szafka, stół, krzesła, tapczan, półka, biurko

Instr.

nad (over)   **pod** (under)

szafą
ścianą
stołem
krzesłem
zegarem
oknem
kredensem
półką
tapczanem

EXERCISES

I. *Answer the following questions:*

1. Jaką jadalnię mieli państwo Sarneccy?
2. Kto przyniósł Ewie śniadanie?
3. Co jadła Ewa na śniadanie? Dlaczego?
4. Co włożyła tego dnia?

II. *In the following sentences change the Present Tense into the Past Tense:*

1. Pod jedną ścianą stoi szafa, pod drugą półka.
2. Moja żona przynosi mi śniadanie.
3. One nie jedzą dużo na pierwsze śniadanie; chcą utrzymać piękną linię.
4. Ubieram się piętnaście minut.

III. *Describe your breakfast.*

IV. *Complete the following sentences:*

1. (*In the middle*) stał duży stół.
2. Krysia nie jadła (*bread and butter*) na śniadanie.
3. Dzieci wracają do (*their room*).
4. Powieś (*your dress*) w szafie.
5. Czy masz (*big*) pokój?

26

DZIEŃ EWY SARNECKIEJ III

— Do widzenia, mamo. Czy nic ci nie potrzeba z miasta?

— Nie, dziękuję ci, kochanie. Ja też zaraz ubieram się i wychodzę po zakupy.

Młoda dziewczyna szybko zbiegła ze schodów i za pięć minut była już na placu na przystanku autobusowym. Akademia Wychowania Fizycznego, jej uczelnia, znajdowała się dość daleko, prawie poza miastem, a przy tym Ewa miała zwyczaj ćwiczyć przed wykładami, więc wolała być wcześniej.

Punktualnie o godzinie ósmej weszła w bramę uczelni.

SŁOWNICZEK

akademia, -ii	[aːkaːdemʼaː, -iːiː]	academy
autobusowy, -a, -e	[aːutoːbuːsoːvi, -aː, -e]	bus (Adj.)
brama, -y	[braːmaː, -i]	gate
ćwiczyć, -ę, -ysz	[tśfiːtʃitś, -tʃę, -tʃiʃ]	train, practice, drill
daleko	[daːleko:]	far
fizyczny, -a, -e	[fiːzitʃni, -aː, -e]	physical

kochanie	[ko:**ha**:ńe]	darling
mama, -y	[**ma**:ma:, -i]	mummy
plac, -u	[pla:ts, -u:]	square
poza	[**po**:za:]	beyond, outside
prawie	[**pra**:v'e]	almost
przystanek, -nku	[pʃista:nek, -nku:]	stop (N.)
przy tym	[**pʃi** tim]	besides, moreover
punktualnie	[pu:nktu:**a**:lńe]	punctually
ubierać się, -m, -sz	[u:**b'**era:tś śę, -m, -ʃ]	dress
uczelnia, -i	[u:tʃelńa:, -i:]	(higher) school
wejść, wejdę, wej- dziesz	[veyśtś **vey**dę **vey**dźeʃ]	go in, come in
wychodzić, -dzę, -dzisz	[vi**ho**:dzi:tś, -dzę, -dzi:ʃ]	go out, leave
wychowanie, -a	[viho:**va**:ńe, -a:]	education
wychowanie fizyczne	[viho:**va**:ńe fi:**zit**ʃne]	physical training
zakupy (Pl.)	[za:**ku**:pi]	shopping
zbiegać, -m, -sz	[zb'ega:tś, -m, -ʃ]	run down
zwyczaj, -u	[**zvit**ʃa:y, -u:]	custom, habit

OBJAŚNIENIA

czy nic ci nie potrzeba z miasta?	don't you need anything from town?
wychodzę po zakupy	I am going shopping
poza miastem	on the outskirts of the town
miała zwyczaj ćwiczyć	she used to train

PRONUNCIATION EXERCISE

Wymów następujące wyrazy:

[e] dzwonek, przecież, codziennie, niedziela, ciepłe, jeszcze, krem
[i:] dzwonić, godzina, budzić, cicho, wróciła, jadalni, linii, kuchni
[i] szybko, natychmiast, wyjątek, myć, szyja, czyścić, włożyć, trzy

ZAPAMIĘTAJ!

W e j ś ć w bramę (Acc.), do pokoju (Gen.), na schody (Acc.)
Czekamy na przystanku.   poza miastem   niedaleko
Schodzi ze schodów.   przed wykładem

EXERCISES

I. *Answer the following questions:*
1. O której godzinie młoda dziewczyna wyszła z domu?
2. Dokąd pojechała autobusem?
3. Jaki zwyczaj miała Ewa?
4. O której godzinie była w uczelni?

II. *In the following sentences put the Past Tense of the Verbs in brackets:*
1. Ewa nie (ubierać się) długo.
2. Oni (biec) szybko po schodach.
3. Nasz dom (znajdować się) poza miastem.
4. On (woleć) być wcześniej w szkole.

III. *Translate the following sentences:*
1. Don't you need anything?
2. I don't like shopping.
3. Hang your dress in the wardrobe.
4. What time did she enter the school gate?

27

DZIEŃ EWY SARNECKIEJ IV
(RUCH ULICZNY)

Dopiero o godzinie czwartej po południu wyszła Ewa z Akademii. Szybkim krokiem podeszła do najbliższego przystanku tramwajowego. Podróż dłuższa niż autobusem, ale łatwiej się było dostać do wozu.

Ewa lubiła tę godzinę ruchu ulicznego. Czerwone tramwaje dzwoniły, mijały się i rozjeżdżały na wszystkie strony. Autobusy pędziły długimi, prostymi ulicami. Autobusy pośpieszne zatrzymywały się rzadko i w kilkanaście minut przewoziły tłumy pasażerów z jednego końca miasta na drugi.

Służbowe i prywatne auta odwoziły pracowników urzędów i ministerstw do domów po skończonej pracy.

Ulicami szły tłumy ludzi pracy, którzy przed powrotem do domu zatrzymywali się w różnych sklepach, by porobić potrzebne zakupy.

Ewa lubiła też wieczór w mieście: rzędy latarń wzdłuż chodników, oświetlone taksówki, autobusy i tramwaje na jezdniach ulic i mostów, oświetlone sklepy i hotele. Chętnie wtedy spacerowała ze znajomymi po śródmieściu, jeżeli miała trochę czasu.

SŁOWNICZEK

auto, -a	[a:uto:]	motor-car
chodnik, -a	[ho:dni:k, -a:]	sidewalk, pavement
dłuższy, -a, -e	[dłu:ʃʃi, -a:, -e]	longer
dopiero	[do:p'ero:]	not before
dostać się, -nę, -niesz	[do:sta:tś śę, -nę, -n'eʃ]	get in(to)
hotel, -u	[ho:tel, -u:]	hotel
jezdnia, -i	[yezdńa:, -i:]	road
koniec, -ńca	[ko:ńets, -ńtsa:]	end (N.)
krok, -u	[kro:k, -u:]	step
latarnia, -i	[la:ta:rńa:, -i:]	street lamp
łatwiej	[ła:tf'ey]	easier
mijać się, -m, -sz	[mi:ya:tś śę, -m, -ʃ]	pass (cross) each other
ministerstwo, -a	[mi:ni:sterstfo:, -a:]	ministry
most, -u	[mo:st, -u:]	bridge
najbliższy, -a, -e	[na:ybli:ʃʃi, -a:, -e]	nearest
niż	[ni:ʃ]	than
oświetlony, -a, -e	[o:śf'etlo:ni, -a:, -e]	lit
pasażer, -a	[pa:sa:ʒer, -a:]	passenger
pędzić, -dzę, -dzisz	[peńdzi:tś, -dzę, -dzi:ʃ]	race, hurry, run
porobić, -ę, -isz	[po:ro:bi:tś, -ę, -i:ʃ]	make
pośpieszny, -a, -e	[po:śp'eʃni, -a:, -e]	express, fast
praca, -y	[pra:tsa:, -i]	work
pracownik, -a	[pra:tso:vni:k, -a:]	employee, worker
prosty, -a, -e	[pro:sti, -a:, -e]	straight
prywatny, -a, -e	[priva:tni, -a:, -e]	private
przewozić, -wożę, -wozisz	[pʃevo:zi:tś, -vo:ʒę, -vo:ziʃ]	carry
rozjeżdżać się, -m, -sz	[ro:zyeʒdʒa:tś śę, -m, -ʃ]	go in different directions

ruch, -u	[ru:h, -u:]	traffic
rzadko	[ʒa:tko:]	rarely
rząd, rzędu, (Pl.) rzędy	[ʒont ʒendu: ʒendi]	row
skończony, -a, -e	[sko:ńtʃo:ni, -a:, -e]	finished
służbowy, -a, -e	[słu:ʒbo:vi, -a:, -e]	official
strona, -y	[stro:na:, -i]	direction
śródmieście, -a	[śru:dm'eśtśe, -a:]	centre (of the town)
taksówka, -i	[ta:ksu:fka:, -i:]	taxi-car
tłum, -u	[tłu:m, -u:]	crowd
tramwaj, -u	[tra:mva:y, -u:]	tramway, tram
uliczny, -a, -e	[u:li:tʃni, -a:, -e]	street (Adj.)
urząd, urzędu	[u:ʒont u:ʒendu:]	office
wyjść, wyjdę, wyjdziesz	[viyśtś viydę viydźeʃ]	leave, go out
wzdłuż	[vzdłu:ʃ]	along
zatrzymywać się, -uję, -ujesz	[za:tʃimiva:tś śę, -u:yę, -u:yeʃ]	stop

OBJAŚNIENIA

szybkim krokiem	quickly
łatwiej się było dostać do wozu	it was easier to get into the tramcar
podeszła (do)	(she) went to, came nearer
(autobusy) przewoziły z jednego końca miasta na drugi	(buses) were taking from one end of the town to the other
rozjeżdżały się na wszystkie strony	they were going in different directions
odwoziły do domów	were taking home
po skończonej pracy	after the work was over

szybki   szybszy   najszybszy

ulicami szły tłumy ludzi pracy	crowds of working people were walking in the streets
przed powrotem do domu	before going home
porobić potrzebne zakupy	do some necessary shopping

For Comparison of Adjectives and Adverbs see Part III, pages 177—178, 187.
For formation of Adverbs see Part III, page 187.

Anegdoty

— Wiesz, Zosiu, odkąd kupiłam samochód, ulice są pełne milicjantów!

odkąd	[o:tkont]	since the moment
kupiłam	[ku:**pi**:ła:m]	I bought
pełne	[**peł**ne]	full
milicjant	[mi:**li**:tsya:nt]	militia-man

W TRAMWAJU

Pani (do przyjaciółki): — Ach, żeby jaki przystojny mężczyzna ustąpił mi miejsca!
Wstało pięciu mężczyzn.

przyjaciółka	[pʃiya:**tśu**:łka:]	(woman) friend
przystojny	[pʃi**sto**:yni]	handsome
ustąpić miejsca	[u:**stom**pi:tś **m'ey**stsa:]	give up a seat, make room
wstać	[fsta:tś]	stand up, rise

OBJAŚNIENIA

| **żeby ustąpił mi miejsca** | would give up his seat for me |
| **wstało pięciu mężczyzn** | five men stood up |

ZAPAMIĘTAJ!

t r a m w a j e	dzwoniły, jechały, zatrzymywały się
a u t a	pędziły, odwoziły, przewoziły
E w a	wyszła, podeszła

deszczowy　　　**bardziej deszczowy**　　　**najbardziej deszczowy**

tak prosty **jak** ulica (*Nom.*)
　　　　　bliższy **niż** park (*Nom.*)
　　　　　rzadziej **niż** matka (*Nom.*)
tak szybki **jak** autobus (*Nom.*)
　　　　　dłuższa **niż** ulica Ogrodowa (*Nom.*)
　　　　　　　wyżej **niż** dom (*Nom.*)

Adj.	szybki	*Adv.*	szybko	*Adj.*	doskonały	*Adv.*	doskonale
	bliski		blisko		ładny		ładnie
	długi		długo		piękny		pięknie
	łatwy		łatwo		wczesny		wcześnie
	prosty		prosto		zły		źle
	rzadki		rzadko		dobry		dobrze

PRONUNCIATION EXERCISE

Wymów następujące wyrazy:
[o:] dopiero, po, krok, czerwony, dzwonić, strona, wozić, koniec, dom
[u:] długi, autobus, wozu, lubić, ruch, ulica, wóz, tłum, służba, który

EXERCISES

I. *Answer the following questions:*
　1. O której godzinie wyszła Ewa z Akademii?
　2. Gdzie poszła?
　3. Dlaczego jechała tramwajem?
　4. Jak wyglądała (be — like) ulica o tej godzinie?

II. *Put in pairs contrasting words:*
　służbowe auto, zacząć, ranek, duży, cicho, deszczowy, długi, mały, szybko, głośno, zimny, lepiej, nowy, słoneczny, daleko, gorzej, stary, skończyć, wieczór, prywatne auto, krótki, powoli, ciepły, blisko.

III. *Change the Present Tense into the Past Tense in the following sentences:*
   1. Ona wychodzi z domu o godzinie ósmej.
   2. Podróż tramwajem jest dłuższa niż autobusem.
   3. Autobusy pośpieszne zatrzymują się na tym przystanku.
   4. Służbowe auto odwozi go do biura.
   5. Ulicami idą tłumy ludzi pracy.
   6. Pani Kwiecińska jest w sklepie.
   7. Moja córka załatwia sprawunki na mieście.

IV. *Translate the following sentences:*
   1. After their work the employees returned home.
   2. She quickly made up her mouth, combed her hair and left the room.
   3. She preferred going by bus.
   4. Before returning home she stopped at various shops.

28

DZIEŃ EWY SARNECKIEJ V
(W URZĘDZIE POCZTOWYM I)

Ewa dojechała do MDM (Marszałkowskiej Dzielnicy Mieszkaniowej) i przypomniała sobie, że musi jeszcze wysłać list do swojej przyjaciółki z Lublina. Weszła do urzędu pocztowego.

W środku stał stół, na którym różni ludzie pisali adresy
na listach i paczkach itd. Na prawo znajdowała się długa lada, a za nią duża waga. Tam ważono większe i mniejsze paczki, po czym przenoszono je do magazynu. Na lewo widać
było kilka kabin telefonicznych. Na wprost wejścia znajdowało się kilka okienek z napisami: „Wpłaty i wypłaty na
przekazy pocztowe i czeki PKO", „Przyjmowanie listów poleconych krajowych i zagranicznych", „Sprzedaż znaczków
pocztowych i druków".

SŁOWNICZEK

adres, -u	[aːdres, -uː]	address
czek, -u	[tʃek, -uː]	cheque
dojechać (do), -jadę, -jedziesz	[doːyehaːtś, -yaːdę, -yedźeʃ]	go (to), arrive (at), reach
druk, -u	[druːk, -uː]	form
dzielnica, -y	[dźelniːtsaː, -i]	district, quarter of the town
kabina (telefonicz- na), -y	[kaːbiːnaː (telefoː- niːtʃnaː), -i]	(telephone) booth, box
kilka	[kiːlkạː]	some, a few
krajowy, -a, -e	[kraːyoːvi, -aː, -e]	home (Adj.)
lada, -y	[łaːdaː, -i]	counter
magazyn, -u	[maːgaːzin, -uː]	dispatch-room, store
mieszkaniowy, -a, -e	[m'eʃkaːńoːvi, -aː, -e]	residential, dwelling (Adj.)
napis, -u	[naːpiːs, -uː]	inscription
na wprost	[naː fproːst]	straight across, op- posite
okienko, -a	[oːk'enkoː, -aː]	counter (a small win- dow), a booking office
paczka, -i	[paːtʃkaː, -iː]	parcel
po czym	[poːtʃim]	after which
polecony (list)	[poːletsoːni]	registered (letter)
przekaz, -u	[pʃekaːs, -zuː]	money-order
przenosić, -noszę -nosisz	[pʃenoːsiːtś, -noːʃę, -noːsiːʃ]	transport
przyjaciółka, -i	[pʃiyaːtśuːłkaː, -iː]	friend (Fem.)

125

przyjmowanie, -a	[pʃiymo:**va**:ńe, -a:]	receiving
sprzedaż, -y	[spʃeda:ʃ, -ʒi]	selling
telefon, -u	[telefo:n, -u:]	telephone (N.)
telefoniczny, -a, -e	[telefo:**ni**:tʃni, -a:, -e]	telephone (Adj.)
ważyć, -ę, -ysz	[**va**:ʒitś, -ę, -iʃ]	weigh
wejście, -a	[**vey**śtśe, -a:]	entrance
wpłata, -y	[f**pła**:ta:, -i]	paying in, remittance, payment
wypłata, -y	[vip**ła**:ta:, -i]	paying out
za	[za:]	behind
znaczek, -czka	[**zna**:tʃek, -tʃka:]	postage-stamp

OBJAŚNIENIA

widać było	could be seen, one could see
na wprost wejścia	straight across from the entrance, opposite the entrance
listy zagraniczne	letters for abroad
ważono, przenoszono	*impersonal expressions, equivalénts of the English Passive Voice*

Anegdota

Wanda: — Czy mogę iść z tobą na zabawę, mamusiu?

Matka: — Co? Ośmioletnia dziewczynka na zabawę! A zresztą ty nie umiesz tańczyć.

Wanda: — Tańczę lepiej od ciebie. To ty nie umiesz tańczyć. Ciebie musi zawsze jakiś pan trzymać.

czy mogę iść?	[tʃi **mo**:gę i:śtś]	may I go?
zabawa	[za:**ba**:va:]	dancing, entertainment
ośmioletnia	[o:śm'o:**let**ńa:]	8 years old
zresztą	[**zre**ʃtą]	besides, for all that
tańczyć	[**ta**:ńtʃitś]	dance
jakiś pan	[**ya**:ki:ś pa:n]	a gentleman
trzymać	[tʃima:tś]	hold
zawsze	[**za**:fʃe]	always

ZAPAMIĘTAJ!

Wyrażenia nieosobowe (*Impersonal Expressions*):

ważono	pisano
przenoszono	sprzedawano
przyjmowano	wpłacano
wysłano	wypłacano

EXERCISES

I. *Answer the following questions:*

1. Co przypomniała sobie Ewa?
2. Co znajdowało się w urzędzie pocztowym: w środku? na prawo? na lewo? na wprost wejścia?
3. Jakie były napisy na okienkach?

II. *Add the Adjectives:* większe, pocztowym, różni, swojej, długa, duża, poleconych, małego *to the given Nouns:*

1. do ... magazynu
2. w urzędzie ...
3. ... ludzie
4. ... waga
5. ... paczki
6. ... przyjaciółki
7. ... lada
8. listów ...

III. *Complete the following sentences:*

1. Urzędniczka sprzedawała (*forms and money-orders*).
2. Różni ludzie pisali adresy na (*letters*) i na (*parcels*).
3. Wysłałaś (*telegram*) do swojego (*brother*)?
4. Nie przyjmują (*registered letters*).

29

DZIEŃ EWY SARNECKIEJ VI
(W URZĘDZIE POCZTOWYM II)

Przy okienku, w którym przyjmowano listy polecone, stało kilka osób, przy okienku, w którym sprzedawano znaczki pocztowe i druki, jakiś starszy pan kupował kartki pocztowe. Jego pies stał obok (niego). Ewa czekała chwilę.

— Proszę o dwa znaczki na list i dwa znaczki za 1 zł
(na widokówkę) — powiedziała Ewa.

Urzędniczka podała jej znaczki:

— Pięć złotych.

— Proszę.

Ewa podała pięć złotych i odeszła od okienka.

SŁOWNICZEK

kartka pocztowa	[ka:rtka: po:tʃto:va:]	post-card
kupować, -uję, -ujesz	[ku:**po**:va:tś, -u:yę, -u:yeʃ]	buy
osoba, -y	[o:**so**:ba:, -i]	person
pies, psa	[p'es psa:]	dog
przyjmowano	[pʃiymo:**va**:no:]	was, were received
sprzedawano	[spʃeda:**va**:no:]	was, were sold
urzędniczka, -i	[u:ʒendni:tʃka:, -i:]	(woman) clerk (Fem.)
widokówka, -i	[vi:do:**ku**:fka:, -i:]	picture-post-card
złoty, -ego	[zło:ti, -ego:]	Polish money

OBJAŚNIENIA

przyjmowano, sprzedawano	*impersonal expressions, see* p. 126.
znaczek na list	postage-stamp (for 1,50 zł) for a letter
znaczek za 1 zł	postage-stamp for 1 zł (for a picture-post-card)
przy okienku stało kilka osób	a few persons were standing at the counter
odeszła od okienka	went away from the counter

ZAPAMIĘTAJ!

dwa, trzy znaczki   dwie, trzy paczki
kilka znaczków (*Gen.*), paczek, kartek ...

Singular	*Plural*
jakiś pan (*Masc.*)	jacyś panowie, chłopcy (*Men, boys*)
jakaś pani(*Fem.*)	jakieś panie, dzieci, płaszcze, druki
jakieś dziecko (*Neuter*)	(*Women, children, objects*)
od (*from*)	okienka (*Gen.*), urzędu
	matki, brata

EXERCISES

I. *Answer the following questions:*

1. Czy dużo osób stało przy okienku listów poleconych?
2. Co kupował jakiś starszy pan?
3. Co kupiła Ewa?
4. Ile zapłaciła za znaczki?

II. *Complete the following sentences:*

1. Kupiłem (kartka) pocztowe.
2. Ile kosztują dwa (znaczek) na list?
3. Dziewczyna odeszła od (okienko).
4. Przy okienku (stać) kilka osób.
5. Musisz (chwila) czekać.

III. *Translate the following sentences:*

1. How much is that dress?
2. Does it fit me?
3. I like quiet colours.
4. Have you a big dining-room?
5. Did you take a bath last night?
6. What time did you get up in the morning?

30

DZIEŃ EWY SARNECKIEJ VII

(SPOTKANIE Z KOLEŻANKĄ)

— Ewa, co ty tu robisz? — posłyszała nagle i zobaczyła przed sobą Irkę Kowal, dawną koleżankę szkolną.

— Kupowałam znaczki. A ty?

— Właśnie wysłałam depeszę do brata z gratulacjami. Zdał egzamin inżynierski z doskonałym wynikiem.

— Winszuję, winszuję. A ty co robisz, Ireczko?

— Ja studiuję medycynę. Jestem na trzecim roku. Wiesz, jest ze mną Staszka Grabyk i Tola Niedźwiedzka.

— Tak? A ze mną na Akademii Wychowania Fizycznego są jeszcze dwie z naszej szkoły: Ala Rapacka i Wiśka Bertel. Ala jest już asystentką.

— Słuchaj, zejdźmy się wszystkie gdzieś w kawiarni i pogadajmy albo chodźmy razem do teatru.

— Dobrze, chętnie.

SŁOWNICZEK

asystent, -a	[a:sistent, -a:]	assistant professor (Masc.)
asystentka, -i	[a:sistentka:, -i:]	assistant professor (Fem.)
chętnie	[hentńe]	with pleasure, willingly

dawny, -a, -e	[da:vni, -a:, -e]	former
egzamin, -u	[egza:mi:n, -u:]	examination
gdzieś	[gdźeś]	somewhere
gratulacje (Pl.)	[gra:tu:la:tsye]	congratulations
inżynierski, -a, -e	[i:nʒińerski:, -a:, -e]	engineer (Adj.)
kawiarnia, -i	[ka:v'a:rńa:, -i:]	café, coffee-house
koleżanka, -i	[ko:leʒa:nka:, -i:]	friend, colleague (Fem.)
medycyna, -y	[meditsina:, -i]	medicine (studies)
nagle	[na:gle]	suddenly
pogadać, -m, -sz	[po:ga:da:tś, -m, -ʃ]	talk, have a chat
posłyszeć, -ę, -ysz	[po:słiʃetś, -ę, -iʃ]	hear
szkolny, -a, -e	[ʃko:lni, -a:, -e]	school (Adj.)
teatr, -u	[tea:tr, -u:]	theatre
winszować, -uję, -ujesz	[vi:nʃo:ya:tś, -u:yę, -u:yeʃ]	wish, congratulate
wynik, -u	[vini:k, -u:]	result; here: honours
zdać, -m, -sz (egzamin)	[zda:tś, -m, -ʃ]	pass (an examination)
zejść się, zejdę, zejdziesz	[zeyśtś śę zeydę zeydźeʃ]	get together, meet
zobaczyć, -ę, -ysz	[zo:ba:tʃitś, -tʃę, -tʃiʃ]	see

OBJAŚNIENIA

zobaczyła przed sobą	she saw before her
zdał egzamin z doskonałym wynikiem	he has passed his examination with honours
jestem na trzecim roku	I am a third year student
(ona) jest ze mną	she is studying with me
słuchaj	here: I say
zejdźmy się wszystkie	let's all get together, meet

Anegdota

Wanda: — Mówią, że jestem z każdym dniem młodsza.
Krysia: — Tak, tak, wieki temu miałaś lat 30, a teraz tylko 25!

mówią	[mu:v'ą]	people say
z każdym dniem	[s ka:ʒdim dńem]	every day
młodsza	[mło:tʃa:]	younger (Fem. Sing.)
wieki temu	[v'eki: temu:]	centuries ago

ZAPAMIĘTAJ!

Co ty tu robisz?	Co wy tu robicie?
z (*with*) — *Instr.*	z (*of, at*) — *Gen.*
ze mną	ze mnie
z ojcem	z ojca
z gratulacjami	z gratulacji
z koleżanką	z koleżanki
z wynikiem	z wyniku

PRONUNCIATION EXERCISE

Wymów następujące wyrazy:

[ts], [s], [z] sobie, list, swojej, adres, za, magazyn, napis, polecony, znaczek, złoty, co

[tś], [ś], [ź] musi, wejście, przyjaciółka, środek, zimno, gdzieś, pogadać, zielony

EXERCISES

I. *Answer the following questions:*

1. Kogo zobaczyła Ewa?
2. Co robiła Irka Kowal w urzędzie pocztowym?
3. Jak zdał egzamin jej brat?
4. Co studiowała Irka?
5. Co powiedziała Irka do Ewy?

II. *Use the Verbs in brackets in the Past Tense in the following sentences:*

1. Ewa (posłyszeć) nagle Irkę.
2. (Zdać — *1st Pers. Plur.*) egzamin z doskonałym wynikiem.
3. Marysia (winszować) swojej koleżance.
4. Czy (napisać) list do matki?

III. *Complete the following sentences:*

1. Co ty tu ... ?
2. Kupowałam ...
3. Nie znam twojego ...
4. Studiuję ...
5. Jestem na ... roku.
6. Zejdźmy się w ... .

IV. *Translate the following sentences:*

1. She remembered that she had to send a congratulatory telegram to her brother.
2. In the middle of the dining room a big dark table was standing.
3. Have you written the address, Mary?
4. Who has bought so many post-cards?
5. Wait a minute!
6. What are you doing here?
7. My brother has passed his engineer's examination this month.
8. Let's talk.

31

DZIEŃ EWY SARNECKIEJ VIII
(W RESTAURACJI I)

Ewa weszła do restauracji i usiadła przy małym stoliku. Zwykle zjadała szybko kluseczki, placki ziemniaczane lub kaszę z mlekiem w barze mlecznym, ale dziś postanowiła zjeść na odmianę obiad w pierwszorzędnej restauracji.

— Proszę kartę — powiedział kelner podając jej spis potraw.

— Dziękuję.

Ewa zaczęła studiować spis potraw. Zup nie jadała, ale prócz bulionu i zupy grochowej był jeszcze czysty barszcz, który bardzo lubiła. A jakie mięso? Pieczona gęś, indyk — drogie. Rosołowe, pieczeń wołowa czy wątróbka? Nie, weźmie kotlet cielęcy z groszkiem. Czy napić się czegoś? Wódki nie piła. Woda sodowa czy lemoniada po mięsie? Nie. Butelki wina nie wypije sama. Lepiej napije się piwa.

SŁOWNICZEK

bar, -u	[ba:r, -u:]	bar room
barszcz, -u	[ba:rʃtʃ, -u:]	beet-root soup
bulion, -u	[bu:lyo:n, -u:]	clear soup
butelka, -i	[bu:telka:, -i:]	bottle
cielęcy, -a, -e	[tśelentsi, -a:, -e]	veal (Adj.)
gęś, -si	[gęś, -si:]	goose
groch, -u	[gro:h, -u:]	peas
grochowy, -a, -e	[gro:ho:vi, -a:, -e]	pea (Adj.)
groszek, -szku	[gro:ʃek, -ʃku:]	green peas
indyk, -a	[i:ndik, -a:]	turkey
karta, -y	[ka:rta:, -i]	menu, bill of fare
kasza, -y	[ka:ʃa:, -i]	cereal
kelner, -a	[kelner, -a:]	waiter
kluseczki (Pl.)	[klu:setʃki:]	home-made boiled paste
kluski (Pl.)	[klu:ski:]	home-made macaroni
kotlet, -a	[ko:tlet, -a:]	cutlet
lemoniada, -y	[lemo:ńa:da:, -i]	lemonade
mięso, -a	[m'ęso:, -a:]	meat
mleczny, -a, -e	[mletʃni, -a:, -e]	milk (Adj.)
napić się, -iję, -ijesz	[na:pi:tś śę, -i:yę, -i:yeʃ]	have a drink
odmiana, -y	[o:dm'a:na:, -i]	change
pieczeń, -ni	[p'etʃeń, -ni:]	roast
pieczony, -a, -e	[p'etʃo:ni, -a:, -e]	roast, roasted
pierwszorzędny, -a, -e	[p'erfʃo:ʒendni, -a:, -e]	first class
piwo, -a	[pi:vo:, -a:]	beer
placek, -cka	[pla:tsek, -tska:]	cake, here: pancake

postanowić, -wię, -wisz	[po:sta:**no**:vi:tś, -v'ę, vi:ʃ]	decide, resolve
potrawa, -y	[po:**tra**:va:, -i]	dish
prócz	[pru:tʃ]	besides
sodowy, -a, -e	[so:**do**:vi, -a:, -e]	soda (Adj.)
spis, -u	[spi:s, -u:]	list, bill
stolik, -a	[**sto**:li:k, -a:]	a small table
wątroba, -y	[von**tro**:ba:, -i]	}
wątróbka, -i	[von**tru**:pka:, -i:]	} liver
wino, -a	[**vi**:no:, -a:]	wine
wołowina, -y	[vo:ło:**vi**:na:, -i]	beef (N.)
wołowy, -a, -e	[vo:**ło**:vi, -a:, -e]	beef (Adj.)
wódka, -i	[**vu**:tka:, -i:]	vodka
zacząć, -cznę, -czniesz	[**za**:tʃońtś, -tʃnę, -tʃńeʃ]	begin
ziemniaczany, -a, -e	[źemńa:t**ʃa**:ni, -a:, -e]	potato (Adj.)
zjeść, zjem, zjesz	[zyeśtś zyem zyeʃ]	eat
zupa, -y	[**zu**:pa:, -i]	soup

OBJAŚNIENIA

bar mleczny	milk bar
na odmianę	for a change
proszę kartę	here's the menu
spis potraw	bill of fare
czysty barszcz	clear beet-root soup
pieczeń wołowa	roast beef
mięso wołowe	boiled meat
czy napić się czego?	shall I drink anything?
weźmie, wypije, napije się	she will take, she will drink
woda sodowa po mięsie	soda water after meat
sama	(by) herself

PRONUNCIATION EXERCISE

Wymów następujące wyrazy:

[dź] dziś, dziękuję, w wodzie, dziecko, wiedzieć, widzi

ZAPAMIĘTAJ!

chleb z masłem   kawa z cukrem
kasza z mlekiem   kotlet z groszkiem

EXERCISES

I. *Answer the following questions:*

1. Gdzie Ewa poszła na obiad?
2. Co jadała zwykle i gdzie?
3. Co podał jej kelner?
4. Czy Ewa lubiła zupy?
5. Jakie wybrała mięso?

II. *Change the following affirmative sentences into interrogative ones:*

1. Jadam zwykle kaszę.
2. To jest pierwszorzędna restauracja.
3. Dzieci jedzą zupę.
4. Ona weźmie wątróbkę.
5. Pijesz wódkę.

III. *Complete the following sentences:*

1. ... napij się piwa.
2. Nie lubię czystego ...
3. Weź kotlet z ...
4. ... przyniósł widelec, nóż i łyżkę.
5. Nie pij wody po ...

IV. *Add the Adjectives:* pierwszorzędnej, mlecznym, cielęcy, grochowej, sodowa *to the following Nouns:*
w barze, w restauracji, woda, zupy, kotlet.

32

DZIEŃ EWY SARNECKIEJ IX
(W RESTAURACJI II)

— Proszę o barszcz i kotlet cielęcy z groszkiem — powiedziała do kelnera, który przyniósł widelec, nóż i łyżkę na jej stół. — I piwo.

— Ciemne czy jasne?

— Ciemne.

— Proszę bardzo.

Barszcz był doskonały, mięso również. Ewa zapłaciła rachunek: barszcz, 5,40 zł, mięso 34 zł, piwo 7 zł, razem z procentem 50 zł. Drogo, ale obiad wart był tego. Podała 100 zł, dostała 50 zł reszty.

W szatni odebrała płaszcz i wyszła z restauracji.

SŁOWNICZEK

dostać, dostanę, -niesz	[**do**:sta:tś, -a:nę, -a:ńeʃ]	get
drogo	[**dro**:go:]	dear (Adv.)
łyżka, -i	[**łi**ʃka:, -i:]	spoon
nóż, noża	[nu:ʃ **no**:ʒa:]	knife
odebrać, odbiorę, odbierzesz	[o:**debra**:tś o:db'o:rę o:db'eʒeʃ]	get back, take
procent, -u	[**pro**:tsent, -u:]	percentage
reszta, -y	[**re**ʃta:, -i]	change
również	[**ru**:vńeʃ]	so, as well
szatnia, -i	[**ʃa**:tńa:, -i:]	cloak-room
wart	[va:rt]	worth
widelec, -lca	[vi:**de**lets, -ltsa:]	fork

OBJAŚNIENIA

proszę o barszcz	I want some beet-root soup
przyniósł na jej stół	he brought to her table
ciemne czy jasne (piwo)?	dark or light (beer)?
zapłaciła rachunek	she paid the bill
obiad wart był tego	the dinner was worth it

ZAPAMIĘTAJ!

Acc.	*Loc.*
Proszę **o** list.	Myślę **o** liście.
Daj mi płaszcz.	Siedzi **w** płaszczu.

PRONUNCIATION EXERCISE

Wymów następujące wyrazy:
[ń] dzień, lemoniada, niósł, szatni, nie, pieczeń
[m'] mięso, weźmie, odmiana, mięta, miód, mieć

EXERCISES

I. *Answer the following questions:*
   1. Czego się napiła Ewa?
   2. Jaki był obiad?
   3. Ile zapłaciła za obiad?
   4. Co odebrała w szatni?

II. *Change the following sentences into questions:*
   1. Obiad był dobry.
   2. Dostaliśmy resztę.
   3. Odebrali płaszcze.
   4. Zapłaciła rachunek.

III. *Complete the following sentences:*
   1. Czy zapłaciłeś ...?
   2. Proszę o ... piwo.
   3. Nie pij ... po mięsie.
   4. Proszę podać mi spis ...

IV. *Form sentences with the following words:*
   widelec, do kelnera, podała, rachunek, proszę

33

ROZMOWA TELEFONICZNA

— Halo, halo...

— Słucham, kto mówi?

— Tu mówi Rynkiewicz. Czy Stefan jest w domu?

— Proszę poczekać. Zaraz zobaczę. Stefek, ktoś dzwoni do ciebie.

138

— Już idę. Słucham.

— Halo, Stefek?

— Tak.

— Tu Janusz. Słuchaj, co będziesz robił w niedzielę?

— Chciałem iść do kina „Stolica". Będzie tam od niedzieli bardzo dobry film.

— Poczekaj z kinem do poniedziałku. Możemy pójść wieczorem, dobrze? Co będziesz robił w niedzielę rano? Słuchaj, jedźmy gdzieś razem, jeżeli nie będzie padał deszcz. Rower w porządku?

— Tak. Przyjdę do ciebie w sobotę wieczór, to się umówimy. A może pojedziemy na mecz piłki nożnej?

— Skra — Warszawa? Dobrze. Pomówimy o tym w sobotę.

SŁOWNICZEK

deszcz, -u	[deʃtʃ, -uː]	rain
dzwonić, -ę, -sz	[dzvoːniːtś, -ę, -ʃ]	ring
halo	[haːloː]	hello
mecz, -u	[metʃ, -uː]	match
padać, -m, -sz	[paːdaːtś, -m, -ʃ]	fall, rain
piłka nożna	[piːłka: noːʒnaː]	football
pomówić, -ę, -sz	[poːmuːviːtś, -ę, -ʃ]	talk, speak
porządek, -dku	[poːʒondek, -tkuː]	order
razem	[raːzem]	together
rower, -u	[roːwer, -uː]	bicycle, cycle
stolica, -y	[stoːliːtsaː, -i]	capital
umówić się, -ę, -sz	[uːmuːviːtś śę, -ę, -ʃ]	settle, agree upon

OBJAŚNIENIA

pada deszcz	it rains
kto mówi?	who is speaking? who is there?
„Stolica"	name of a cinema
Skra—Warszawa	name of a sports club

ZAPAMIĘTAJ!

w niedzielę rano	po południu	wieczór
w poniedziałek rano	. . . .	. . . .

Kto mówi?   **Kto** dzwoni?   **Kto** jest w domu?   **Kto** idzie?
Co będziesz robił?   **Będzie padał** deszcz.
Pojedziemy nad morze, w góry, do domu, na mecz.
Przyjdę do ciebie.   **Umówimy się.**   **Pomówimy** o tym.
For patterns of the Future Tense see Part III, *page* 183.

PRONUNCIATION EXERCISE

Wymów następujące wyrazy (*Final voiced becoming voiceless*):
tale**rz**, chle**b**, rozka**z**, kła**dź**, posta**w**, ró**g**, ra**z**, twa**rz**, zą**b**

EXERCISES

I. *Answer the following questions:*

1. Kto dzwonił do Stefana?
2. Co chciał robić Stefan w niedzielę?
3. Co chciał robić Janusz?

II. *Translate the following sentences:*

1. Moja matka nie będzie mówić z panem Jeżowskim.
2. Co będziecie robili w sobotę wieczór?
3. Czy będzie padać deszcz?
4. Czy przyjdziesz do mnie w niedzielę rano?
5. Pojedziemy na mecz piłki nożnej.

III. *Translate the following sentences:*

1. Will you be at home in an hour?
2. There will be a very good Polish film in the „Stolica" cinema.
3. The day will be sunny and warm.
4. We'll speak about it after finishing work.
5. She'll see him in the café, some time.

IV. *Write every given sentence in the Imperative Mood, 2nd person Singular, 1st and 2nd person Plural of the Verbs in brackets:*

1. (Jechać) zaraz do domu.
2. (Iść) do biura; jest już ósma godzina.
3. (Mówić), co widać na ulicy.
4. (Słuchać) koncertu, wart jest tego.
5. (Zjeść) obiad w pierwszorzędnej restauracji.
6. (Napić się) herbaty albo kawy.
7. (Zapłacić) za szatnię i za śniadanie.
8. (Wyjść) z pokoju.

34

SPORT

— Posłuchaj, Stefek, co tu piszą o niedzielnych zawodach na Stadionie Wojska Polskiego...

— Piłki nożnej?

— Nie. O zawodach motocyklowych i samochodowych.

— No, co?

— „Na starcie eliminacji do Mistrzostw Polski staną najlepsi motocykliści i automobiliści".

— Wiesz, mnie więcej interesuje, kto zdobędzie złoty medal w Lipsku w pływaniu i piłce ręcznej.

— Zobaczysz, że polscy pływacy przywiozą kilka medali, ale może nie złote...

— Wiesz co, chodźmy po południu na zawody lekkoatletyczne drużyn szkolnych. Będzie i nasza stara szkoła Zamoyskiego.

— Mieliśmy przecież iść na mecz piłki nożnej na Stadion Dziesięciolecia. To ciekawsze.

— No, dobrze. Za godzinę zajedziemy do Warszawy, umyjemy się, przebierzemy i pójdziemy na Stadion.

SŁOWNICZEK

drużyna, -y	[dru:ʒina:, -i]	team
dziesięciolecie, -a	[dźeśeńtśo:letśe, -a:]	tenth anniversary
eliminacja, -cji	[eli:mi:na:tsya:, -tsyi:]	elimination
interesować, -uję, -ujesz	[i:ntereso:va:tś, -u:yę, -u:yeʃ]	interest (V.)
lekkoatletyczny, -a, -e	[lekko:atletitʃni, -a:, -e]	athletics (Adj.)
medal, -u	[meda:l, -u:]	medal
motocykl, -a	[mo:to:tsikl, -a:]	motor-cycle
motocyklista, -y	[mo:to:tsikli:sta:, -i]	motor-cyclist
najlepszy, -a, -e	[na:ylepʃi, -a:, -e]	(the) best
niedzielny, -a, -e	[ńedźelni, -a:, -e]	Sunday's (Adj.)
pływak, -a	[pɫiva:k, -a:]	swimmer

pływanie, -a	[płiva:ńe, -a:]	swimming
posłuchać, -m, -sz	[po:słu:ha:tś, -m, -ʃ]	listen, hear
przebierać się, -m, -sz	[pʃeb'era:tś śę, -m, -ʃ]	change (dress)
przywieźć, -wiozę, -wieziesz	[pʃiv'eśtś, -vyo:zę, -vyéźeʃ]	bring (home)
(piłka) ręczna	[(pi:łka:) rentʃna:]	volley-ball
samochód, -odu	[sa:mo:hu:t, -o:du:]	motor-car
stadion, -u	[sta:dyo:n, -u:]	stadium
start, -u	[sta:rt, -u:]	start
więcej	[v'entsey]	more
wojsko, -a	[vo:ysko:, -a:]	army
zajechać, -jadę, -jedziesz	[za:yeha:tś, -ya:dę, -yedźeʃ]	come to, arrive, get, reach, drive up
zawody (Pl.)	[za:vo:di]	contest, race
zdobyć, zdobędę -będziesz	[zdo:bitś zdo:bendę, -beńdźeʃ]	win, secure
złoty, -a, -e	[zło:ti, -a:, -e]	gold (Adj.)

Anegdota

Sportowiec: — Jak to być może, panno Marysiu, że pani nie potrafi złapać piłki, a mężczyznę potrafi pani złapać?

Marysia: — Mężczyzna jest większy!

sportowiec	[spo:rto:v'ets]	sportsman
jak to być może	[ya:k to: bitś mo:ʒe]	how is it
potrafi	[po:tra:fi:]	can
złapać	[zła:pa:tś]	catch
piłka	[pi:łka:]	ball
większy	[v'enkʃi]	bigger

ZAPAMIĘTAJ!

Kto zdobędzie złoty medal?   **Co** cię więcej interesuje?
Kto będzie na zawodach?   **Co** przywiozą pływacy?
Kto zajedzie pierwszy do War-   **Co** jest ciekawsze?
     szawy?   **Co** piszą o zawodach?
Kto pójdzie na mecz?

Future of Perfective Verbs

Na starcie staną najlepsi motocykliści.
Kto zdobędzie złoty medal?
Zobaczysz, że polscy pływacy przywiozą kilka medali.
Za godzinę zajedziemy, umyjemy się, przebierzemy i pójdziemy na Stadion.

PRONUNCIATION EXERCISE

Wymów następujące wyrazy (*voiced consonants before voiceless become voiceless!*):
szybko, rozkaz, łóżko, postawcie, młodszy, środku, gorzki, dłuższy, rzadko, wątróbka

EXERCISES

I. *Answer the following questions:*

1. Czy chodzisz na mecze piłki nożnej?
2. Co wolisz: zawody motocyklowe czy lekkoatletyczne?
3. Co będzie w niedzielę na Stadionie Wojska Polskiego w Warszawie?
4. Gdzie poszli Stefan i Janusz?

II. *Use the Verbs in brackets in the Present, Past and Future Tenses in the following sentences:*

1. Dzieci nie (czytać) Kuriera.
2. Pani Wolska (mieć) piękną porcelanę.
3. W niedzielę (być) szkolne zawody lekkoatletyczne.
4. On (być) doskonałym pływakiem.
5. Co (pisać) do znajomego, Haneczko?
6. Mój ojciec (interesować się) sportem motocyklowym.

1. Who has won the gold medal in athletics?
2. Who is the best swimmer in your school?
3. What will be more interesting: a football match or a good film?
4. When were you in Warsaw, John?
5. What has your friend written you, Peter?
6. Do you remember your father?
7. What will you eat and drink in the restaurant?

35

NA DWORCU KOLEJOWYM

— Czy zechciałby pan poinformować mnie, kiedy odchodzą pociągi do Gdyni?

— Czym chciałby pan jechać: pociągiem osobowym, pośpiesznym czy torpedą?

— Wolałbym jechać torpedą, ale jaka jest cena biletu?

— Taka sama jak cena biletu pierwszej klasy pociągu pośpiesznego. A może chciałby pan jechać wagonem sypialnym? Dopłata za miejsce w wagonie sypialnym nie jest duża.

— Gdyby pociąg nie przyjeżdżał za wcześnie rano do Gdyni, mógłbym jechać nocą. A kiedy torpeda przychodzi do Gdyni?

— Wyjazd z Warszawy Wschodniej o godzinie 14.30, przyjazd do Gdyni o godzinie 19.

— Doskonale. Proszę więc o bilet na torpedę.

SŁOWNICZEK

bilet, -u	[bi:let, -u:]	ticket
cena, -y	[tsena:, -i]	price
dopłata, -y	[do:pła:ta:, -i]	extra (charge), additional payment
dworzec, dworca	[dvo:ʒets dvo:rtsa:]	station
kolej, -ei	[ko:ley, -ei:]	railway (N.)
kolejowy, -a, -e	[ko:leyo:vi, -a:, -e]	railway (Adj.)
miejsce, -a	[m'eystse, -a:]	place, seat
odchodzić, -dzę, -dzisz	[o:tho:dzi:tś, -dzę, -dzi:ʃ]	start, leave
osobowy (pociąg)	[o:so:bo:vi]	slow (train)
pociąg, -u	[po:tśonk, -gu:]	train
poinformować, -uję, -ujesz	[po:i:nfo:rmo:va:tś, -u:yę, -u:yeʃ]	inform
przyjazd, -u	[pʃiya:st, -zdu:]	arrival
przyjeżdżać, -am, -asz	[pʃiyeʒdʒa:tś, -a:m, -a:ʃ]	arrive
sypialny (wagon)	[sip'a:lni (va:go:n)]	sleeper, sleeping (car)
taki sam, taka sama, takie samo	[ta:ki, sa:m ta:ka: sa:ma: ta:k'e sa:mo:]	the (very) same
torpeda, -y	[to:rpeda:, -i]	„torpedo", express train
wagon, -u	[va:go:n, -u:]	waggon
wschodni, -nia, -nie	[fsho:dni:, -ńa:, -ńe]	east(-ern)
wyjazd, -u	[viya:st, -zdu:]	departure
zechcieć, zechcę, zechcesz	[zehtśetś zehtsę zehtseʃ]	be willing, be kind

OBJAŚNIENIA

czy zechciałby pan poinformować mnie?   would you kindly inform me?

czy chciałby pan?		would you like?
wolałbym		I'd prefer
gdyby pociąg nie przyjeżdżał za wcześnie rano do Gdyni, mógłbym		if the train did not arrive too early at Gdynia I could

For patterns of Conditionals see Part III, pages 185—186.

Anegdota

W POCIĄGU

Rozmowny pasażer: — Daleko pan jedzie?
Sąsiad (który nie znosi rozmów w pociągu): — Tylko do Krynicy. Jestem inżynierem. Mam lat czterdzieści. Jestem żonaty. Mój syn ma lat 16. Chodzi do szkoły zawodowej. Mój ojciec umarł dwa lata temu. Matka jeszcze żyje. Mam rudowłosą siostrę. Nazywa się Anna. Wystarczy to panu?

rozmowny	[ro:zmo:vni]	talkative
pasażer	[pa:sa:ʒer]	passenger
daleko	[da:leko:]	far
jedzie	[yedźe]	goes
sąsiad	[sąśa:t]	neighbour
nie znosi	[ńe zno:si:]	detests, can't stand
inżynier	[i:nʒińer]	engineer (N.)
szkoła zawodowa	[ʃko:ła: za:vo:do:va:]	vocational school
rudowłosa	[ru:do:vło:sa]	red-haired (Fem. Sing.)
wystarczy to panu?	[vista:rtʃi to: pa:nu:]	will that do?

ZAPAMIĘTAJ!

Kto jedzie do Gdyni?
Co robi Antek w Warszawie?
Jak długo jedzie się z . . . . . do . . . . . ?
Kiedy jedzie pan nad morze?
Gdzie Krysia spędza urlop?
Czym chcesz jechać, Andrzeju?
Czy chciałaby pani jechać wagonem sypialnym?
Ile kosztuje bilet na torpedę?

EXERCISES

I. *Answer the following questions:*

1. Czy znasz Polskę?
2. Gdzie jest Gdynia?
3. Jaka jest cena biletu na torpedę?
4. Czy dopłata za miejsce w wagonie sypialnym jest duża?
5. Kiedy torpeda przychodzi do Gdyni?

II. *Change the Conditional in the following sentences into the Present Tense of the Indicative:*

1. Chciałbym pojechać pociągiem pośpiesznym.
2. Mógłby pan jechać nocą.
3. Pociąg byłby za wcześnie w Gdyni.
4. Wolelibyśmy pojechać samochodem.
5. Dopłata za miejsce w wagonie sypialnym nie byłaby duża.

III. *Complete the following sentences:*

1. — do Gdyni odchodzi z Warszawy —.
2. Chciałbym jechać — klasą.
3. Czy jest jeszcze miejsce w wagonie —?
4. Dopłata nie jest —.
5. Proszę o bilet na —.
6. Nie chciałbym jechać —.
7. Czy nie będę za — rano w Gdyni?

IV. *Write questions to the following answers:*

1. Będę w Gdyni o siódmej wieczór. (Kiedy?)
2. Możecie jechać pociągiem pośpiesznym. (Jakim?)
3. Chcielibyśmy poinformować się o pociągi do Wrocławia. (O co?)
4. Cena biletu jest 145 złotych. (Jaka?)
5. Torpeda odchodzi o drugiej. (Kiedy?)

36

NAD MORZEM

. — Jeżeli w czwartek będzie pogoda, będziemy mogli popłynąć statkiem na Hel — powiedziała przy śniadaniu pani Stefania Wiśniewska do Henryka Kota, który przyjechał poprzedniego dnia nad morze do modnej miejscowości Sopot.

Mieszkał w tym samym pensjonacie, co i pani Stefa. Poznali się przy kolacji.

— Czy statki wyjeżdżają codziennie? — pytał Henryk.

— Tak, w sezonie nawet dwa razy dziennie: na Hel, w morze na krótkie przejażdżki, do Gdańska, do Gdyni. Czy chciałby się pan przyłączyć do nas? Z naszego pensjonatu wybiera się już dziesięć osób.

— Z przyjemnością. A co z biletem?

— O, kierowniczka pensjonatu nam to załatwi. Niech pan zgłosi się do niej i wpłaci pieniądze. W czwartek wyruszymy.

— O której godzinie?

— O jedenastej rano.

— Wspaniale. Bardzo pani dziękuję.

— Nie ma za co. Proszę bardzo.

SŁOWNICZEK

dziennie	[dźeńńe]	a day, daily
kierowniczka, -i	[k'ero:vni:tʃka:, -i:]	manageress
krótki, -ka, -kie	[kru:tki:, -ka:, -k'e]	short
miejscowość, -ci	[m'eystso:vo:śtś, -tsi:]	resort, locality
pensjonat, -u	[pensyo:na:t, -u:]	boarding-house
pieniądze (Pl.)	[p'eńondze]	money
popłynąć, -nę, -niesz	[po:płinońtś, -nę, -ńeʃ]	sail, go by boat
poprzedni, -a, -e	[po:pʃedni:, ńa:, -ńe]	previous, preceding, former
poznać się, -m, -sz	[po:zna:tś śę, -m, -ʃ]	get acquainted

148

przejażdżka, -i	[pʃeya:ʃtʃka:, -i:]	voyage, trip, drive (N.)
przyjechać, -jadę, -jedziesz	[pʃiyeha:tś, -ya:dę, -yedźeʃ]	come
przyjemność, -ci	[pʃiyemno:śtś, -tsi:]	pleasure
przyłączyć się, -ę, -ysz	[pʃiłontʃitś śę, -tʃę, -tʃiʃ]	join
sezon, -u	[sezo:n, -u:]	season
statek, -u	[sta:tek, -u:]	boat
ten sam, ta sama, to samo	[ten sa:m ta: sa:ma: to: sa:mo:]	the same
wpłacić, -cę, -cisz	[fpła:tsi:tś, -tsę, -tsi:ʃ]	pay (in)
wybierać się, -m, -sz	[vib'era:tś śę, -m, -ʃ]	be going to
wyjeżdżać, -m, -sz	[viyeʒdʒa:tś, -m, -ʃ]	sail, leave
wyruszyć, -ę, -ysz	[viru:ʃitś, -ę, -iʃ]	start

OBJAŚNIENIA

jeżeli będzie pogoda	if the weather is fine
popłynąć statkiem,	sail, go by boat
w tym samym pensjonacie, co i pani Stefa	at the same boarding-house as Stefa
dwa razy dziennie	twice a day
przyłączyć się do nas	join us
a co z biletami?	what about the tickets?
nie ma za co	don't mention it, you're welcome
Hel	a small village on a peninsula in the Baltic sea midway between Gdańsk and Gdynia
Gdańsk, Gdynia	ports on the Polish seacoast

ZAPAMIĘTAJ!

Czy **chciałby** się **pan** przyłączyć do nas?
Czy **chcielibyście** popłynąć na Hel?
Czy **wolałybyście panie** wpłacić jutro pieniądze?
Czy oni **mogliby** wyruszyć rano?

PRONUNCIATION EXERCISE

Wymów następujące wyrazy:

[b] będzie, chciałby, bardzo, był, służbowy, budzik, bluzka, autobus
[b'] biały, wybiera się, bić, izbie, bielizna, lubić, sobie, kobieta

149

EXERCISES

I. *Answer the following questions:*
1. Co powiedziała pani Stefania do Henryka przy śniadaniu?
2. Gdzie przyjechał Henryk i kiedy?
3. Jak często wyjeżdżają statki i dokąd (*where to*)?
4. Kto załatwił bilety?
5. Kiedy wyrusza wycieczka?

II. *Add as many Adjectives as possible, in proper gender, number and case, to the following Nouns:*

pogoda, w pensjonacie, przy kolacji, w miejscowości, o godzinie

III. *Write questions to the following answers:*
1. Przyjechałem wczoraj wieczorem. (Kiedy?)
2. Dzień był piękny, upalny. (Jaki?)
3. On chce się przyłączyć do wycieczki. (Czy?)
4. Henryk jedzie nad morze. (Gdzie?)

37

PŁYNIEMY NA HEL

Statek „Panna Wodna" powoli płynął po gładkiej powierzchni morza. Dzień był upalny. Na dolnym i górnym pokładzie mężczyźni i kobiety siedzieli, stali, przechadzali się rozmawiając z ożywieniem. Dzieci krzyczały z radości na widok mew siedzących jak kaczki na wodzie.

Zbliżano się szybko do półwyspu helskiego. Widać już było stare charakterystyczne domki rybackie i latarnię morską po prawej stronie.

Można było teraz spędzić dwie godziny na zwiedzaniu wąskiego półwyspu, zjeść świeżo smażoną rybę w małej restauracji we wsi Hel czy też zwiedzić małe muzeum rybackie.

SŁOWNICZEK

charakterystyczny, -a, -e	[ha:ra:kteristitʃni, -a:, -e]	characteristic
dolny, -a, -e	[do:lni, -a:, -e]	lower
domek, -mku (*dimin.*)	[do:mek, -mku:]	cottage, a small house
górny, -a, -e	[gu:rni, -a:, -e]	upper
helski, -a, -e	[helski:, -a:, -e]	Hel (Adj.)
kaczka, -i	[ka:tʃka:, -i:]	duck
krzyczeć, -ę, -ysz	[kʃitʃetś, -ę, -iʃ]	shout
latarnia morska	[la:ta:rńa: mo:rska:]	lighthouse
mewa, -y	[meva:, -i]	sea-gull
muzeum, -um	[mu:zeu:m, -u:m]	museum
ożywienie, -a	[o:ʒiv'eńe, -ńa:]	animation
po (powierzchni)	[po: (po:v'eʃhni:)]	on, over (the surface)
pokład, -u	[po:kła:t, -du:]	deck
powierzchnia, -i	[po:v'eʃhńa:, -i:]	surface
powoli	[po:vo:li:]	slowly
półwysep, -spu	[pu:łvisep, -spu:]	peninsula
przechadzać się, -m, -sz	[pʃeha:dza:tś sę, -m, -ʃ]	walk, take a walk
radość, -ci	[ra:do:śtś, -tsi:]	joy
rozmawiać, -m, -sz	[ro:zma:v'a:tś, -m, -ʃ]	talk, speak
rybacki, -a, -e	[riba:tski:, -a:, -e]	fishing (Adj.)
smażyć, -ę, -ysz	[sma:ʒitś, -ę, -iʃ]	fry
świeżo	[śv'eʒo:]	freshly, newly
wąski, -a, -e	[vąski:, -a:, -e]	narrow
wodny, -a, -e	[vo:dni, -a:, -e]	water (Adj.)
zbliżać się, -m, -sz	[zbli:ʒa:tś śę, -m, -ʃ]	near; approach
zwiedzić, -dzę, -dzisz	[zv'edzi:tś, -dzę, -dzi:ʃ]	visit

151

OBJAŚNIENIA

„Panna Wodna" po gładkiej powierzchni morza	„Water Maid", „Siren" over the smooth surface of the sea
rozmawiając z ożywieniem	talking animatedly
na widok	at the sight
mew siedzących jak kaczki n wodzie	sea-gulls sitting like ducks on the water
zbliżano się szybko	they were coming near
można było	one could

Anegdota

NA STATKU

— Kochanie! Co się stało? Źle się czujesz? Przecież morze jest dziś wyjątkowo spokojne:

— Wiem, wiem — ale zażyłam sześć różnych lekarstw przeciw morskiej chorobie!

kochanie	[ko:ha:ńe]	darling
co się stało?	[t'so: śę sta:ło:]	what has happened?
źle się czujesz?	[źle śę tʃu:yeʃ]	do you feel ill?
przecież	[pʃetśeʃ]	yet
wyjątkowo	[viyontko:vo:]	exceptionally
spokojne	[spo:ko:yne]	quiet (Neuter Sing.)
zażyłam	[za:ʒiła:m]	I've taken
różnych lekarstw	[ru:ʒnih leka:rstf]	different (various) remedies
przeciw	[pʃetsi:f]	against
choroba morska	[ho:ro:ba: mo:rska:]	sea-sickness

ZAPAMIĘTAJ!

powoli	siedzieć	gorący	dolny	wąski	mały
szybko	stać	zimny	górny	szeroki	duży

PRONUNCIATION EXERCISE

Wymów następujące wyrazy:

[l] powoli, upalny, dolny, siedzieli, stali, rozmawiali, blisko, krzyczeli

[ł] płynął, pokład, siedziały, stały, rozmawiały, pół, było, krzyczały

EXERCISES

I. *Answer the following questions:*

1. Co robili mężczyźni i kobiety na statku?
2. Co robiły dzieci? Dlaczego?
3. Co było widać ze statku na półwyspie helskim?
4. Co można było robić na Helu przez dwie godziny?

II. *Write questions to the following answers:*

1. Mewy siedziały jak kaczki na wodzie. (Jak?)
2. Chcę zwiedzić muzeum rybackie. (Co?)
3. Henryk chce zjeść smażoną rybę. (Kto?)
4. Zwiedzili muzeum rybackie. (Co?)

III. *Complete the following sentences:*

1. Dzieci krzyczały z (*joy*).
2. Statek (*slowly*) płynął.
3. Wszyscy rozmawiali (*animatedly*).
4. Czy widzisz (*lighthouse*)?

IV. *Translate the following sentences:*

1. If the weather is good, we shall be able to go by ship to Hel.
2. Henry, who was staying in the same boarding-house as Stefa, got acquainted with her at supper.
3. If you wish to join our trip, go to the manageress of the boarding-house and tell her you wish to go.

38

BURZA

— No, cóż, panie Henryku, jak się panu podoba wycieczka? — pytała miła pani Stefa.

— Bardzo mi się podoba — powiedział gorąco Henryk. — Jestem pani bardzo wdzięczny. Pierwszy raz jestem nad morzem. Wycieczka jest śliczna.

— Będzie się panu jeszcze bardziej podobała, kiedy przeżyje pan pierwszą burzę morską na naszym statku — śmiała się pani Stefa. — O, proszę posłuchać, grzmi.

— Prawda, grzmi i błyska się, będzie burza.

Spojrzawszy na zachód nasi znajomi zobaczyli, że pogodne
dotąd niebo pokryte było gęstymi, czarnymi chmurami, roz-
świetlanymi co chwila błyskawicami.

— Jaki wiatr! — powiedział Henryk.

— O, widzi pan, już pada deszcz — powiedziała pani Stefa.

SŁOWNICZEK

błyska się	[błiska: śę]	it's lightening
błyskawica, -y	[błiska:**vi**:tsa:, -i]	lightning
burza, -y	[**bu**:ʒa:, -i]	storm
chmura, -y	[**hmu**:ra:, -i]	cloud
dotąd	[**do**:tont]	till then
gęsty, -a, -e	[**gę**sti, -a:, -e]	thick
grzmi	[gʒmi:]	it's thundering
niebo, -a	[**ńe**bo:, -a:]	sky
pokryty, -a, -e	[po:**kri**ti, -a:, -e]	covered
przeżyć, -żyję -żyjesz	[**pʃe**ʒitś, -ʒiyę, -ʒiyeʃ]	experience, live through
rozświetlać, -m, -sz	[ro:**sśf'etla**:tś, -m, -ʃ]	light, enlighten
śmiać się, śmieję, -esz	[**śm'a**:tś śę śm'eyę, -eʃ]	laugh
wiatr, -u	[**v'a**:tr, -ʋ:]	wind
wdzięczny, -a, -e	[**vdʒent**ʃni, -a:, -e]	grateful
zachód, -odu	[**za**:hu:t, -o:du:]	west

OBJAŚNIENIA

bardzo mi się podoba	I like it very much
proszę posłuchać	please listen
grzmi, błyska się	it's thundering, it's lightening, it thunders it lightens (*impersonal expressions*)
spojrzawszy	having looked
rozświetlany	lit, lighted
co chwila	every few moments

For further information on Participles in -szy, -ny, -ty *see* Part III, page 187.

ZAPAMIĘTAJ!

Jestem **panu** (pani, wam, ci) bardzo wdzięczny.

Morze podoba mi (ci, mu, jej, nam, wam, im) się.

Będzie burza.

Będzie pogoda.

Będzie deszcz.

PRONUNCIATION EXERCISE

Wymów następujące wyrazy:

[r] Henryk, gorąco, pierwszy, raz, morski, prawda, pokryte, czarny, wiatr, chmura

EXERCISES

I. *Answer the following questions:*
1. Jak się Henrykowi podobała wycieczka?
2. Ile razy był on nad morzem?
3. Co zobaczyli nasi znajomi na niebie?

II. *Complete the following sentences:*
1. Wycieczka jest ...
2. Przeżyłam ... burzę morską na statku.
3. ... dotąd niebo pokryte było czarnymi ...
4. Już ... deszcz.

III. *Translate the following sentences:*
1. I am very grateful to you, sir.
2. Listen, it is thundering, there will be a storm.
3. Look to the west.
4. The clouds are white, not black.

39

PANI STEFA JEST CHORA

— Nie ma dziś pani Stefy? — pytała kierowniczka pensjonatu przy kolacji.

— Stefa zaziębiła się na wycieczce, ma gorączkę i leży chora — powiedziała jej koleżanka, panna Zosia Klimczak. — Prosiła mnie, żebym poszła do apteki po aspirynę.

— Idę właśnie do Domu Towarowego, żeby kupić nową walizkę, i chętnie kupię, co trzeba — powiedział Henryk.

— Dziękuję panu — powiedziała panna Zosia.

— A czy nie byłoby dobrze, żeby lekarz przyszedł zbadać pannę Stefanię? — zapytał Henryk.

— Słusznie — powiedziała panna Zosia — Jeżeli do jutra rana nie będzie lepiej, poprosimy doktora Grabowskiego, żeby do nas przyszedł i zbadał ją.

SŁOWNICZEK

apteka, -i	[a:**pteka**:, -i:]	chemist's, druggist's
aspiryna, -y	[a:spi:**rina**:, -i]	aspirin
doktor, -ora	[**do**:kto:r, -o:ra:]	doctor
gorączka, -i	[go:**ront∫**ka:, -i:]	fever
koleżanka, -i	[ko:le**ʒa**:nka:, -i:]	friend, colleague, companion (Fem.)
lekarz, -a	[**leka**:∫, -ʒa:]	physician; here: doctor
poprosić, -szę, -sisz	[po:**pro**:si:tś, -∫ę, -si:∫]	ask
słusznie	[**słu**:∫ńe]	that's right, right, rightly
walizka, -i	[va:**li**:ska:, -i:]	suitcase
zaziębić się, -ę, -isz	[za:**ʒembi**:tś śę, -b'ę, -bi:∫]	catch cold, be chilled
zbadać, -m, -sz	[**zba**:da:tś, -m, -∫]	examine

OBJAŚNIENIA

nie ma dziś pani Stefy	Miss Stefa is absent today
prosiła mnie, żebym poszła	she asked me to go
po aspirynę	to buy aspirin
a czy nie byłoby dobrze?	wouldn't it be right?

Anegdota

— Powiedziałam doktorowi, że mam zanik pamięci.
— Cóż on na to?
— Kazał mi z góry zapłacić za wizytę.

zanik pamięci	[za:ni:k pa:m'eńtsi:]	loss of memory
cóż on na to?	[cu:ʃ oːn naː toː]	what did he do?
kazał mi zapłacić	[kaːzaːł mi: zaːpłaːtsi:tś]	he told me to pay
z góry	[z guːri]	in advance

ZAPAMIĘTAJ!

Pani Stefa **jest** w domu.	**Nie ma** dziś pani Stefy.
Mąż **jest** w Poznaniu.	**Nie ma** męża w domu.
Doktor Grabowski **jest** w Sopocie.	**Nie ma** doktora w pensjonacie.
Pan Henryk **jest** w aptece.	**Nie ma** pana Henryka w pokoju.

PRONUNCIATION EXERCISE

Wymów następujące wyrazy:
[ę] zaziębić się, gorączkę, aspirynę, idę, walizkę, chętnie, kupię, dziękuję, Stefanię, będzie

EXERCISES

I. *Answer the following questions:*
  1. Dlaczego pani Stefa nie była na kolacji?
  2. Co powiedziała panna Zosia?
  3. O co zapytał Henryk?
  4. Co odpowiedziała panna Zosia?

II. *Change* a) *the Singular into the Plural,* b) *the Plural into the Singular in the following sentences:*

  a) 1. Zaziębiła się na wycieczce, ma gorączkę i leży chora.
     2. Prosiła koleżankę, żeby poszła do apteki po lekarstwo.
     3. Lekarz przyszedł zbadać chorą.
     4. Chcę kupić nową walizkę.

b) 1. Najlepiej kupicie suknie i futra w Domu Mody.
   2. Włóżcie ciepłe płaszcze, bo jest zimno.
   3. Poprosimy, żeby koledzy przyszli jutro.
   4. One pytały o doktorów.

III. *Translate the following sentences:*

   1. I am going to the Central Store to buy a big pot.
   2. Have you got gramophone records?
   3. You can go there by an express train.
   4. What time does the train arrive in Gdynia?

40

W APTECE

Henryk wszedł do apteki przy głównej ulicy Sopotu. Przy jednym okienku stali ci, którzy przynosili recepty lekarskie albo mieli odebrać przyrządzone lekarstwa. Przy drugim można było otrzymać lekarstwa, których nie trzeba było specjalnie przyrządzać, różnego rodzaju pastylki, krople, zastrzyki itp.

Henryk kupił dziesięć pastylek aspiryny w pudełku i szybko zaniósł je pannie Zosi.

SŁOWNICZEK

kropla	[kro:pla:]	drop
lekarstwo, -a	[leka:rstfo:, -a:]	medicine, remedy
lekarski, -ka, -kie	[leka:rski:, -ka:, -k'e]	medical; here: doctor's

otrzymać, -m, -sz	[o:tʃima:tś, -m, -ʃ]	get obtain
pastylka, -i	[pa:stilka:, -i:]	pill
przynieść, przyniosę, przyniesiesz	[pʃińeśtś pʃińo:sę pʃińeśeʃ]	bring
przynosić, przynoszę, przynosisz	[pʃino:si:tś pʃino:ʃę pʃino:siʃ]	
przyrządzić, przyrządzę, przyrządzisz	[pʃiʒońdzi:tś pʃiʒondzę pʃiʒońdzi:ʃ]	prepare
przyrządzać, -m, -sz	[pʃiʒońdza:tś, -m, -ʃ]	
pudełko, -a	[pu:dełko:, -a:]	box
recepta, -y	[retsepta:, -i]	prescription
specjalnie	[spetsya:lńe]	especially
zanieść, zaniosę, zaniesiesz	[za:ńeśtś zańo:sę zańeśeʃ]	take, carry
zanosić, zanoszę, zanosisz	[za:no:si:tś za:no:ʃę za:no:si:ʃ]	
zastrzyk, -u	[za:stʃik, -ku:]	injection

OBJAŚNIENIA

mieli odebrać	were to obtain, to get
itp. = i tym podobnie	and such like

PRONUNCIATION EXERCISE

Wymów następujące wyrazy:

i [i:] apteki, ulica, stali, ci, przynosili, drugi, pastylki, kupił, aspiryna

y [i] przy, ulicy, jednym, którzy, było, otrzymać, których, zastrzyk

EXERCISES

I. *Answer the following questions:*

1. Co Henryk widział w aptece?
2. Co tam kupił?
3. Komu zaniósł aspirynę?

II. *Change* a) *the Singular into the Plural,* b) *the Plural into the Singular in the following sentences:*

a) 1. Przy okienku stał mężczyzna, który przyniósł receptę lekarską.
   2. Mam odebrać lekarstwo.
   3. Wejdź do apteki i kup zastrzyk.

b) 1. Tu przyjmujemy recepty lekarskie.
   2. Tych lekarstw nie musicie specjalnie przyrządzać.
   3. Nie kupuj pastylek.
   4. Potrzebne są im zastrzyki.

III. *Complete the following sentences:*

   1. Apteka jest przy ... ulicy.
   2. Proszę odebrać lekarstwo przy ... okienku.
   3. Pastylki są w ... .
   4. Zaniesiesz krople ... pensjonatu.

41

CHORA NIE CZUJE SIĘ DOBRZE

Kiedy pani Żmijewska, bo tak się nazywała kierowniczka pensjonatu, odwiedziła pannę Stefanię, zobaczyła od razu, że chora nie czuje się dobrze.

Na zapytanie o zdrowie odpowiedziała panna Steta słabym głosem, że ma gorączkę i czuje kłucie przy oddychaniu. Bała się zapalenia płuc.

— Zaraz poślę po lekarza — powiedziała pani Żmijewska. — Jak się to stało, że się pani tak przeziębiła?

— Byłam lekko ubrana i podczas burzy wyszłam na górny pokład w ulewny deszcz. Chociaż potem świeciło słońce, siedziałam na dolnym pokładzie w mokrej sukience przez półtorej godziny.

— Zaraz dostanie pani zastrzyk i będzie po wszystkim — pocieszyła ją kierowniczka.

SŁOWNICZEK

chociaż (choć)	[ho:tśa:ʃ (ho:tś)]	though, although
głos, -u	[gło:s, -u:]	voice
kłucie, -a	[kłu:tśe, -a:]	pain (in the chest)
lekko	[lekko:]	light
mokry, -a, -e	[mo:kri, -a:, -e]	wet

oddychanie, -a	[o:ddiha:ńe, -a:]	breathing
od razu	[o:d ra:zu:]	at once
odwiedzić, -dzę, -dzisz	[o:dv'edzi:tś, -dzę, -dzi:ʃ]	come and see, visit
płuco, -a	[płu:tso:, -a:]	lung
pocieszyć, -szę, -szysz	[po:tśeʃitś, -ʃę, -ʃiʃ]	console
podczas	[po:ttʃa:s]	during
półtora	[pu:łto:ra:]	one and a half
słaby, -a, -e	[sła:bi, -a:, -e]	weak
stać się, stało się	[sta:tś śę sta:ło: śę]	become, happen
sukienka, -i	[su:k'enka:, -i:]	dress, gown, frock
ubrany, -a, -e	[u:bra:ni, -a:, -e]	wearing, dressed
ulewny (deszcz)	[u:levni]	shower
zapalenie, -a	[za:pa:leńe, -a:]	inflamation
zapytanie, -a	[za:pita:ńe, -a:]	question (N.)
zdrowie, -a	[zdro:v'e, -a:]	health

OBJAŚNIENIA

chora nie czuje się dobrze	the patient is not feeling well
zapytanie o zdrowie	the question about her health
bała się zapalenia płuc	she was afraid of having pneumonia
poślę po lekarza	I'll send for the doctor
jak to się stało?	how did it happen?
będzie po wszystkim	that'll be over

ZAPAMIĘTAJ!

Chora **nie** czuje się dobrze.   **Nie** czujesz się dobrze?
Nie jestem chora.   **Nie** mam gorączki.
Nie chcę zastrzyków ani żadnych kropli.

EXERCISES

I. *Answer the following questions:*

1. Co zobaczyła pani Żmijewska, kiedy odwiedziła panią Stefę?
2. Co odpowiedziała pani Stefa na zapytanie o zdrowie?
3. Jak to się stało, że się tak zaziębiła?
4. Jak pocieszyła ją kierowniczka?

II. *Change the following sentences into negative ones:*

1. Zobaczyłem koleżankę.
2. Czy masz gorączkę?

3. Kierowniczka pośle po lekarza.
4. Dostanie pan zastrzyk.

III. *Complete the following sentences:*
   1. Stefa zaziębiła się na ..., ma ... i leży w ... .
   2. Odpowiedziała ... głosem, że czuje ... przy oddychaniu.
   3. Bała się ... płuc.
   4. Siedziałam w ... sukience.

IV. *Translate the following sentences:*
   1. Henry is not here today.
   2. He must be ill.
   3. I haven't seen him for a week.
   4. I must go and see him today.
   5. How do you feel?
   6. I don't feel well.
   7. You must send for a doctor.

42

PORADA LEKARSKA

Doktor Grabowski był starszym, doświadczonym lekarzem. Zbadał starannie chorą.

— Jaką pani miała gorączkę wczoraj wieczór i dziś rano? — zapytał.

— Wczoraj miałam 38 stopni, a dzisiaj rano 37,5.

— Zrobię pani zastrzyk, żeby spadła gorączka, ale musi pani leżeć w cieple przez trzy dni. Nie ma nic poważnego, ale trzeba uważać, żeby się stan nie pogorszył. Jeżeli kłucie do jutra w południe nie przejdzie, proszę mi dać znać, zrobię drugi zastrzyk.

— Dziękuję panu, panie doktorze.

— Proszę bardzo. Do widzenia pani.

SŁOWNICZEK

ciepło, -a	[tśepło:, -a:]	warmth, heat
doświadczony, -a, -e	[do:śf'a:ttʃo:ni, -a:, -e]	experienced
pogorszyć się, -szę, -szysz	[po:go:rʃitś śę, -ę, -iʃ]	get worse, make worse
spaść, spadnę, spadniesz	[spa:śtś spa:dnę spa:dńeʃ]	fall down, decrease
stan, -u	[sta:n, -u:]	state
stopień, -pnia	[sto:p'eń, -pńa:]	degree
wczoraj	[ftʃo:ra:y]	yesterday

OBJAŚNIENIA

żeby spadła gorączka	to make fever decrease
leżeć w cieple	lie in the warm
nie ma nic poważnego	there's nothing serious the matter
żeby się stan nie pogorszył	not to make it worse
proszę mi dać znać	let me know, please

ZAPAMIĘTAJ!

Proszę zbadać chorą.
Proszę dać chorej zastrzyk.
Proszę dać mi znać.

EXERCISES

I. *Answer the following questions:*

1. Jakim lekarzem był doktor Grabowski?
2. Jak zbadał chorą?

11*

3. Jaką gorączkę miała pani Stefa?
4. Co powiedział doktor?

II. *Translate the following sentences:*
1. Musi pan leżeć dwa dni.
2. Nie ma nic poważnego.
3. Proszę dać mi znać, jak czuje się chora.
4. Czy stan chorej pogorszył się?

III. *Write the following sentences in the Past Tense:*
1. Dzieci nie mają gorączki, ale są chore.
2. Słońce świeci, ale jest zimno.
3. Grzmi i błyska się.
4. Zwiedzamy muzeum rybackie.

43

PODRÓŻ PO POLSCE

Kraków, dnia 3 sierpnia 197...

Kochana Mamo!

Jesteśmy już od dwóch dni w Krakowie. Zwiedzamy stare miasto Kraków, ale także nowe miasto fabryczne, Nową Hutę.

Jutro jedziemy w góry do Zakopanego. Piękna jest ta podróż po całej Polsce, której prawie nie znałam. Żal mi, że nasza wycieczka już się kończy, ale cieszę się, że się niedługo zobaczymy. Wiesz, że nie lubię długo pisać, więc kończę i całuję Cię serdecznie.

Twoja kochająca córka

Marysia

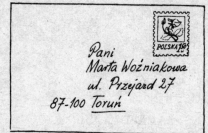

Pani
Marta Woźniakowa
ul. Przejazd 27
87-100 Toruń

SŁOWNICZEK

całować, -uję, -ujesz	[tsa:ło:va:tś, -u:yę, -u:yeʃ]	kiss
cieszyć się, -ę, -ysz	[tśeʃitś śę, -ę, -iʃ]	be glad, rejoice
fabryczny, -a, -e	[fa:britʃni, -a:, -e]	factory (Adj.), industrial
huta, -y	[hu:ta:, -i]	foundry
kochająca	[ko:ha:yontsa:]	loving (Fem. Sing.)
kochany, -a, -e	[ko:ha:ni, -a:, -e]	dear, beloved
kończyć się, -ę, -ysz	[końtʃitś śę, -ę, -iʃ]	end
obywatel, -a	[o:biva:tel, -a:]	
obywatelka, -i (*abbr.:* Ob.)	[o:biva:telka:, -i:]	citizen (Masc., Fem.)
pisać, piszę, -esz	[pi:sa:tś pi:ʃę, -eʃ]	write
po	[po:]	by, after
podróż, -y	[po:druːʒ, -i]	journey, voyage
serdecznie	[serdetʃńe]	heartily
zwiedzać, -m, -sz	[zv'edza:tś, -m, -ʃ]	visit
żal (mi)	[ʒa:l (mi:)]	(I'm) sorry

Anegdota

W KINIE

On: Dobrze widzisz?
Ona: Tak.
On: Nie czujesz przeciągu?

165

Ona: Nie.
On: Fotel wygodny?
Ona: Tak.
On: To może zamienisz się ze mną na miejsca?

kino	[ki:no:]	cinema
czujesz	[tʃu:yeʃ]	you feel
przeciąg	[pʃetśonk]	draught
fotel	[fo:tel]	armchair
wygodny	[vigo:dni]	comfortable
zamienić się	[za:mʾeni:tś śę]	change
miejsce	[mʾeystse]	seat

ZAPAMIĘTAJ!

od dwóch dni   *but:* **przez** dwa dni
od trzech dni   **przez** trzy dni
od jutra   **do** jutra

Żal mi (ci, mu, jej, panu, pani, państwu), że ...
Cieszę się, że ...

EXERCISES

I. *Answer the following questions:*

1. Gdzie jest Marysia? Do kogo pisze?
2. Gdzie jedzie wycieczka jutro?
3. Czy Marysi podoba się ta podróż po Polsce?

II. *Change the Present Tense in the following sentences into the Past and Future Tenses:*

1. To miasto mi się podoba.
2. Jedziemy w góry.
3. Nasza wycieczka kończy się.
4. Matka całuje serdecznie dziecko.

III. *Translate the following sentences:*

1. Kraków to stare miasto. Nowa Huta to miasto fabryczne.
2. Piękne są góry, ale morze też jest piękne.
3. Nie znam dobrze Polski.
4. Cieszę się, że się niedługo zobaczymy.

NOTES ON POLISH GRAMMAR

PARTS OF SPEECH

NOUNS

There is **no article**, either definite or indefinite in the Polish language, so that, say, *stół* may mean equally well „the table", „a table" or simply „table". This peculiarity of the Polish language does not, however, present any difficulty to the student, as it is always clear from the context whether „table", „a table" or „the table" is meant.

Genders

There are three genders in Polish: M a s c u l i n e, F e m i n i n e and N e u t e r. Generally speaking the gender of a noun is indicated by the termination of its Nominative Singular case:

m a s c u l i n e   are — most nouns ending in a consonant in the Nom. Sing. *)
f e m i n i n e are   — nouns ending in -a **), -i
n e u t e r are   — nouns ending in -o, -e

It is necessary to know the gender of a noun in order to be able to select the correct form of an adjective or pronoun which is to be used in conjunction with it.

Cases

Polish is an „i n f l e c t e d" language, i.e. certain changes take place in words or their endings to form the „cases" of nouns, pro-

---

*) There may be exceptions, e.g. feminine nouns with a consonant ending, such as: *noc, wieś* etc.
**) There are exceptions to this rule in masculine nouns in -*a* of the type: *mężczyzna, artysta* etc.

nouns and adjectives. These inflections are very important, as the different case-forms show the relations of words to one another in a sentence.

There are seven „cases" in Polish, to which the names: Nominative, Genitive, Dative, Accusative, Instrumental, Locative and Vocative are given respectively.

The N o m i n a t i v e answers the question: who? what? (English „subject").

The G e n i t i v e answers the question: whose? of whom? of what? (English „possessive").

The D a t i v e answers the question: to whom? to what? (English „indirect object").

The A c c u s a t i v e answers the question: whom? what? (English „direct object").

The I n s t r u m e n t a l answers the question: by or with whom? by or with what? *)

The L o c a t i v e answers the question: where? and is always preceded by a preposition.

The V o c a t i v e is the case-form used when addressing a person or thing.

Functions of the Genitive

The **Genitive** is a case of many functions:

1. The principal function of the Genitive is to e x p r e s s p o s s e s s i o n: *mleko Andrzejka, jajko Zosi.*

2. Another very important function of the Genitive in Polish is that it r e p l a c e s t h e A c c u s a t i v e as the direct object whenever the verb is preceded by **nie** — not. In other words the direct object which, in an affirmative sentence, is put in the Accusative, in a negative sentence must be put in the Genitive:

> *mam czas* — **nie** *mam czasu*
> *mamy przerwę* — **nie** *mamy przerwy*

3. There are, however, v e r b s w h i c h r e g u l a r l y r e q u i r e t h e G e n i t i v e, not the Accusative, as their direct object e.g.: *szukać, witać* etc. After such verbs the object remains un-

---

*) For use of Instrumentals in conjunction with *być* see p. 185.

changed when an affirmative sentence is changed into a negative one:

> *szukam ulicy Ogrodowej* — **nie** *szukam ulicy Ogrodowej*
> *witam pana K.* — **nie** *witam pana K.*

4. The Genitive is also used as c o m p l e m e n t a f t e r e x-
p r e s s i o n s o f q u a n t i t y, e.g.: *trochę* **czasu,** *godzina*
czasu, *ile* **lat,** *kromka* **chleba,** *szklanka* **wody.**

5. M a n y p r e p o s i t i o n s t a k e t h e G e n i t i v e, e.g.:
  do *Antka,* **do** *jutra,* **do** *pracy,* **do** *córki*
  dla mnie, dla *Zosi*
  od *mecenasa*
  z *Wrocławia*

Declensions

Inflected nouns, adjectives and pronouns are said to be „declined"
and the method of their inflection is called their „declension". This
word is also used to denote the main groups into which nouns and
adjectives are divided.

PATTERNS OF DECLENSIONS

I. MASCULINE GENDER

Singular

Nom.	*sąsiad* (neighbour)	*pan* (gentleman)	*koń* (horse)	*wóz* (car, cart)
Gen.	*sąsiada*	*pana*	*konia*	*wozu*
Dat.	*sąsiadowi*	*panu*	*koniowi*	*wozowi*
Acc.	*sąsiada*	*pana*	*konia*	*wóz*
Instr.	*sąsiadem*	*panem*	*koniem*	*wozem*
Loc.	*sąsiedzie*	*panu*	*koniu*	*wozie*
Voc.	*sąsiedzie!*	*panie!*	*koniu!*	*wozie!*

Plural

Nom.	*sąsiedzi*	*panowie*	*konie*	*wozy*
Gen.	*sąsiadów*	*panów*	*koni*	*wozów*
Dat.	*sąsiadom*	*panom*	*koniom*	*wozom*
Acc.	*sąsiadów*	*panów*	*konie*	*wozy*
Instr.	*sąsiadami*	*panami*	*końmi*	*wozami*
Loc.	*sąsiadach*	*panach*	*koniach*	*wozach*
Voc.	*sąsiedzi!*	*panowie!*	*konie!*	*wozy!*

II. FEMININE GENDER

Singular

Nom.	woda (water)	córka (daughter)	pani (lady)	wieś (village)
Gen.	wody	córki	pani	wsi
Dat.	wodzie	córce	pani	wsi
Acc.	wodę	córkę	panią	wieś
Instr.	wodą	córką	panią	wsią
Loc.	wodzie	córce	pani	wsi
Voc.	wodo!	córko!	pani!	wsi!

Plural

Nom.	wody	córki	panie	wsie
Gen.	wód	córek	pań	wsi
Dat.	wodom	córkom	paniom	wsiom
Acc.	wody	córki	panie	wsie
Instr.	wodami	córkach	paniami	wsiami
Loc.	wodach	córkach	paniach	wsiach
Voc.	wody!	córki!	panie!	wsie!

III. NEUTER GENDER

Singular

Nom.	lato (summer, years)	ćwiczenie (exercise)	ramię (arm)
Gen.	lata	ćwiczenia	ramienia
Dat.	latu	ćwiczeniu	ramieniu
Acc.	lato	ćwiczenie	ramię
Instr.	latem	ćwiczeniem	ramieniem
Loc.	lecie	ćwiczeniu	ramieniu
Voc.	lato!	ćwiczenie!	ramię!

Plural

Nom.	lata	ćwiczenia	ramiona
Gen.	lat	ćwiczeń	ramion
Dat.	latom	ćwiczeniom	ramionom
Acc.	lata	ćwiczenia	ramiona
Instr.	latami	ćwiczeniami	ramionami
Loc.	latach	ćwiczeniach	ramionach
Voc.	lata!	ćwiczenia!	ramiona!

The student will observe the following facts: ·

a) there are **three declensions** of nouns in Polish;

b) the **first declension** comprises the m a s c u l i n e   n o u n s;

c) the **second declension** comprises the f e m i n i n e n o u n s, those ending in -*a*, -*i*, and those ending in a consonant;
d) the **third declension** comprises the n e u t e r n o u n s in -*o*, -*e*, -*ę*.

At first glance the student may find the number of different terminations forming the cases of these declensions somewhat confusing, but on going more deeply into the details he will find that they are not really so complicated as they look. To begin with: on examining the plural forms we notice at once that only the Nominative and Genitive have special terminations for each of the three declensions: in the Dative, Instrumental and Locative the endings are the same in all three declensions, that is to say, all the nouns in the Polish language, without exception, have identical terminations in these three cases of the Plural. In other cases there is a particular termination for each declension. But there are also cases in which two or more endings appear side by side, and these render a few explanatory remarks necessary.

A distinction must be made between „hard" and „soft" stems, i.e. stems which end respectively in a „hard" or „soft" consonant. According to whether they belong to the first or to the second category, nouns may take different case-endings. Such twofold terminations are found in the following instances:

In the third declension, neuter nouns with hard stems end in -**o** and those with soft stems end in -**e** in the Nominative Singular; in the Locative Singular, masculine and neuter, hard stems take the termination -**e** and soft stems take -**u**.

In the second declension we find five instances of twofold terminations: the declension of nouns ending in -**a** in the Nominative Singular varies according to whether that ending is preceded by a hard or by a soft consonant.

The second declension also comprises stems without any distinctive ending in the Nominative Singular. The two terminations in the Nominative Plural have no reference to hard or soft stems. Here, as also in other instances where more than one termination is given for a case, the correct form to use must be learnt by practice.

All nouns ending in -**a** take the ending -**e** in the Dative Singular, and this causes „softening" of the preceding consonant.

Thus we have:
Nom. *moda* (fashion) — Dat. *modzie*
Nom. *mama* (mamma) — Dat. *mamie*
Nom. *córka* (daughter) — Dat. *córce*

The nouns like *doktor*, *pastor*, *szofer* etc. take the ending **-i** in the Nom. Plural, which also causes „softening" of the preceding consonant, but the resulting forms are *doktorzy*, *pastorzy*, *szoferzy* etc.

Nouns ending in **-a** take the ending **-y** in the Nom. Pl., e. g.: *mama — mamy* (mamma, mammas), *siostra — siostry* (sister, sisters), but the Nom. Plural forms for *babka* (grandmother), *córka* (daughter) and *książka* (book) are respectively *babki*, *córki* and *książki*.

Proper names are declined similarly according to their ending, e. g.: *Haneczka*, *Marysia* like all feminine nouns in **-a**, *Kazik*, *Andrzej*, *Piotr* — like masculine nouns ending with a consonant, *Stasio* like neuter nouns in **-o** etc. Surnames have the same endings as adjectives, e. g.: *Wolska* like *słodka* (sweet), *Kwiatkowski* like *wielki* (big) etc.

The so-called „palatalisation" or „softening" of consonants plays a very important part in Polish declension and conjugation, and a thorough understanding of this process will greatly facilitate the study of the grammatical forms and inflections of the Polish language.

A „hard" consonant which is immediately followed by a „soft" ending, that is, an ending beginning with *i* or *e*, becomes itself „softened", as follows:

the „hard" consonants *b, p, m, n, w, f* change into the „soft" consonants *b', p', m', ń, w', f'*

the „hard" consonants *d, t, z, s, ł, r* change into the „soft" consonants *dż, ć, ź, ś, l, rz*

the „hard" consonants *g, k, ch* change into the „soft" consonants *dz, c, sz* and *ż, cz, ś*

It must be noted that in this case grammatical „softening" is not always identical with phonetic softness.

Another very important rule is that the consonants *c, cz, dz, dż, ł, sz, ż, rz* can never be followed by *i*; therefore when an *i* occurs as ending after any of these consonants the *i* is replaced by *y*, so that the combinations become *cy, czy, dzy, dży, ły, szy, ży* and *rzy* respectively.

On the other hand, if the consonants *k* and *g* come together with the vowels *y* and *e* the combinations are „softened", and become *ki*, *gi* and *kie*, *gie* respectively.

If the above three rules are borne in mind, the otherwise apparently somewhat incomprehensible grammatical forms are easily explained.

Diminutives

A characteristic feature of Polish nouns is their capability of forming diminutives, e.g.:

kapelusz — kapelusik, szal — szalik, płaszcz — płaszczyk

Apart from expressing relative size, diminutives are extensively used in Polish to imply a degree of endearment, of warmer or affectionate attitude on the part of the speaker. Hence their use in family life, e. g.: *matka, mama, mamusia* — in Christian names, especially with reference to young people, e. g.: *Jaś, Basia, Haneczka* etc.

PRONOUNS

Personal Pronouns

Singular

	1st Person	2nd Person
Nom.	*ja* (I)	*ty* (thou, you)
Gen.	*mnie*	*ciebie*
Dat.	*mnie, mi*	*tobie, ci*
Acc.	*mnie*	*ciebie, cię*
Instr.	*mną*	*tobą*
Loc.	*mnie*	*tobie*

3rd Person

on (he)	*ona* (she)	*ono* (it)
jego, niego, go	*jej, niej*	*jego, niego, go*
jemu, niemu, mu	*jej, niej*	*jemu, niemu, mu*
jego, niego, go	*ją, nią*	*je, nie*
nim	*nią*	*nim*
nim	*niej*	*nim*

Plural

	1st Person	2nd Person	3rd Person	
Nom.	*my* (we)	*wy* (you)	*oni* (they — Men; Men, Women and Children)	*one* (they-Women, Children, Animals or Objects)
Gen.	*nas*	*was*	*ich, nich*	*ich, nich*
Dat.	*nam*	*wam*	*im, nim*	*im, nim*
Acc.	*nas*	*was*	*ich, nich*	*je, nie*
Instr.	*nami*	*wami*	*nimi*	*nimi*
Loc.	*nas*	*was*	*nich*	*nich*

173

Where there are two forms, the longer pronoun (*mnie, tobie, jemu, jego* etc.) is an emphatic, stressed one, the shorter one an unstressed one (*mi, ci, mu, go* etc.).

The forms in *ń-* in the 3rd person Sing. are used after prepositions.

The form *oni* (they) is used only with reference to men or a mixed group of men and women; *one* (they) is used with reference to women, animals and objects.

The personal pronoun given in the English rendering of the conjugation very often does not appear in Polish. Since in Polish the person referred to is clearly indicated by the ending of the verb, the personal pronoun becomes superfluous and is generally omitted before a verb, especially in the first and the second persons.

When a personal pronoun is used with either of these two persons, it is to stress the speaker's desire for a clear differentiation between two persons: *Ja mam twoje pióro.* — I have your pen (it is I who have your pen).

Reflexive Pronoun

Nom.	—	Acc.	*siebie, się*
Gen.	*siebie, się*	Instr.	*sobą*
Dat.	*sobie*	Loc.	*sobie*

It can be applied to any of the three persons, thus representing „myself", „thyself", „himself", „herself", „itself", „ourselves", „yourselves", „themselves".

Interrogative	Pronouns	Negative (Indefinite) Pronouns	
Nom. *kto* (who)	*co* (what)	*nikt* (nobody)	*nic* (nothing)
Gen. *kogo*	*czego*	*nikogo*	*niczego*
Dat. *komu*	*czemu*	*nikomu*	*niczemu*
Acc. *kogo*	*co*	*nikogo*	*nic*
Instr. *kim*	*czym*	*nikim*	*niczym*
Loc. *kim*	*czym*	*nikim*	*niczym*

Possessive Pronouns

can be used with nouns or without them. They are „declined" according to the pattern of Adjective Declension, i. e. they have special forms for each gender and number.

Singular

	Masc.	Fem.	Neut.
Nom.	*mój* (my, mine)	*moja*	*moje*
Gen.	*mojego*	*mojej*	*mojego*
Dat.	*mojemu*	*mojej*	*mojemu*
Acc.	*mojego, mój*	*moją*	*moje*
Instr.	*moim*	*moją*	*moim*
Loc.	*moim*	*mojej*	*moim*

Plural

	Men; Men + Women and Children	Women, Children. Animals or Objects
Nom.	*moi*	*moje*
Gen.	*moich*	*moich*
Dat.	*moim*	*moim*
Acc.	*moich*	*moje*
Instr.	*moimi*	*moimi*
Loc.	*moich*	*moich*

twój (thy, thine, your, yours — 2nd person Singular)
swój (for all persons of the Sing. and Plural)
nasz (our, ours)
wasz (your, yours — 2nd person Plural)

have the same endings.

Note that *swój, swoja, swoje* (like the reflexive *się, sobie* etc.) may be used for all persons of the Singular and Plural if it refers to the „possession" of the subject of the sentence, e. g.: *Zosia bierze* **swoją** *książkę. Weź* **swoją** *książkę i ja wezmę* **swoją.** *On pisze do* **swojego** *przyjaciela.* (Zosia is taking **her** book. Take **your** book and I'll take **mine.** He is writing a letter to **his** friend.)

In Polish possessive adjectives are used not so frequently as in English. Instead of saying, e. g.: I'm putting **my** book on the table. He is holding a spoon in **his** hand — the Poles simply say: *Kładę książkę na stole* (omitting „my"). *On trzyma łyżkę w ręce* (omitting „his") etc.

Demonstrative Pronouns (used with nouns or without them)

Singular

	Masc.	Fem.	Neut.	Masc.	Fem.	Neut.
Nom.	*ten* (this)	*ta*	*to*	*tamten* (that)	*tamta*	*tamto*
Gen.	*tego*	*tej*	*tego*	*tamtego*	*tamtej*	*tamtego*

175

Dat.	temu	tej	temu	tamtemu	tamtej	tamtemu
Acc.	tego, ten	tę	to	tamtego, tamten	tamtą	tamto
Instr.	tym	tą	tym	tamtym	tamtą	tamtym
Loc.	tym	tej	tym	tamtym	tamtej	tamtym

Plural

	Men; Men + Women and Children	Women, Children, Animals or Objects	Men; Men + Women and Children	Women, Children, Animals or Objects
Nom.	ci	te	tamci	tamte
Gen.	tych	tych	tamtych	tamtych
Dat.	tym	tym	tamtym	tamtym
Acc.	tych	te	tamtych	tamte
Instr.	tymi	tymi	tamtymi	tamtymi
Loc.	tych	tych	tamtych	tamtych

The pronouns: *taki* (such), *który* (which), *każdy* (each), *żaden* (none, no), *jaki* (what — like, what), *czyj?* (whose?) have the same endings as all adjectives, shown in the declension of *mój, moja, moje*.

ADJECTIVES

PATTERNS OF DECLENSION: *dobry* (good) — *wielki* (great, big)

Singular

	Masculine		Feminine	
Nom.	dobry	wielki	dobra	wielka
Gen.	dobrego	wielkiego	dobrej	wielkiej
Dat.	dobremu	wielkiemu	dobrej	wielkiej
Acc.	dobrego, dobry	wielkiego, wielki	dobrą	wielką
Instr.	dobrym	wielkim	dobrą	wielką
Loc.	dobrym	wielkim	dobrej	wielkiej

Neuter

	dobre	wielkie
	dobrego	wielkiego
	dobremu	wielkiemu
	dobre	wielkie
	dobrym	wielkim
	dobrym	wielkim

Plural

	Men; Men + Women and Children		Women, Children, Animals or Objects	
Nom.	dobrzy	wielcy	dobre	wielkie
Gen.	dobrych	wielkich	dobrych	wielkich
Dat.	dobrym	wielkim	dobrym	wielkim
Acc.	dobrych	wielkich	dobre	wielkie
Instr.	dobrymi	wielkimi	dobrymi	wielkimi
Loc.	dobrych	wielkich	dobrych	wielkich

Note that also surnames in -ski, -ska, -cki, -cka, so often used i-. Polish, are declined according to the pattern wielki.

Comparison of Adjectives

Positive	Comparative	Superlative
prosty	prost-szy	naj-prost-szy
szybki	szyb-szy	naj-szyb-szy
bliski	bliż-szy	naj-bliż-szy
łatwy	łatwiej-szy	naj-łatwiej-szy
ładny	ładniej-szy	naj-ładniej-szy

The Comparative is formed by adding the suffix -szy to the root of the positive form; in the Superlative we see the prefix **naj-** and the suffix **-szy.** From the given examples it is clear that there are some changes in the root of the positive form, e.g.:

bliski	—	but: bliższy
szybki	—	szybszy
łatwy	—	**łatwiejszy**
ładny	—	**ładniejszy**

They must be learned by observation and practice. The same concerns the so-called irregular comparison of the following adjectives:

Positive	Comparative	Superlative
dobry (good)	**lepszy**	**najlepszy**
zły (bad)	**gorszy**	**najgorszy**
mały (little, small)	**mniejszy**	**najmniejszy**
duży, wielki (big, great)	**większy**	**największy**
lekki (light)	**lżejszy**	**najlżejszy**

With some adjectives we use *bardziej* in the Comparative degree and *najbardziej* in the Superlative, e. g.:

gorzki (bitter), **bardziej** *gorzki*, **najbardziej** *gorzki*

We say: **tak** *miła*, **jak** (as nice as)
nie **tak** *ładna*, **jak** (not so pretty as)
piękniejsza **niż** (more beautiful than)

NUMERALS

Cardinal Numbers (declined in the same way as nouns)	Ordinal Numbers (declined in the same way as all adjectives)
1 — *jeden, jedna, jedno* (Sing. Masc., Fem., Neut. — declined like an adjective)	*pierwszy, -a, -e* etc.
2 — *dwa, dwie, dwa* (Plur. Masc., Fem., Neut.)	*drugi*
3 — *trzy*	*trzeci*
4 — *cztery*	*czwarty*
5 — *pięć*	*piąty*
6 — *sześć*	*szósty*
7 — *siedem*	*siódmy*
8 — *osiem*	*ósmy*
9 — *dziewięć*	*dziewiąty*
10 — *dziesięć*	*dziesiąty*
11 — *jedenaście*	*jedenasty*
12 — *dwanaście*	*dwunasty*
13 — *trzynaście*	*trzynasty*
14 — *czternaście*	*czternasty*
15 — *piętnaście*	*piętnasty*
16 — *szesnaście*	*szesnasty*
17 — *siedemnaście*	*siedemnasty*
18 — *osiemnaście*	*osiemnasty*
19 — *dziewiętnaście*	*dziewiętnasty*
20 — *dwadzieścia*	*dwudziesty*
21 — *dwadzieścia jeden*	*dwudziesty pierwszy*
22 — *dwadzieścia dwa*	*dwudziesty drugi*
23 — *dwadzieścia trzy*	*dwudziesty trzeci*
24 — *dwadzieścia cztery*	*dwudziesty czwarty*
25 — *dwadzieścia pięć*	*dwudziesty piąty*
26 — *dwadzieścia sześć*	*dwudziesty szósty*

27 — dwadzieścia siedem	*dwudziesty siódmy*
28 — dwadzieścia osiem	*dwudziesty ósmy*
29 — dwadzieścia dziewięć	*dwudziesty dziewiąty*
30 — trzydzieści	*trzydziesty*
40 — czterdzieści	*czterdziesty*
50 — pięćdziesiąt	*pięćdziesiąty*
60 — sześćdziesiąt	*sześćdziesiąty*
70 — siedemdziesiąt	*siedemdziesiąty*
80 — osiemdziesiąt	*osiemdziesiąty*
90 — dziewięćdziesiąt	*dziewięćdziesiąty*
100 — sto	*setny*
121 — sto dwadzieścia jeden	*(setny) sto dwudziesty pierwszy*
156 — sto pięćdziesiąt sześć	*(setny) sto pięćdziesiąty szósty*
200 — dwieście	*dwusetny*
300 — trzysta	*trzysetny*
400 — czterysta	*czterysetny*
500 — pięćset	*pięćsetny*
600 — sześćset	*sześćsetny*
700 — siedemset	*siedemsetny*
800 — osiemset	*osiemsetny*
900 — dziewięćset	*dziewięćsetny*
1 000 — tysiąc	*tysięczny*
1 793 — tysiąc siedemset dziewięćdziesiąt trzy	*tysiąc siedemset dziewięćdziesiąty trzeci*
2 000 — dwa tysiące	*dwutysięczny*
3 000 — trzy tysiące	*trzytysięczny*
10 000 — dziesięć tysięcy	*dziesięciotysięczny*
100 000 — sto tysięcy	*stutysięczny*
1 000 000 — milion	*milionowy*

Ordinal numerals are declined in the same way as adjectives.

Of the cardinal numerals *jeden* (one) is also declined like an adjective, but the others have declensions of their own, which can best be learned by practice in reading and listening.

Special mention must be made of the „collective" numerals: *dwoje* (two), *troje* (three), *czworo* (four) etc. These are really cardinal numbers of indefinite or mixed gender. One says: *dwaj chłopcy* (two boys), *dwie dziewczynki* (two girls), but *dwoje dzieci* (two children), because the gender in the latter instance is undetermined. Similarly, *cztery* means four, but *czworo* would be used when speaking of four persons differing in sex. These collective numerals (and *obaj, obie, oboje* — both) have the form *dwojga, trojga, czworga* in the Genitive and are declined in their other cases like neuter nouns.

VERBS

It has been said that verbs are the soul of a language and this saying is especially true in the case of Polish. The Polish verb has only three tenses, and is therefore very simple as compared with the verbs of other European languages which are not members of the Slavonic group. On the other hand it has an abundant variety of so-called „Aspects", special forms derivable from every verb, which define and delimitate the action denoted by the verb and also, to a certain extent, the circumstances in which it takes place. These „Aspects" present some difficulty for the student, because there are no exactly analogous forms in English; in Polish, varieties of the action denoted by a verb can be expressed by alteration of the verb itself, but in English they can be expressed only by means of auxiliary verbs, adverbs or other additional words.

There are two main divisions of aspects, namely, the **imperfective** and the **perfective**, and consequently there are imperfective and perfective verb-forms, e. g.:

Imperfective:		Perfective:	
	pisać		**napisać**
	jechać		**wyjechać**
	patrzeć		**popatrzeć**

A verb in the imperfective aspect denotes an action of an incomplete or indefinite character, a continued action, or one which is actually in progress at the time of speaking, without regard to its beginning or end or results. This aspect has three tenses: a present tense, describing an action which is habitual or frequent, or is in progress; a past tense denoting an action which was so in the past; and a future tense denoting an action which will be so in the future.

On the other hand, a verb in the perfective aspect describes an action which has been or will be definitely completed. It therefore cannot have a present tense, but only a past tense denoting an action which has been completed in the past, and a future tense denoting an action which will be completed in the future.

Throughout our Course we have to do chiefly with the present tense, and therefore we will deal more fully with this tense ·here. There are three conjugations of Polish verbs, to which we will give the names **A-, E-,** and **I-conjugation**, according to the vowel in which the form for third person Singular ends.

A-Conjugation	**E-Conjugation**
Singular	Singular

gram (I play, I am playing)	*piszę* (I write, I am writing)
grasz (thou playest *), you play)	*piszesz* (thou writest, you write)
gra (he, she, it plays)	*pisze* (he, she, it writes)

Plural	Plural
gramy (we play)	*piszemy* (we write)
gracie (you play)	*piszecie* (you write)
grają (they play)	*piszą* (they write) **

I-Conjugation

Singular	Plural
robię (I do, I am doing)	*robimy* (we do)
robisz (thou dost, you do)	*robicie* (you do)
robi (he, she, it does)	*robią* (they do)

Note that there is no equivalent in Polish for the English „progressive" form of verbs, composed of a form of the auxiliary verb „to be" and the present participle of the principal verb (I am playing, they are writing etc.). Polish verbs have one form for the present tense, and therefore *gra*, for instance, may mean either „he plays" or „he is playing", according to the context. ***)

CONJUGATION

of the Verbs: *rozumieć* (understand), *wiedzieć* (know), *jeść* (eat)

Singular

rozumiem	*wiem*	*jem*
rozumiesz	*wiesz*	*jesz*
rozumie	*wie*	*je*

---

*) The second person Singular, different from the second person Plural in form, corresponds formally to the „thou" form in English, has, however, no archaic value or use; it is colloquial and familiar.

**) There is marked correspondence between the form of the 1st person Sing. and 3rd person Plural.

***) In the past and future tenses the English progressive form finds its corresponding Polish form thanks to the so-called imperfective verbs, e.g.: *pisałem* (I was writing), *będę pisać* (I shall be writing) etc.

Plural

rozumiemy	wiemy	jemy
rozumiecie	wiecie	jecie
rozumieją	wiedzą	jedzą

Every Polish verb is conjugated in the present tense like one of the three examples given above, but the remarks regarding the „softening" of consonants must be borne in mind in connection with the endings, such „softening" taking place before a following -e or -i, thus not in the first person Singular and third person Plural.

There are instances in which there is wovel-modification in addition to the above-mentioned softenings, for example:

Softening and vowel-modification		Softening only	

Singular

biorę	(I take)	siedzę	(I sit)
bierzesz	(thou takest, you take)	siedzisz	(thou sittest, you sit)
bierze	(he takes)	siedzi	(he sits)

Plural

bierzemy	(we take)	siedzimy	(we sit)
bierzecie	(you take)	siedzicie	(you sit)
biorą	(they take)	siedzą	(they sit)

The Verb wieźć (transport by cart, car etc.) shows similar changes:

Singular	Plural
wiozę	wieziemy
wieziesz	wieziecie
wiezie	wiozą

There are two Verbs which mean „go by car": jechać (once, now) and jeździć (several times, usually). Here are their respective conjugations:

	jechać		jeździć
Sg.	jadę	Sg.	jeżdżę
	jedziesz		jeździsz
	jedzie		jeździ
Pl.	jedziemy	Pl.	jeździmy
	jedziecie		jeździcie
	jadą		jeżdżą

When he has mastered the above forms of the present tense the student will at the same time have learnt the forms of the future of the perfective aspect, because every present tense acquires a future meaning when a prefix is added to it.

gram (I play)	**za***gram* (I shall play)
piszę (I write)	**na***piszę* (I shall write)
robię (I do)	**z***robię* (I shall do)
jadę (I ride)	**po***jadę* (I shall ride)

The future of the imperfective aspect is a compound tense formed by combining the active past participle or infinitive of the verb with the future of the auxiliary verb *być* (to be), which runs as follows:

Sg.	*będę*	(I shall be)
	będziesz	(thou will, you will be)
	będzie	(he will be)
Pl.	*będziemy*	(we shall be)
	będziecie	(you will be)
	będą	(they will be)

Thus the future of the verbs *grać* (to play), *pisać* (to write) and *robić* (to do) is:

będę grał (*grać*) (I shall play)	*będziesz grał* (*grać*) etc.
będę pisał (*pisać*) (I shall write)	*będziesz pisał* (*pisać*) etc.
będę robił (*robić*) (I shall do)	*będziesz robił* (*robić*) etc.

This **ł-participle** formed from the infinitive varies in form according to whether the subject of the verb is m a s c u l i n e, f e m i-n i n e or n e u t e r.

Masculine Subject	Feminine Subject	Neuter Subject
będę grał (I shall play)	*będę grała*	
będziemy grali (we shall play)	*będziemy grały*	*będziemy grały*

The same **ł-participle** also serves in combination with the present of the auxiliary *być* (to be) to form the preterite (past), the terminations of the first and second persons Singular and Plural of the auxiliary (see below) being affixed to the participle.

The Polish preterite tense represents all past forms of English verbs.

183

Masculine	Feminine	Neuter
Subject	Subject	Subject

Sg. *grałem* (I played) — *grałam*
pisałem — *pisałam*
robiłem — *robiłam*

grałeś (thou playedst, you played) — *grałaś*
pisałeś — *pisałaś*
robiłeś — *robiłaś*

grał (he, she, it played) — *grała* — *grało*
pisał — *pisała* — *pisało*
robił — *robiła* — *robiło*

Pl. *graliśmy* (we played) — *grałyśmy* — *grałyśmy*
pisaliśmy — *pisałyśmy* — *pisałyśmy*
robiliśmy — *robiłyśmy* — *robiłyśmy*

graliście (you played) — *grałyście* — *grałyście*
pisaliście — *pisałyście* — *pisałyście*
robiliście — *robiłyście* — *robiłyście*

grali (they played) — *grały* — *grały*
pisali — *pisały* — *pisały*
robili — *robiły* — *robiły*

Having now dealt with the most important forms of the Polish conjugations, we give below the present and past tenses of the auxiliary verb *być* (to be), of which the future has already been given above.

PRESENT

Singular

jestem   (I am)
jesteś   (thou art, you are)
jest   (he, she, it is)

Plural

jesteśmy   (we are)
jesteście   (you are)
są   (they are)

Singular

Masculine Subject	Feminine Subject	Neuter Subject	
byłem	*byłam*		(I was)
byłeś	*byłaś*		(thou wast, you were)
był	*była*	*było*	(he, she, it was)

Plural

byliśmy	*byłyśmy*	(we were)
byliście	*byłyście*	(you were)
byli	*były*	(they were)

Note the use of the Instrumental case of nouns in conjunction with *być* (to be):

> *Janek jest* **chłopcem.**   (Jack is a boy).
> *Wanda jest* **dziewczynką.**   (Wanda is a girl).

In case of Adjectives after the verb *być* we use the Nominative case, e.g.:

> *On jest* **silny.** (He is strong).
> *Jesteśmy* **zmęczeni.** (We are tired).

The Nominative of nouns is used in sentences of the type:

> **To jest** *chłopiec.* (It's a boy).
> **To jest** *dziewczynka.* (It's a girl).

Reflexive Verbs

bawić się — to enjoy oneself

Singular	Plural
1. *bawię* **się**	*bawimy* **się**
2. *bawisz* **się**	*bawicie* **się**
3. *bawi* **się**	*bawią* **się**

IMPERATIVE

2. *baw* **się!**	1. *bawmy* **się!**
	2. *bawcie* **się!**

Conditional

chciałbym	*wolałbym*	*byłbym*
(*gdybym chciał*)	(*gdybym wolał*)	(*gdybym był*)

To form the Conditional, we add:

	Sing.		Plural	
	1.	-bym		-byśmy
	2.	-byś		-byście
	3.	-by		-by

to the participial form in **-ł, -ła, -ło, -li, -ły**, e.g.:

Masculine	Feminine	Neuter
Sg. *chciałbym* (I'd like)	*chciałabym*	
chciałbyś	*chciałabyś*	
chciałby	*chciałaby*	*chciałoby*

Men; Men + Women and Children	Women, Children, Animals or Objects
chcielibyśmy	*chciałybyśmy*
chcielibyście	*chciałybyście*
chcieliby	*chciałyby*

Imperative

The second person Singular of the imperative is formed by dropping the ending of the third person Singular of the present tense, e.g.: *pisze* (he writes) — **pisz!** (write!); in the **A**-conjugation, however, **-j** is added, e.g.: *gra* (he plays) — **graj!** (play!).

When there is a combination of consonants which makes pronunciation difficult **-ij** is added, e.g.: *tnie* (he cuts) — **tnij!** (cut!). The first and second persons Plural are formed by adding the endings **-my** and **-cie** respectively to the form of the second person Singular, e.g.: *piszmy!* (let us write), *piszcie!* (write!). The third person is formed by means of the participle **niech** in conjunction with the third person of the present, e.g.: **niech** *on pisze* (let him write), **niech** *oni piszą* (let them write).

Infinitives

The distinctive ending of the infinitives is **-ć** preceded by the root vowel or consonant, e.g.: *kochać, umieć, wozić, kupować, pójść*, exceptionally **-c**, e.g.: *płec*.

Participles

A. I. *chcąc, rozmawiając*
   II. *zajmujący, kochająca, płaczące*
The so-called „contemporary" Present Participle has the ending

-ąc in the non-inflected form, e.g.: *chcąc* (wishing, wanting), *rozmawiając* (talking) etc. It can also have inflected forms varying for different genders and numbers and be declined like all adjectives, e.g.: *zajmujący* (*mecz*) — *an* i n t e r e s t i n g (match), (*z*) *kochającą* (*córką*) — (with) a l o v i n g (daughter), *płaczącego* (*dziecka*) — (of a) w e e p i n g (child).

B. **Spojrzawszy** *na niebo zobaczyli* ...

H a v i n g   l o o k e d at the sky they saw ...

This is the form of the non-inflected Past Participle Active.

C. *niebo* **rozświetlane** *błyskawicami* —

the sky lit with lightning

niebo **pokryte** *chmurami* —

the sky covered with clouds

These are examples of the Passive Participles ending in **-ny** or **-ty** and declined like all adjectives. It is with them that the Passive Voice is built up, e.g.: *Niebo jest* **pokryte** *chmurami* etc.

ADVERBS

Adverbs are mostly formed from adjectives by replacing the final vowel of the Nominative Singular by **-o** or **-(i)e**. The Comparatives of all adverbs end in **-ej**, the Superlative is formed from the Comparative by the addition of the prefix **naj-**.

A d j e c t i v e s		A d v e r b s		
szybki	(quick)	*szybko*	*szybciej*	**najszybciej**
bliski	(near)	*blisko*	*bliżej*	**najbliżej**
długi	(long)	*długo*	*dłużej*	**najdłużej**
łatwy	(easy)	*łatwo*	*łatwiej*	**najłatwiej**
prosty	(simple)	*prosto*	*prościej*	**najprościej**
rzadki	(rare)	*rzadko*	*rzadziej*	**najrzadziej**
doskonały	(excellent)	*doskonale*	*doskonalej*	**najdoskonalej**
ładny	(pretty)	*ładnie*	*ładniej*	**najładniej**
piękny	(beautiful)	*pięknie*	*piękniej*	**najpiękniej**
wczesny	(early)	*wcześnie*	*wcześniej*	**najwcześniej**
				etc. etc.

IRREGULAR FORMS AND COMPARISON

dobry	(good)	**dobrze**	**lepiej**	**najlepiej**
zły	(bad)	**źle**	**gorzej**	**najgorzej**
mały	(little)	**mało**	**mniej**	**najmniej**
duży	(big, large)	**dużo**	**więcej**	**najwięcej**
lekki	(light)	**lekko**	**lżej**	**najlżej**

PREPOSITIONS

The Polish language is very rich in prepositions: some of them govern only one case, some two cases and some even three cases, according to the meaning to be expressed. They offer a certain amount of difficulty to the student and the best and easiest way to learn their correct use is to note them one by one, together with the cases they govern. Here are some of the most important prepositions with the cases they govern indicated in brackets:

dla	(Gen.)	— for (somebody), e.g.: *dla Marysi, Andrzeja, pana, pani, ciebie, nas*
do	(Gen.)	— to (direction), e.g.: *do miasta, domu, szkoły*
na	(Acc.)	— for (meals)
		— on to (surface), e.g.: *na obiad, na stół, na półkę*
	(Loc.)	— on (surface), e.g.: *na stole, na półce, na zegarze*
nad	(Acc.)	— over (direction), e.g.: *nad zegar*
	(Instr.)	— over (position), e.g.: *nad zegarem*
obok	(Gen.)	— beside, e.g.: *obok brata, siostry, dziecka, szafy*
od	(Gen.)	— from, e.g.: *od matki, od miasta*
oprócz	(Gen.)	— besides, e.g.: *oprócz niego, niej, nas, Zosi*
po	(Loc.)	— after, past on, over, e.g.: *po śniadaniu, po godzinie, po morzu*
	(Acc.)	— for (something), e.g: *po chleb, po kawę*
pod	(Instr.)	— under, e.g.: *pod stołem, półką, oknem*
poza	(Instr.)	— beyond, outside, e.g.: *poza domem, szkołą, miastem*
prócz = *oprócz*		
przed	(Instr.)	— before, in front of, e.g.: *przed Antkiem, Hanką, restauracją*
przez	(Acc.)	— for, e.g.: *przez tydzień, rok*
		— by, e.g.: *przez pana, panią*
przy	(Loc.)	— by, near, e.g.: *przy stole, ulicy, oknie*
u	(Gen.)	— with (somebody), e.g.: *u brata, żony, dziecka*
w(we)*)	(Acc.)	— in, into, e.g.: *w niedzielę, w okno*
	(Loc.)	— e.g.: *w restauracji, w oknie*
z(ze)*)	(Gen.)	— from, of, e.g.: *ze stołu, z domu, z okna*
	(Instr.)	— with, e.g.: *z chłopcem, z dziewczyną*
za	(Acc.)	— for (something), e.g.: *za obiad, za paczkę, za biurko*
	(Instr.)	— behind, e.g.: *za biurkiem, za domem, za wsią*

---

*) Used before groups of similar sounds hard to pronounce, e.g.: *we wtorek, ze sobą.*

WORD ORDER

The word order in a Polish sentence is much more elastic than in English; though the natural word order is also: Subject — Verb — — Object etc. all kinds of adverbials, particles may be put either at the beginning of the sentence, at the end of it or even in the middle between these, e.g.:

tego chłopca nie znam — that boy I don't know (literal translation)
często widzę ją na ulicy — often I see her in the street
nigdy nie byłem w Krakowie — never I was not at Cracow

NEGATIVE AND INTERROGATIVE SENTENCES

To form negative sentences **nie** (not) is placed b e f o r e the verb in Polish, even if there is another negative word in the sentence, e.g.: *Ja* **nigdy nie** *byłem.* (I never was). In English only one negative is permissible in a sentence, but the Poles say: „I never was not".

Interrogative sentences are formed by placing the interrogative particle **czy** at the beginning of the sentence, not by reversing the positions of the subject and the verb, as in English, e.g.: *Czy pan X jest w domu?* (Is Mr. X at home?).

THE FAMILIAR AND POLITE FORM OF ADDRESS

In the so-called „familiar" form of address the personal pronouns **ty** (thou, you — Sg.) and **wy** (you — Pl.) are used with the second person Singular and Plural respectively of the verb. This form is employed when addressing relatives, intimate friends and children, or by these among themselves.

The „polite" form of address consists, of the words **pan** (Mr., Sir, gentleman) for male persons and **pani** (Mrs., madam, lady) — for female persons, and the third person of the verb, e.g.: *Czy* **pan** *ma gramofon?* (Have you a gramophone?). This form is used when addressing individuals, acquaintances, strangers and superiors; **państwo** — when addressing couples (Mr. and Mrs.) or groups of people.

Klucz do tekstów i ćwiczeń
Key to texts and exercises

2. A MEETING

Exercise II. Good morning, Madam. Good morning. How are you? Perfectly
well. And you? I'm all right, thank you.

III. Dzień dobry. Dzień dobry. Dziękuję. Jak się pan(-i) ma? Do widzenia.

3. A DIALOGUE

Remember

Who(m) are you waiting for?	What are you reading? I'm not reading anything.
Who(m) are you waiting for, sir?	What are you reading, sir? I'm reading a newspaper.
Who(m) are you waiting for, madam?	What are you reading, madam? I'm reading ,,Tribune".
Who(m) is Mary waiting for?	What is Andrew reading?
She is not waiting.	He is reading nothing.

Exercise II. Co czytasz? Ja nic nie czytam. Czytam gazetę. Czy znasz ją? Czekam na Marysię.

III. 1. Pani Wolska czyta gazetę. Ona czyta gazetę.
2. Czy znasz Marysię? Czy znasz ją?
3. Andrzej czeka na Marysię. Na kogo czeka Andrzej?

IV. Co czytasz? Czytam gazetę. Nic nie czytam. Czy znasz ją? To miła
i ładna dziewczyna. Do widzenia.

V. And you? I'm waiting. Who(m) for? Here is Mrs. Wolska. Here
you are. Thank you. No.

4. I'M LOOKING FOR OGRODOWA STREET

Remember

I don't know. I don't read (I'm not reading). I'm not waiting. I'm not saying
,,Good bye".
Do you live here? Do you live here, sir (madam)? Does Mary (Andrew) live
here?

(Are you living here?) (Are you living here, sir (madam)? (Is Mary (Andrew) living here?)
Why do you ask? Why do you ask, sir (madam)? Why does she (he) ask?
Who(m) are you looking for? Who(m) are you waiting for?

Exercise I.
1. Czy Zbyszek czeka na Marysię?
2. Czy Andrzej zna pana B.?
3. Czy pan A. przeprasza pana B.?
4. Czy pan A. szuka ulicy Ogrodowej?

II.
1. Zbyszek nie czeka na Marysię.
2. Andrzej nie zna pana B.
3. Pan A. nie przeprasza pana B.
4. Pan A. nie szuka ulicy Ogrodowej.

III.
1. Nie mieszkam tu. 2. Nie dziękuję. 3. Nie proszę. 4. Nie czytam. 5. Nie czekam. 6. Nie znam pana A. 7. Nie przepraszam. 8 Nie pytam pana B.

IV.
1. Znam ją. 2. Czekam na panią Wolską. 3. Czy znasz Marysię? 4. Na kogo czekasz? 5. (On) czyta gazetę.

5. ANN SINGS IN THE OPERA

Text: — Do you remember Ann?
— We do, we do. We know her well.
— Listen, she sings (is singing) in the opera.
— Wait a minute (literally: a little). Does she live here? (Is she living here?)
— No, she lives at Milanówek. She returns home every day at eleven o'clock. I always wait for her in the opera house. I sometimes help her...
— To sing?
— No. To do her shopping.

Remember

What do you remember?

What does she sing? (is she singing?)

What does he read? (is he reading?)

Who(m) do you know?

Who(m) do you remember?

Who(m) are they looking for?

I'm waiting for Mary.

Do you know Mary?

I help Mary.

I'm waiting for her.

Do you know her?

I help her.

Do you read a newspaper every day? I always read „Trybuna". I sometimes read „Życie".

in the opera house

at Milanówek

at home

at ... o'clock

home

Exercise I. a)
1. Słucham opery.
2. Słuchasz opery.
3. Słucha opery.

1. Słuchamy opery.
2. Słuchacie opery.
3. Słuchają opery.

1. Pomagam jej załatwiać sprawunki.
2. Pomagasz jej załatwiać sprawunki.
3. Pomaga jej załatwiać sprawunki.

1. Pomagamy jej załatwiać sprawunki.
2. Pomagacie jej załatwiać sprawunki.
3. Pomagają jej załatwiać sprawunki.

b) Sg. Słuchaj opery.   Pl. Słuchajcie opery.
    Pomagaj jej załatwiać   Pomagajcie jej załatwiać
            sprawunki.   sprawunki.

II. 1. Czekam na nią w operze.
    2. Ona tu mieszka.
    3. On wraca codziennie do domu o godzinie jedenastej.
    4. Czasem jej pomagamy.

Interrogative: 1. Czy czekam na nią w operze?
             2. Czy ona tu mieszka?
             3. Czy on wraca codziennie do domu o godzinie jedenastej?
             4. Czy pomagamy jej czasem?

Negative: 1. Nie czekam zawsze na nią w operze.
          2. Ona tu nie mieszka.
          3. On nie wraca codziennie do domu o godzinie jedenastej.
          4. Czasem jej nie pomagamy.

III. 1. Pomagam jej załatwiać sprawunki.
     2. Ona śpiewa w operze.
     3. Znamy ją.
     4. Szukam ulicy Ogrodowej.
     5. Proszę iść na prawo, a potem na lewo.
     6. Na kogo czekasz?
     7. To miła i ładna dziewczyna.

6. WHAT'S THE NEWS?

John: Have you a little time to spare?

Thaddäus: When?

J.   Now, at once.

T.   I have an hour to spare, then I have some business in Old City.

J.   Well, sit down then and tell me what the news is.

T.   I've no idea what you mean.

J.   Are you married?

T.   Yes, I am.

J.   What's your wife's name?

T.   Her name is Christine.

J.   How old is she?

T.   She is twenty, and I'm twenty-six. We have one child, a boy. He is one. His name is Staś. We live at Lublin. I'm working in a factory. And you?

J.   I am not married. I live at Cracow with my mother. I'm working in an office.

T.   And your sister?

J.   My sister is at Szczecin. She has a husband and children.

T.   Is she happy?

J.   Yes, she is. Well, it's late. Good luck.

T.   Thank you. The same to you.

Remember

Have you time?   I have a little time.   I have an hour to spare.
When? At eleven o'clock.   Now. At once. Then.
What's your name?   How old are you?   I am ... years old.
What's the news (at your home)?   What do you mean?
What's the news at her's?   What does she mean?
What's the news at Mrs. Wolska's?
What's the news at Andrew's?

                Are you married?
                I have a wife and one child.
                Are you happy?
                Yes.

I have, you have, he (she, it) has   we have, you have, they have.
I have (some) work. I have time. I have a wife. I have a child.
                I have no idea.

Exercise I. a) 1. Jak się nazywasz?
            2. Czy on tu mieszka?
            3. Mam pracę w fabryce.
            4. Jestem szczęśliwy(-a).
            5. Ona ma dwadzieścia lat.
      b) 1. Czasem jej pomagamy.
            2. Oni zawsze czekają na Marysię w operze.
            3. Czy macie się dobrze?
            4. Nie znamy pana Kwiecińskiego.
            5. Nie słuchajcie.
    II.   1. Co słychać u ciebie?
            2. Czy masz trochę czasu?
            3. Nie mam pojęcia, o co ci chodzi.
            4. Mieszkamy w Lublinie.
            5. Mam pracę w biurze.
            6. Czy ona jest szczęśliwa?
    III.   1. Powodzenia!
            2. Nawzajem.
            3. Nie jestem żonaty.
            4. Moja siostra mieszka na Starym Mieście.
            5. Ona ma męża i dzieci.
            6. Jest późno.
            7. Kiedy? Teraz.
            8. Siadaj.
    IV.   1. Mieszkam u matki.
            2. Moja siostra mieszka w Szczecinie.
            3. Tadek ma żonę i jedno dziecko.
            4. Ma pracę w biurze.
            5. Mam godzinę czasu.
            6. Czy ona ma męża i dzieci?

7. AT MRS. KWIECIŃSKA'S

Mrs. Kwiecińska: Where is Mary, Ann?
Ann: Mary is at the post-office. She is sending a telegram to Tony.

Mrs. K.	And Dick?
A.	I've no idea.
Mr. Jodłowski:	Am I not in the way?
Mrs. K.	By no means. Take a seat, please.
Mr. J.	Thank you for the invitation, but am I really not in the way?
Mrs. K.	Why, no, not at all. My husband is in Poznań today. He is not here.
Mr. J.	Oh, is that so? When is he coming back?
Mrs. K.	He is coming back tomorrow.
Mr. J.	Is he? So I won't bother you now. Till tomorrow then. Thank you.
Mrs. K.	You're welcome.

Remember

in the office	in the factory	in town (but: in the Old City)
at Lublin	at Cracow	at Szczecin
with Staś	with Christine	with mother

Thank you for (your) invitation.	She thanks for bought things.
Thank you for the newspaper.	He thanks for work (resigns).
Thank you for „Tribune".	Mary thanks for the telegram.

When does Mr. Kwieciński come back?	Tomorrow.
When do you return home?	At eleven.
When have you time?	Now.
When does she sing in the opera?	Today.

Where do you sit down?	Where is Dick? Where is Mr. Kwieciński? He is not here.

What are you sending?	A telegram.

To whom (are you sending the telegram)?	To Antek,	to Andrew.
	To Mary,	to Ann.

Exercise I. 1. Where is Mary?
Marysia jest na poczcie.
2. What is she sending?
Wysyła depeszę (telegram).
3. To whom?
Do Antka.
4. Where is Dick?
Haneczka nie ma pojęcia.
5. Where is Mrs. Kwiecińska's husband?
Mąż pani Kwiecińskiej jest w Poznaniu.
6. When is he coming?
Wraca jutro.

II. 1. He is not here.
2. He does not live here.
3. He lives in Warsaw.
4. He sings in the opera.
5. He returns home every day at 11 o'clock.
6. Am I not in the way?
7. Why no, not at all.

III. 1. Chłopiec ma rok.
2. Ile masz lat?
3. Jak się pan(i) nazywa?
4. Czy masz godzinę czasu?
5. On nie jest żonaty. -
6. Oni(one) mają pracę w biurze.
IV. 1. Ona nie jest na poczcie.
2. Oni nie mieszkają w Warszawie.
3. One są tutaj.
4. On wraca jutro.
5. Czy ona śpiewa w operze?

8. LEGAL ADVICE

X Ah, welcome, (Mr.) Joseph. What's the news?
Y I'm just back from Wrocław where my brother lives with his wife and children.
X Well.
Y I've a great request.
X I'm listening: well?
Y My brother does not know anybody in Wrocław yet and he wants to get compensation for an accident he had.
X You know I don't deal with such matters now. But if your brother does not know anybody in Wrocław, I agree to give him legal advice.
Y I don't know how to thank you...
X Please bring the documents Monday morning, and come next Saturday for the answer.
Y I understand. Thank you very much. Good-bye.
X Good-bye, (Mr.) Joseph.

Remember

I have a great request.
Have you a brother at Wrocław?
He (she) has documents.
How am I to thank (you)?

I don't agree.
You don't listen to the opera.
She (he) doesn't know (Mr.) Joseph.
We don't return from Poznań.
You don't live at Szczecin.
They don't know anybody.

Do you know? I don't know.
Do you understand?
I don't understand. (I have no idea).

Exercise I. 1. Where does (Mr.) Joseph's brother live?
(On) mieszka we Wrocławiu.
2. Who(m) does he live with?
Mieszka z żoną i dziećmi.
3. What is the matter with him?
Chodzi mu o odszkodowanie za wypadek.
4. Does he know anybody in Wrocław?
Nie zna jeszcze nikogo we Wrocławiu.
5. When is (Mr.) Joseph to come with the documents for an answer?

13*

Ma przyjść w poniedziałek rano z dokumentami, a w następną
sobotę po odpowiedź.

II. 1. Mieszkam we Wrocławiu z żoną i dziećmi.
   2. Nie znam jeszcze nikogo we Wrocławiu.
   3. Chodzi (mi) o odszkodowanie za wypadek.

III. 1. Mam wielką prośbę.
   2. Nie wiem, jak mam dziękować.
   3. Rozumiem.
   4. Bardzo dziękuję.

IV. 1. Witam pana, panie Józefie.
   2. On nie rozumie po polsku.
   3. Właśnie wracam z Lublina.
   4. Czy pan się zgadza? Zgadzam się.
   5. Nie wiem, kim jest pan Jodłowski.
   6. Gdzie mieszka twoja siostra?

V. dziewczyna   — miła, ładna, szczęśliwa
    Ryś   — miły, szczęśliwy
    Marysia i Haneczka — miłe, ładne, szczęśliwe
    Janek i Tadek   — mili, ładni, szczęśliwi
    prośba   — długa, wielka

9. BREAKFAST

Peter   Aren't you hungry, Barbara?
Barbara No, I'm not. I usually have breakfast at 8 a.m. and it isn't more
        than ten o'clock now. But surely you are hungry, aren't you?
P.   I always have an immense appetite. Mummy leaves me my break-
        fast before going to work, so from 9 a.m. I'm already waiting for my
        dinner.
B.   What do you have for breakfast then, if you can forget it so
        quickly?
P.   I usually have two rolls and butter or two pieces of bread and
        butter. I sometimes eat an egg or smoked meat and I drink one
        or two cups of coffee.
B.   Oh, you glutton, and you are still hungry? I drink one glass of tea
        with one lump of sugar and eat only one piece of bread with
        a piece of cottage cheese.
P.   Because you wish to keep slim, but I want to be strong!

Remember

Is Basia hungry?   Is Mary nice?
Is she happy?   Is she pretty?

in the morning — tomorrow — now — at once — always — sometimes
When?

at   at eight, nine, ten
after   past eight, nine, ten
(past)
before   before eight, nine, ten

I have for breakfast   I am waiting for dinner
    with butter   with a piece

196

Exercise I. 1. When does Barbara usually have breakfast?
Basia je zwykle śniadanie o godzinie ósmej.
2. Who leaves breakfast for Peter and when?
Matka zostawia Piotrowi śniadanie przed pójściem do pracy.
3. What does Peter have for breakfast?
Piotr ma zwykle dwie bułki z masłem albo dwie kromki chleba
z masłem, czasem jeszcze jedno jajko albo wędlinę i jedną
albo dwie szklanki kawy.
4. What does Barbara have for breakfast?
Basia pije szklankę herbaty i je tylko jedną kromkę chleba
z kawałkiem białego sera.
5. What do you have for breakfast?
Jem..., piję...
6. Are you hungry now?
Jestem (nie jestem) głodny (głodna).
7. Have you appetite?
Mam apetyt. (Nie mam apetytu).
Tak. Nie.

II. mąż   — głodny, silny, miły, ładny
     żona   — głodna, silna, miła, ładna
     dzieci   — głodne, silne, miłe, ładne
     Basia   — głodna, silna, miła, ładna
     Piotr   — głodny, silny, miły, ładny
     chłopcy   — głodni, silni, mili, ładni
     panie   — głodne, silne, miłe, ładne

III. 1. Czy mąż wraca jutro?
Mąż nie wraca jutro.
2. Czy Haneczka śpiewa w operze?
Haneczka nie śpiewa w operze.
3. Czy Tadek jest na poczcie?
Tadek nie jest na poczcie.
4. Czy pan Jodłowski przeszkadza?
Pan Jodłowski nie przeszkadza.
5. Czy wracamy z Wrocławia?
Nie wracamy z Wrocławia.
6. Czy dobrze opowiadasz?
Nie opowiadasz dobrze.
Niedobrze opowiadasz.
7. Czy znacie mnie?
Nie znacie mnie.
8. Czy jesteśmy głodni?
Nie jesteśmy głodni.
9. Czy oni czekają na obiad?
Oni nie czekają na obiad.
10. Czy prędko zapominasz o śniadaniu?
Nie zapominasz prędko o śniadaniu. (Nieprędko zapominasz
o śniadaniu).

IV. 1. Czy jesteś głodny (głodna)? Nie bardzo.
2. Mam zwykle dwa kawałki chleba z masłem na śniadanie.
3. On pije czasem jedną albo dwie szklanki kawy.
4. Ona chce być silna.
5. Czy oni (one) jedzą chleb czy bułki?

10. BREAKFAST AT THE KOWALSKIS'

It's seven o'clock. Mr. and Mrs. Kowalski and their children are having breakfast.

— Pass the butter, Sophy — says Mrs. Kowalska to her 7 years old daughter.

— The milk is hot — complains little Andrew, 4 years old.

— Wait a little, sonnie — says the father. — Don't touch the glass with your fingers.

— Why do you drink coffee, Daddy and Mummy, and I drink milk — asks the small boy.

— Don't you know, Andy? Because you are still little. Milk is good for children. Do you understand?

— I do — the boy nods (his head).

— The milk isn't hot now, drink (it), Andy.

— Is this egg for me? — asks Sophy.

— Yes, dear (literally: little daughter). Each of us has an egg for breakfast today and an apple for lunch.

Remember

When do you have breakfast? What do you have for breakfast? How do you take (it)? Quickly?

Pass (me) the butter. Give me coffee, two rolls and butter and two eggs, please.

Is this apple for me?	No, for the children.
an apple each	an egg each
Wait a moment!	Don't touch the glass!
Pass the butter!	Don't eat butter!
Drink the milk!	Don't drink the milk!
Eat the egg!	Don't eat the egg!

Exercise I. 1. At what time do the Kowalskis have breakfast?
   Państwo Kowalscy jedzą śniadanie o godzinie siódmej.
2. What is their daughter's name? Their son's name?
   Córka nazywa się Zosia, syn nazywa się Andrzejek.
3. How old is Zosia? How old is Andrzejek?
   Zosia ma lat siedem, Andrzejek (ma lat) cztery.
4. Why does Andrzejek drink milk?
   Andrzejek pije mleko, bo mleko jest dobre dla dzieci.
5. Is the egg for Zosia?
   Tak, jajko jest dla Zosi.
6. How many eggs has each of them for breakfast?
   Każdy ma po jednym jajku na śniadanie.
7. How many apples has each of them for lunch?
   Każdy ma po (jednym) jabłku na drugie śniadanie.

II. 1. Proszę, podaj (mi) masło.
2. Moja kawa jest gorąca.
3. Poczekaj chwilę.
4. Czy rozumiesz?
5. Dlaczego Andrzejek narzeka?

6. Pij teraz mleko, Andrzejku.
7. Mam jabłko.
8. Czy ta bułka dla mnie?
9. Czy nie wiesz?

III. a) 1. Córki jedzą chleb z masłem i piją herbatę.
2. Chłopcy są jeszcze głodni.
3. Jajka są dla ciebie (dla was).
4. Jemy śniadanie o godzinie siódmej.

b) 1. On je bułkę z masłem.
2. Ona pije szklankę mleka.
3. Nie dotykaj szklanki.
4. Mieszkam przy ulicy Ogrodowej.

IV.	kawa	— gorąca	chłopiec	— mały	chłopcy	— silni
	herbata	— gorąca	dziewczynka	— mała	dzieci	— silne
	mleko	— gorące	córka	— mała		
	chleb	— gorący	śniadanie	— małe		
	bułki	— gorące	dzieci	— małe		
	państwo Kowalscy	— mili				
	Marysia	— miła				
	Zosia	— miła				
	Zbyszek	— miły				
	Tadek i Janek	— mili				

11. AT A FRIEND'S

— Ann, Mr. Markiewicz.

— Hello, Mr. Markiewicz. Sit down please, here, on the right hand side. What am I to serve you with: eggs, ham, bacon or fish? Dick, pass the bread and butter to Mr. Markiewicz.

— Here you are.

— Thank you very much, but I can't eat such a large breakfast.

— What do you take for breakfast then?

— In Poland we drink coffee or tea and eat rolls and butter or bread. We begin (our) work early, so we have not much time for breakfast. In an office, in a factory or at school we take what is called second breakfast (lunch). Everyone has bread or a roll and butter, sometimes an egg or sausage and after that we drink tea or black coffee at 10 or 11 in the morning.

— Have you no breaks during (your) work?

— There are breaks only at school, every 45 minutes. Children drink milk and eat breakfast during what is called the long break, at half past ten. Workers break up their work at noon. We have no breaks in offices.

Remember

Please.	*You're welcome!*
Sit down, please.	Don't forget, please.
Pass (me) ..., please.	Don't leave, please.
Go now, please.	Don't touch ..., please.
Come in the morning, please.	Don't be in the way, please.

Begin (your) work, please.
Come for an answer, please.
Bring the documents, please.
Wait a moment, please.
Sing every day, please.
Go back home, please.
Tell (us) about (your) wife, please.
Give me advice, please.

	to the right	on the right hand side
	to the left	on the left hand side
what	at school	during the break
every 45 minutes	at work	
every day		

What am I to serve you with (sir, madam)? Where are we to wait?
How am I to understand that? They have (their) breakfast with them.

Exercise I. 1. Każdy ma chleb albo bułkę z masłem.
    2. W szkole są przerwy co czterdzieści pięć minut.
    3. Zaczynamy pracę bardzo wcześnie.
    4. O dziesiątej albo jedenastej rano piję herbatę.
    5. Dzieci piją (mają) mleko o pół do jedenastej.

   II. 1. Nie jem śniadania.
    2. Nie masz czasu.
    3. On nie zaczyna pracy o siódmej.
    4. Dzieci nie mają przerwy o ósmej.
    5. Andrzejek nie pije mleka.
    6. Zosia nie je jajka.
    7. Państwo Jodłowscy nie mają córki.
    8. Nie znamy Haneczki.

  III. 1. Co jadasz na drugie śniadanie?
    2. Czy macie przerwę w pracy?
    3. Na kogo czekacie?
    4. Kiedy zostawiasz Piotrowi śniadanie, mamo?
    5. Z czym jesz kromkę chleba, Basiu?
    6. Kto jest małym chłopcem?

   IV. 1. Zbyszek nie czyta gazety.
    2. Andrzej nie zna Marysi.
    3. Ja szukam ulicy Ogrodowej.
    4. Czy państwo Kowalscy mieszkają tutaj?
    5. O co wy pytacie?
    6. Chłopcy pamiętają Annę.
    7. Ja wracam codziennie o godzinie dziesiątej do domu.
    8. Marysia i Haneczka często pomagają Basi.
    9. Nie czekajcie na mnie.
    10. Czy Anna dobrze śpiewa?
    11. Tadek nie ma czasu.
    12. Ja opowiadam o mojej matce.

    V. 1. Zbyszek czyta gazetę.
    2. Andrzej zna Marysię.
    3. Nie szukam ulicy Ogrodowej.
    4. Czy państwo Kowalscy nie mieszkają tutaj?

5. Chłopcy nie pamiętają Anny.
6. Nie wracam codziennie o godzinie 10 do domu.
7. Marysia i Haneczka nie pomagają często Basi (często nie pomagają, nieczęsto pomagają).
8. Czekajcie na mnie.
9. Czy Anna nie śpiewa dobrze (niedobrze śpiewa)?
10. Tadek ma czas.
11. Nie opowiadam o mojej matce.

12. MY FIANCÉE

— What are you holding in your right hand?
— It's my fiancée's photo. How do you like (it or her)?
— The photo or (your) fiancée?
— (My) fiancée, of course.
— Very handsome. But what are her eyes like? You can't see in the photo.
— Christine has blue eyes and blond hair.
— Just like Basia, my sister. But I prefer black-haired or brown-haired women, maybe because Barbara is fair-haired.
— Is Christine tall?
— Yes, she is tall and graceful. She has an oval face, a straight little nose, small ears, a full, red mouth. She is very attractive. Everybody looks after her in the street.
— And she has chosen you, Tony?
— Yes, our wedding (will take place) in a month; I have got my engineer's diploma in my pocket already.
— Does Christine work?
— No, she is studying journalism and will finish her studies soon.

Remember

What are you holding...? Who(m) do you choose? How do you like?

Why? Because... For...

	in the right hand	in the left hand
One can't see	the girl, the engineer, Sophy, Tony Mrs. Wolska, Mr. Kwieciński	

in a month	after a month	for a month
a while	a while	a while
an hour	an hour	an hour
a year	a year	a year

Exercise I. 1. What colour are Christine's eyes, what kind of hair has she?
Krysia ma niebieskie oczy, jasne włosy.
2. Is Barbara black-haired, brown-haired or fair-haired?
Basia jest blondynką.
3. What kind of face has Christine? what kind of nose? mouth?
Krysia ma twarz owalną, prosty nos(ek), pełne, czerwone usta.

4. Why does everybody look after her in the street?
   Krysia jest przystojna i podoba się bardzo.
5. When is Tony's and Christine's wedding to take place?
   Ślub Antka i Krysi za miesiąc.
6. What does Christine do?
   Krysia studiuje dziennikarstwo.

II. 1. Jestem wysoki (wysoka) ... or: Nie jestem wysoki (wysoka).
   2. Mam ... oczy, ... włosy etc.

III. 1. Jak ci się ona podoba?
   2. To jest moja narzeczona.
   3. (Ona) jest bardzo przystojna.
   4. Wolę blondynki.
   5. Mam dyplom inżyniera w kieszeni.
   6. Gdzie on pracuje?
   7. On kończy studia za rok.

IV. 1. Ona nie pracuje w biurze.
   2. On mi się nie podoba.
   3. Haneczka nie jest zgrabna.
   4. Nie mam dyplomu inżyniera.
   5. W prawej ręce nie trzymam fotografii.
   6. Krysia nie mieszka w Warszawie.
   7. Czy nie znacie Anny?
   8. Dlaczego pani nie pyta o Rysia?
   9. Oni nie wysyłają depeszy.
   10. Zbyszek nie jest żonaty.
   11. Oni nie są szczęśliwi.

13. CHRISTINE IS BUYING A WINTER COAT

Where can one buy a nice autumn coat? In the Central Store?
— No, there are autumn coats there, winter coats, even fur coats, but
if you wish to buy something smart, you must go to the Fashion House.
Let's go to "Eve". Oh, do you see this green and black checked coat? How
do you like it, Christine?
— Not very much. It's too showy.
— And you prefer something quiet (in colour) and of ordinary cut, don't
you? Such as my grey coat?
— Yes. I like your grey coat. I can liven it up with a colourful scarf,
after all. I can put on a coloured hat, but for rainy autumn or spring days
I prefer to wear dresses and coats of one colour. Oh, look, there is something
nice there. Let's go in.

Remember

One can buy.	We can sing.
put on.	We must go.
enliven.	We like to read.
go.	We prefer to listen to the opera.
	We want to live at Szczecin.

Where?	in the office	in the pocket	there
	at school	in the glass	in the street
	in the factory	in the hand	
	at home	in the mouth	
	in the Central Store	in the eyes	
	in the Fashion House		

something good
      pretty
      nice
      white, red, blue

something big
      colourful
      beautiful
      hot
      smart

Exercise I. 1. Where can one buy a nice coat in Warsaw?
    W Domu Mody można kupić ładny płaszcz.
2. What can one buy in the Central Store?
    W Domach „Centrum" można kupić jesionki, płaszcze, nawet futra.
3. Which shop has smart dresses and coats?
    „Ewa" ma eleganckie suknie i płaszcze.
4. What can you liven up a grey coat with?
    Popielaty płaszczyk można ożywić jaskrawym szalikiem.
5. Does Christine like the green and black checked coat? Why?
    Krysi nie podoba się płaszcz w zielono-czarną kratkę, jest zbyt jaskrawy.
6. What kind of dresses and coats do you prefer: showy or quiet ones?
    Wolę suknie i płaszcze jaskrawe (w spokojnym kolorze).

II. 1. Co ci się bardzo podoba?
2. Jaki jest twój płaszcz?
3. Co możesz włożyć?
4. Kiedy wolisz rzeczy w jednym kolorze?
5. Gdzie musisz pójść?
6. Czy widzisz ten kolorowy kapelusik?

III. 1. Popatrz na tę elegancką suknię.
2. Nie lubię jaskrawych kolorów.
3. To jest popielata jesionka.
4. Mój szalik nie jest zielony.
5. Weź zwykłą suknię.
6. Ten kapelusik jest bardzo ładny.
7. Pani Kwiatkowska kupuje czarne futro.

IV. 1. If you want to buy something smart, go to "Eve".
2. Let's go to the Central Store.
3. Look, there is something nice there. Let's go in.
4. I like your little coloured hat.
5. The Fashion House has lots of coats and dresses.
6. Are there fine coats in the Central Store?

14. CHRISTINE'S DRESS

— What do you think, Eve, does this colour suit me?
— Are you asking me for advice, Christine? Are you really thinking of buying this dress?

— Not necessarily, but among these few dresses which I have tried on, I like this one best. How much does it cost? Is it expensive?

— No, madam. It's a beautiful style and it fits perfectly.

— You are saying nothing, Eve? You are looking at me and smiling. Why?

— My dear, you look nice in every dress, but, well, I can't help it, I like this one least of all. But do as you like.

— Maybe you are right. I'll wait.

Anecdoto

— Why are the Stokowskis learning French?

— They have adopted a French baby and want to understand it when it begins to speak.

Remember

Who thinks so? Nobody.
What do you think?
What do you think about...?
Do you think of buying the dress?
Why don't you think of her?

Why are you smiling?
Why don't you say anything?

I know her perfectly well.
The dress fits (you) very well.
I understand perfectly well.
I know perfectly well what to do.

Does this colour suit me?
What do you mean?
Do you like it?
She looks nice in every dress.
Don't we disturb you?

Adverbs:

Do you like it?
Is it far?
When do you come back?
It's here. Certainly.

Not necessarily.   That's right.
Not far.
Maybe today, maybe tomorrow.
A little more.

Exercise I. 1. Do you like green dresses?
Lubię. (Nie lubię).

2. Are fur coats expensive?
Tak, futra są drogie.

3. How many dresses has Christine tried on?
Krysia przymierza kilkanaście sukien.

4. Why is Eve looking at Christine and smiling?
Krysi jest ładnie w każdej sukni, ale ta właśnie najmniej się Ewie podoba.

5. Are Christine and Eve buying anything in the Fashion House?
Krysia i Ewa kupują suknię.

II. 1. Nie mam (zamiaru) śpiewać dzisiaj.

2. Kto nie załatwia takich spraw?

3. Żona nie zostawia mu śniadania.

204

4. Moja herbata nie jest gorąca.
5. Czy nie pijesz kawy?
6. To jabłko nie jest dla ciebie.
7. Tu nie umieją robić ładnych płaszczy.
8. Krysia nie ma czerwonego kapelusza.
9. Płaszcz nie podoba się Ewie.

III. a) 1. Musimy pójść do fabryki.
2. Chodźcie najpierw na śniadanie.
3. One nie lubią jaskrawych kolorów.
4. Czy wolicie deszczowe dni?
5. Oni kończą studia za rok.
6. Myślicie, że te suknie są drogie?

b) 1. Ta suknia leży doskonale.
2. Chłopiec milczy i uśmiecha się.
3. Bułka z masłem jest dobra.
4. Prosisz o mleko czy o kawę?
5. Pani patrzy na dziewczynę.
6. Mam rację.

IV. 1. Do you ask for advice?
2. It's a matter of compensation.
3. I don't know anybody here.
4. When does your mother return?
5. Do you find my fiancée attractive?
6. What are you holding in your hand?

15. IN THE CENTRAL STORE

In every larger town there are bigger and smaller shops of all kinds and at least one department store.

Here is the Central Store in Warsaw. It occupies six stories of a big building. We enter the building through a big door. On the ground-floor to the right there is a post-office, to the left cosmetics and papers of all sorts are sold.

An escalator takes us to the first floor.

— Give me this pot, please. No, not that big one. How much is this smaller one on the right?

— Twenty zlotys — says the shop-assistant.

— Give me this little salt-cellar, too, please. How much do I pay?

— Thirty zlotys.

— Can I buy a gramophone record of light music?

— Here is a catalogue. There are a lot of records of dance music.

— Thank you. Oh, here is a jazz record. Give me two records, please, No 5 and 112.

— No 5 is sold out, but record No 7 is also very good.

— All right, I'll take it.

— Give me some writing paper, please. No, neither the blue one nor the green, but the white. Large size.

— A folder or a box?

— A box, if the paper is nice.
— Here you are. Here are three sorts of the best writing paper.
— I'll take this box. How much do I pay?
— Forty zlotys.
— Are there only small note-books?
— No, there are also big note-books with plastic covers.
— I'll take this green note-book.
— You pay at the cash-desk.
— You pay 75 zł. — says the cashier.

* * *

— I like to look at everything and take a long time over choosing.
— So do I. I sort the things over and sometimes I buy nothing, but it's pleasant to look at nice things. Let's go in the lift to the second floor.
— What are they selling at that counter?
— Men's, women's and children's underwear. And here are shirts, ties, suits.
— Where can we get woollen stuffs?
— Also on the second floor. Look! Mary Zielińska, my cousin, is there.
— Where?
— There to the right. She is choosing a hat.
— What a queue! Men, women and children. They are waiting in a queue for shoes.
— The fourth floor — curtains, carpets. The fifth floor — sports articles caps, gloves. Oh, how tired I am. Let's go back to the café.
— All right. I am tired and hungry too.

Remember

every shop
every coffee house   things, articles, booths, records of all kinds
every town

    I know nothing,   there is nothing to be seen,
    (I don't know anything)   (there isn't anything to be seen)

                they take (carry) nothing
                (they don't take anything)

Impersonal Phrases:

        is being sold, bought, paid, given, chosen etc.

        How much is bread, cheese, bacon?
        How much does this carpet, this curtain, this pen cost?
        How much are rolls, shoes etc?

What — like? little, big, great, long, nice, perfect, immense
How?   little, greatly, a long time, nicely, perfectly, immensely
How hungry I am! (*Masc.*)   How tired I am! (*Fem.*)
How big he (is)!   How nice she (is)!   How pretty this child (is)!

Exercise I. 1. What is there in every larger town?
                W każdym większym mieście są większe i mniejsze sklepy.
        2. How many stories does the Central Store in Warsaw occupy?
                Dom Towarowy w Warszawie zajmuje sześć pięter.

3. What is there on the ground floor to the left and to the right?
   Na parterze po lewej stronie są artykuły kosmetyczne i papiery, po prawej — urząd pocztowy.
4. Where does the escalator take us?
   Schody ruchome wiozą nas na pierwsze piętro.
5. What is Mary Zielińska choosing?
   Marysia Zielińska (ona) wybiera kapelusz.
6. What can you buy on the fourth and fifth floors?
   Na czwartym piętrze można kupić firanki i dywany, na piątym — artykuły sportowe.

II. 1. Słuchaj piątej płyty.
2. To jest szóste piętro.
3. Pierwszy chłopiec śpiewa, drugi uśmiecha się.
4. Na trzecim piętrze wszyscy kupują buciki.
5. O godzinie dziesiątej wracam do domu.
6. Siódma dziewczyna w kolejce kupuje płaszcz, ósma wybiera szalik.
7. Jemy śniadanie o godzinie dziewiątej.
8. Czwarty garnek jest ładny i niedrogi.

III. 1. Gdzie jest urząd pocztowy?
2. Zbyszek kupuje artykuły sportowe.
3. Schody ruchome wiozą nas na szóste piętro.
4. Pani Kwiecińska ma duży garnek.
5. Proszę przymierzyć ten mały kapelusik.
6. Ten płaszcz mi się nie podoba. Wolę inny.
7. Andrzejek ma zielony notes.

IV. 1. Not very much.
2. I can wear this coat after all.
3. Not necessarily.
4. How much is this fur coat?
5. It's a beautiful style.
6. Why do you say nothing?

16. AT THE HAIRDRESSER'S (BARBER'S)

— What can I do for you? — asks the barber.
— Shave me quickly, please.
The barber says nothing, though he does not see one hair on the smooth face of the young boy. The shave does not take long.
— Shall I cut your hair too?
— Cut the hair short at the back, please.

— Whose turn is it now? — asks an elderly gentleman with a beard.
— Here you are, sir, take a seat here — invites the barber.
— Cut my hair short — says the elderly gentleman. The barber says nothing, though the elderly gentleman with the long beard is quite bald. No, I beg your pardon, there is some hair round the bald crown.
The barber moves quickly round the customer, the scissors snip — but mostly in the air, cutting hair once in ten times.
Haircutting is over.

And at the hairdresser's?

Some ladies reserve their turn: some of them are having their hair washed and dried, others are having a manicure. The hairdresser is tinting the hair and eye-lashes of one lady. Mr. John is setting someone's hair, Mr. Joseph is giving a "cold" permanent wave to one lady and a steam permanent to another. And so it goes all day long.

Remember

What can I do for you?	He (she) says nothing.
Whose turn is it now?	He (she) neither sees nor hears (anything).
	He (she) does not say anything.

Cut (my) hair, please.
Shave me, please.
Give (me) a manicure, please.
Give (me) a permanent wave, please.
I'm inviting you to dinner (several persons).
I'm inviting you to a café, madam.
Don't invite Barbara!

Exercise I. 1. Why does not the shave of the young boy take much of the barber's time?
Chłopiec ma gładką twarz, nie ma ani jednego włoska na twarzy.

2. Whose turn is it now?
Teraz (jest) kolej starszego pana.

3. What does the elderly gentleman ask for?
Starszy pan prosi: „Proszę mnie ostrzyc krótko".

4. What does the barber do?
Fryzjer porusza się szybko dokoła klienta.

5. What is the hairdresser's like?
Panie myją i suszą włosy, robią manicure, farbują włosy, brwi i rzęsy, robią trwałą ondulację.

6. What does Mr. John do? Mr. Joseph?
Pan Jan układa włosy, pan Józef robi trwałą ondulację.

II. a) Nic nie mówię. b) Układam włosy. c) Poruszam się szybko.
Nic nie mówisz.   Układasz włosy.   Poruszasz się szybko.
Nic nie mówi.   Układa włosy.   Porusza się szybko.
Nic nie mówimy.   Układamy włosy.   Poruszamy się szybko.
Nic nie mówicie.   Układacie włosy.   Poruszacie się szybko.
Nic nie mówią.   Układają włosy.   Poruszają się szybko.

d) Co robię?   e) Nie umiem golić.
Co robisz?   Nie umiesz golić.
Co robi?   Nie umie golić.
Co robimy?   Nie umiemy golić.
Co robicie?   Nie umiecie golić.
Co robią?   Nie umieją golić.

III. 1. Czym mogę służyć?
2. Golenie nie zabiera dużo czasu.
3. Czyja teraz kolej?
4. Proszę tutaj usiąść.
5. Przepraszam.

6. Strzyżenie skończone.
7. Panie suszą włosy.
8. I tak dalej, i tak dalej, przez cały dzień.

IV. 1. a) Kto nie widzi ani jednego włoska na gładkiej twarzy chłopca?
   b) Czego nie widzi fryzjer na gładkiej twarzy chłopca?
   c) Gdzie nie widzi fryzjer ani jednego włoska?
2. Dlaczego fryzjer nic nie mówi?
3. a) Kto zamawia kolejkę?   b) Co zamawiają panie?
4. a) Kto robi trwałą ondulację?
   b) Co robi pan Józef?
   c) Jaką ondulację robi pan Józef?

17. FRIENDS

Mark and Peter are students at the Polytechnical School. They are good friends, although each of them is different. Mark is lively, speaks quickly, often does not wait for an answer. Peter is slow, thinks over his answer, often answers the question with a question, to understand better what Mark has in mind.

Here is one of thousands of their dialogues:

Mark: How are you, Peter?

Peter: How I am?

M.   Well, Jacek says that you don't come to lectures, that nobody sees you anywhere (you are not seen anywhere)...

P.   Me? Nobody sees me?

M.   So I'm telling you... Listen, I want to go with you to the cinema tomorrow night, is it all right?

P.   With me?

M.   Yes. To the ,,Ochota" cinema to see the English film there. We'll take balcony tickets.
     You know, Danka speaks of you all the time.

P.   Danka? Of me?

M.   Yes. She says you are so serious, so sensible, that she is fond of you.

P.   Danka fond of me?

M.   Eh, there's no doubt, she likes you, that's sure. And you say nothing either to her or any other girl. You are an old bachelor! Well, good-bye till tomorrow. Wait for me at eight in front of the cinema.

Remember

Instr.	*Nom.*
I am a new student.	but: I am tired.
Peter is a good friend.	Peter is slow.
Mary is a good wife.	Mary is good.
Staś is a nice child.	Staś is nice.
Basia is a pretty girl.	Basia is pretty.
This paper is a document.	This paper is green.
Andrew and Tony are nice boys.	They are strong.
We are quiet children.	We are quiet.
You are elderly gentlemen.	You are very serious.

To attend lectures.   To wait: for a friend
To go: to the Polytechnical School   at eight o'clock
       to the cinema   in front of the cinema
You are not seen anywhere (nowhere). You don't say a word (no word).
            I don't know any Danka (no Danka).

Exercise I. 1. Marek i Piotr są dobrymi przyjaciółmi.
          2. Marek jest żywy.
          3. Piotr jest powolny.
          4. Jacek mówi, że nigdzie Piotra nie widać.
          5. Marek chce pójść jutro wieczór z Piotrem do kina.
          6. Do kina ,,Ochota" na angielski film.
          7. Danka wciąż (ciągle) mówi o Piotrze.
          8. Danka mówi, że Piotr jest poważny i rozumny.
          9. Marek narzeka na Piotra, bo Piotr nie mówi do Danki ani
             słowa.

     II. 1. He does it to understand the meaning better.
         2. Each of the boys is different.
         3. How are you, Zbyszek?
         4. In the ,,Ochota" cinema there is a nice English film.
         5. The students are very serious and sensible.

     III. 1. Oni mnie lubią.
           a) Oni ciebie lubią.
           b) Oni (je)go lubią.
         2. Matka wciąż mówi o mnie.
           a) Matka wciąż mówi o tobie.
           b) Matka wciąż mówi o nim.
         3. Nigdzie mnie nie widać.
           a) Nigdzie ciebie nie widać.
           b) Nigdzie (je)go nie widać.
         4. Czy państwo Kowalscy czekają na mnie?
           a) Czy państwo Kowalscy czekają na ciebie?
           b) Czy państwo Kowalscy czekają na niego?
         5. Ja nie powiem ani słowa.
           a) Ty nie powiesz ani słowa.
           b) On nie powie ani słowa.
         6. On mieszka ze mną.
           a) On mieszka z tobą.
           b) On mieszka z nim.
         7. Ona mnie nie rozumie.
           a) Ona ciebie nie rozumie.
           b) Ona (je)go nie rozumie.
         8. Dzieci mnie nie słuchają.
           a) Dzieci ciebie nie słuchają.
           b) Dzieci (je)go nie słuchają.
         9. Jodłowski przychodzi do mnie codziennie.
           a) Jodłowski przychodzi do ciebie codziennie.
           b) Jodłowski przychodzi do niego codziennie.
       10. Mówą mi, że ze mnie stary kawaler.
           a) Mówią ci, że z ciebie stary kawaler.
           b) Mówią mu, że z niego stary kawaler.

18. WE HAVE LINEN WASHED

— Danusia, we must get the linen washed today. Help me to count it, here, in the corridor. Here is paper and a pen. Will you write what I am dictating (to you).

— All right, auntie. I'm ready.

— Ten handkerchiefs.

— Ten handkerchiefs...

— Six towels.

— Six towels...

— Wait, here is one more.

— That makes seven towels.

— Yes. Three table-cloths.

— Good. Three table-cloths.

— Two table-covers, twelve napkins.

— Just a moment, please. Two table-covers, twelve napkins.

— Four sheets, three counterpane-cases.

— Three counterpane-cases.

— Five pillow-cases and one eiderdown-case. That's all.

— That's all?

— Yes. Give me the sheet of paper, or no. Write it once more, please, not for the laundry but for me.

— All right, auntie.

Anecdote

— How old are you? — Mr. Nowak asks an old peasant.

— Sixty-two or sixty three. I don't know for sure — answers the peasant.

— What? You don't know how old you are?

— You see, I count my hens and sheep, my horses and cows, my pigs and my money, because they may be stolen, but nobody will steal my years.

Remember

We must wait.
    look for.
    ask.
    remember.
    help.
    listen.
    pay attention.
    thank.

We can serve coffee.
    settle the matters now.
    tell much.
    report.
    come at four.
    agree or not.
    be strong.

We should not be in the way, send a telegram, eat much.
We may not leave children in the street, touch a hot glass, eat such a rich breakfast, turn in the street.

Exercise I. 1. Pięć obrusów.
    2. Trzy serwety.
    3. Dziesięć chusteczek.
    4. Jeden ręcznik.
    5. Cztery prześcieradła.
    6. Siedem poszewek.
    7. Dwie suknie.
    8. Jedno futro.

II. 6 — sześć — szósty
3 — trzy — trzeci
12 — dwanaście — dwunasty
10 — dziesięć — dziesiąty
1 — jeden — pierwszy
7 — siedem — siódmy
5 — pięć — piąty
2 — dwa — drugi
4 — cztery — czwarty
8 — osiem — ósmy
9 — dziewięć — dziewiąty
11 — jedenaście — jedenasty

III. 1. Help me to count the linen for the laundry.
2. Have you paper and a pen?
3. Count the towels and the table-cloths.
4. Write what I'm dictating to you.
5. Write it once more.
6. Is that all?

19. WEATHER AND SEASONS

— Look, what a fine (wonderful) day.
— It's true. The sun is shining warmly, though it is autumn, not summer.
— I like the autumn months.
— November too?
— Oh no, only what we call the Polish autumn. The end of August is often sunny, September and October are warm and fine.

— The mornings and evenings are already very cold. You can't hear any birds. I myself prefer summer, especially during (my) leave.
— So do I, but it is better (easier) to work in autumn. June is usually hot, so is July and it is hard then to stay in town, still more so in an office.
— My wife says, that she feels best in winter, not in the rainy period at the end of November or in December, but in the snowy period, in January or February. She has a lot of energy then, moves quickly, is not (easily) tired.
— And my parents long for spring. But it's natural, elderly people fear the winter.

Anecdote

Meteorologist	Rain is forecast for tomorrow.
Assistant	Is it certain, Professor?
Meteorologist	Of course. I've lost my umbrella, my son has a tennis match tomorrow, and my wife is going on a trip.

Remember

When?

in the morning	in the evening	
on Monday	in January	in August
Tuesday	February	September

Wednesday	March	October
Thursday	April	November
Friday	May	December
Saturday	June	
Sunday	July	

in spring   in the year
summer
autumn
winter

What a beautiful day!   How warmly the sun shines!   What a cold morning!
What a hot month!   What a fine winter!   What a warm spring!

Exercise I. 1. When does the sun shine warmly?
         Słońce świeci i grzeje mocno w lecie.

    2. Is November fine?
       Nie (listopad nie jest ładny).

    3. What is the end of August often like?
       Koniec sierpnia jest często słoneczny.

    4. What are September and October like?
       Wrzesień i październik są często (czasem) ciepłe i pogodne.

    5. Do you like autumn months?
       Tak (nie).

    6. What do you prefer: autumn or summer?
       Jesień (lato).

    7. When is it better (easier) to work: in summer or in autumn?
       W jesieni (w lecie).

    8. When is it hard to stay in town?
       W lecie.

    9. Do you feel all right in winter? Why?
       Dobrze (źle), bo lubię zimę (nie lubię zimy).

   10. Have you much energy, or do you tire easily?
       Tak (nie).

   11. What do elderly people fear?
       Ludzie starsi boją się zimna (zimy).

   II. 1. Ranki i wieczory nie są zimne.
     2. Moja żona nie pracuje.
     3. Pani Wolska nie porusza się szybko.
     4. Nie wzdycham do wiosny.
     5. Nie boimy się zimy.
     6. Nie lubię jesieni.
     7. Nie mam teraz urlopu.
     8. On nie ma dużo energii.

   III.   dzień — śliczny, miły, słoneczny, ciepły, pogodny
         jesień — śliczna, miła, słoneczna, ciepła, pogodna
         wiosna — śliczna, miła, słoneczna, ciepła, pogodna
         lato — śliczne, miłe, słoneczne, ciepłe, pogodne
         miesiąc — śliczny, miły, słoneczny, ciepły, pogodny
         wrzesień — śliczny, miły, słoneczny, ciepły, pogodny
         ranki — śliczne, miłe, słoneczne, ciepłe, pogodne
         wieczory — śliczne, miłe, słoneczne, ciepłe, pogodne

IV. 1. What a wonderful day!
2. One works better in autumn.
3. Children move quickly.
4. My mother has a lot of energy.
5. I feel best in summer.
6. It's natural that elderly people fear the winter.
7. The sun warms well.

20. THE JEŻEWSKI FAMILY

The Kowalskis live in Independence Avenue. They have very nice neighbours, Mr. and Mrs. Jeżewski.

Mr. and Mrs. Jeżewski work professionally. He is a clerk in the National Bank of Poland, she is a well known specialist of children's diseases. Their sons also work: the older one, Mietek, is an architect and works in the Project Bureau, while the younger one, Kazik, is a graduate of the Central School of Planning and Statistics and has a good job in one of the foreign trade firms. He is now at the World's Fair at Brussels. Jane attends a general education school. She is in the tenth form and has still two years of study to do. She learns well. She wants to become a journalist.

Anecdote

Husband It's terrible to grow old alone. My wife hasn't celebrated a birthday for four years.

Remember

a father	a son	a brother	a husband
a mother	a daughter	a sister	a wife

Exercise I. 1. Where do Mr. and Mrs. Kowalski live?
Państwo Kowalscy mieszkają przy Alejach Niepodległości.
2. What is their neighbours' name?
Ich sąsiedzi nazywają się (państwo) Jeżewscy.
3. What is Mr. Jeżewski? Mrs. Jeżewska?
Pan Jeżewski jest urzędnikiem, pani Jeżewska jest lekarką.
4. What do Mietek, Kazik do?
Mietek pracuje w biurze projektów, jest architektem. Kazik pracuje w jednej z firm handlu zagranicznego.
5. Where is Kazik now?
Kazik jest teraz na Światowej Wystawie w Brukseli.
6. What school does Jane attend?
Janka chodzi do szkoły ogólnokształcącej.
7. Which form is she in?
Jest w dziesiątej klasie.

II. 1. Oni znają Brukselę.
2. Czy chodzicie do szkoły?
3. Moi synowie jeszcze nie pracują.
4. Pracujemy zawodowo.
5. Oni mają dobrą posadę (dobre posady).
6. One są znanymi lekarkami.

III. 1. Kto jest urzędnikiem?
    2. Co ma Kazik?
    3. Gdzie jest obecnie?
    4. Jak uczy się Janka?

IV. 1. Mam bardzo miłych sąsiadów.
    2. Gdzie mieszkacie, moi przyjaciele?
    3. W której klasie jest Janka?
    4. Czy pracujesz, moje dziecko?

21. ALL FOR ALL

The bricklayer builds houses,
The tailor makes clothes,
But where would he sew something,
If he had no lodging?

But the bricklayer would not
Start working,
If the tailor did not make him
Trousers and an apron.

The baker must have shoes,
So he must go to tne shoemaker,
Well, if it was not for the baker
The shoemaker would have no bread.

So for common benefit
And for common good,
Everybody must work,
My little friend!

Remember

The bricklayer builds houses (is building).
The tailor makes clothes (is making).
The baker bakes bread and rolls (is baking).
The shoemaker makes shoes (is making).
The barber shaves and cuts hair, the hairdresser waves the hair (is shaving, cutting, waving).
Mother counts her linen to be washed (is counting).
Mary sends a telegram (is sending).
Mr. Kowalski gives advice (is giving).
Peter and Basia have breakfast (are having)
Christine studies journalism (is studying).
Eve buys a dress (is buying).
Mrs. Zielińska chooses a hat (is choosing).
Mark and Peter attend lectures (are attending).
Mr. Kwieciński works in an office (is working).
Mrs. Jeżewska treats children (is treating).
Jane learns (is learning).

22. A NEW FLAT

Mrs. Jeżewska's sister, Miss Hedwig Mazurek, has had a new flat since the first of March. One room and a kitchen (only), but in a new block, the flat is clean, nice. The floor is light yellow, the walls and the ceiling are white.

It's Saturday afternoon. The whole Jeżewski family is sitting at high tea in their auntie's home, but after tea and excellent cakes everybody is setting to work: they are arranging auntie's room, or rather they are carrying out her orders.

— Julek (that is Mr. Jeżewski, Mrs. Mazurek's brother-in-law), hang this picture up over the desk in the middle of the wall. Higher, higher still, more to the right in your direction, oh, yes, that's right.

— Marysia (to Mrs. Jeżewska), take that ornamental plate from the table and pass it to me. Don't put that photo on the table, Jane. Hold it for a while. We shall make room for it here, on the desk. And you, Mietek, stand on the ladder and hang up the curtains. Then put these three flower-pots on the window. Kazik will push those two chairs away and push this wardrobe close to the wall.

— And this shelf, auntie?

— Put it here in the corner beside the couch. Kazik, take the books one after another and put them on the shelf.

— Well, thank you, all the pieces of furniture are in their (right) places. That's the most important thing. I can arrange all the small things tomorrow myself. Here are some apples and pears, you must be tired.

— We aren't tired, auntie — say Jane, Mietek and Kazik and smile. — But we can always eat fruit.

— Where is the cat?

— Sitting in the kitchen, auntie.

— All right.

Remember

since March 1st
at auntie's
beside the couch
to work
for her
from the table

in the block, in the chest

after tea, in the afternoon

On to (*Acc.*)	On (*Loc.*)
Put it in the middle	It is lying in the middle
on to the desk	on the desk
table	table
ladder	ladder
window	window
shelf	shelf
into the corner	in the corner
over the desk	over the desk

Exercise I. 1. What has Mrs. Jeżewska's sister had?
Siostra pani Jeżewskiej ma nowe mieszkanie.

2. What is her new flat like?
   Jej nowe mieszkanie jest czyste i ładne.
3. What is the whole Jeżewski family doing on a Saturday afternoon?
   W sobotę po południu siedzą u ciotki na podwieczorku.
4. What work are they all setting to?
   Wszyscy urządzają pokój cioci.
5. Who (is) Julek? Marysia?
   Julek to szwagier panı Mazurek, Marysia to siostra.
6. Who (is) Jane, Mietek, Kazik?
   Janeczka, Mietek i Kazik to dzieci państwa Jeżewskich.
7. What does Miss Mazurek say to Mr. Jeżewski?
   Pani Mazurek mówi do pana Jeżewskiego: ,,Julku, powieś ten obraz nad biurkiem''.
8. What does she say to Mrs. Jeżewska? to Jane?
   Do pani Jeżewskiej mówi: ,,Marysiu, podaj mi ten ozdobny talerz''.
   Do Janeczki: ,,Potrzymaj chwilę tę fotografię''.
9. What does she say to Mietek? to Kazik?
   Do Mietka: ,,Mietku, stań teraz na drabinie i zawieś te firanki''.
   Do Kazika: ,,Odsuń trochę te krzesła''.
10. Where is some room for the photo?
    Na biurku (jest miejsce na fotografię).
11. What is put on the window?
    Mietek stawia na oknie trzy doniczki.
12. What is Kazik to push close?
    Kazik ma przysunąć szafę.
13. Where is room for the shelf?
    (Miejsce na półkę jest) w rogu pokoju obok tapczanu.
14. Where are the books?
    Książki są na półce.
15. Are the boys and Jane tired?
    Nie (chłopcy i Janka nie są zmęczeni).

II. 1. Niech Janeczka potrzyma fotografię.
    2. Niech pan postawi doniczki na oknie.
    3. Niech pani odsunie to krzesło.
    4. Niech chłopiec położy książki na półce.
    5. Niech Marysia ustawia meble.
    6. Niech Zbyszek zrobi miejsce na półkę.
    7. Niech Tadek i Piotr policzą ręczniki.
    8. Niech jego córki ułożą te drobiazgi.

III. a) 1. Czy znasz moje siostry?
     2. Moi znajomi mają nowe mieszkania.
     3. Lubię czyste pokoje.
     4. Ciocia kupuje doskonałe ciastka.
     5. Powieś te małe obrazy.
     6. U mojego brata są duże biurka.
   b) 1. Na ścianie wisi ozdobny talerz.
     2. Czyja ta śliczna fotografia?
     3. Widzę w oknie ładną firankę.
     4. Kto ma moją książkę?
     5. Niech to zmęczone dziecko śpi.
     6. Jabłko to dobry owoc.

23. HOW DID YOU SPEND THE SUMMER?

— Where were you with your family in summer?

— My wife and I went to my relatives in the country. My wife was there with the younger children for two months, I was only there two weeks. I spent my leave at Ciechocinek.

— Did you? and your daughter and son?

— Eve was at an international students' camp at the seaside and Romek at a scout's camp in the mountains. How did you spend the summer?

— Not very well. I wanted to go on a trip to Italy with my wife, but my mother was so ill that we stayed at home.

— And how is your mother now?

— A little better, thank you, but mother is over seventy so sometimes she is better, sometimes worse. I have just sent my wife to the mountains, for three weeks.

— But the weather is worse now. It's cold, foggy and rainy.

— Yes, my wife is coming back to Poznań in the next few days, but she had two weeks of fine, sunny weather.

— Splendid. Well, good-bye. I must go home.

— And I am going to do some official business at the Board of Trade. Good-bye.

Anecdote

— Who(om) are you looking for?
— Mr. Kowalski.
— He died three weeks ago.
(Absent-minded) — All right. I'll come tomorrow.

Remember

Acc.	*Loc.*
I am going for leave	I am on leave
to a camp	at a camp
to the mountains	in the mountains
into the country	in the country
to the seaside	at the seaside
How have you spent your leave?	Splendidly.
	Excellently.
	Well.
	Not very well.
	Not extraordinarily well.
It's warm, hot, cold, foggy, rainy, sunny, fine, beautiful	during the (whole) summer for two months these days

Exercise I. 1. Gdzie byłeś w lecie?
2. Ile masz lat?
3. Czy dobrze się czujesz (masz się)?
4. Jaka jest pogoda?
5. Czy znasz Włochy?
6. Gdzie chcesz pojechać w lecie (na lato)?

II. 1. Ewa spędziła lato nad morzem.
2. Moja żona ma trzydzieści lat.
3. Młodsze dzieci nie pamiętają wycieczki.
4. Zbyszek miał dwa tygodnie pogody na obozie harcerskim.
5. Państwo Kowalscy mają miłych sąsiadów.
6. Pan Jeżewski wysłał córkę w góry.

III. 1. On jest chory.
2. Nie mieli słonecznej pogody.
3. Musimy załatwić sprawę w Izbie Rzemieślniczej.
4. Czy twoja córka była na obozie międzynarodowym?
5. Gdzie są młodsze dzieci?
6. Jedziemy na wycieczkę zagraniczną.

24. EVE SARNECKA'S DAY I

The alarm-clock bell rang loudly. What time (was it)? Six in the morning. Eve Sarnecka woke up immediately. After all she woke up at six every day except for Sundays, when she could sleep a little longer.

She got up quickly, put on her dressing gown and passed quietly to the bathroom. She took a bath in the evening, in the morning she took a shower, washed her face, neck and arms carefully, cleaned her teeth with tooth-paste, rinsed her mouth with warm water and returned to her room.

She looked at the clock. 15 minutes past six. She still had half an hour. She quickly put on her underwear and stockings, put on her dressing gown and sat down in front of the looking-glass. She put some cream on her face, rubbed it into her skin, combed her hair and went into the dining-room.

Exercise I. 1. What time did the alarm-clock ring?
Budzik zadzwonił o godzinie szóstej.
2. When (what time) did Eve Sarnecka wake up every day?
Ewa budziła się codziennie o szóstej.
3. What did she do first? Where did she go?
Najpierw wstała i narzuciła szlafrok. Przeszła do łazienki.
4. What did she do in the bathroom in the evening? in the morning?
Wieczorem kąpała się w łazience, rano wzięła tusz, umyła twarz, szyję i ramiona, wyczyściła zęby pastą.
5. What did she do after having washed and combed her hair?
Kiedy się umyła i uczesała, przeszła do jadalni.

II. 1. Mój ojciec (o)budził się o godzinie siódmej.
2. Dzieci kąpały się wieczorem.
3. Wracałem 15 minut po 9.
4. Tadek miał jeszcze pół godziny czasu.

III. (o)budzić się, wstać, kąpać się, wziąć tusz, (u)myć się, (wy)czyścić, (wy)płukać, włożyć, narzucić, usiąść, wetrzeć, uczesać się.

IV. 1. He has no alarm-clock.
2. Take a seat in front of the looking-glass, Eve.
3. Did you take a bath in the evening?
4. What do you clean your teeth with?

25. EVE SARNECKA'S DAY II

It was a big, rather dark, room. Against one wall there was a big sideboard, against another a glass fronted cupboard. In the middle there was a round table with six chairs round it.

Eve's mother brought the breakfast from the kitchen. Eve did not eat much for breakfast as she wished (literally: wishing) to keep her figure. She ate three pieces of toast and honey and drank a glass of tea without sugar.

She returned quickly to her room, took off her dressing gown and hung it up in the wardrobe. She put on a sweater and a skirt. She made up her mouth, powdered her face and looked again at the clock. Seven o'clock.

Remember

Furniture: sideboard, wardrobe, cupboard, table, chairs, couch, shelf, desk
Instr.

over — under the wardrobe
wall
table
chair
clock
window
sideboard
shelf
couch

Exercise I. 1. What kind of a dining-room did Mr. and Mrs. Sarnecki have?
Państwo Sarneccy mieli dużą, ciemną jadalnię.
2. Who brought breakfast for Eve?
Matka przyniosła Ewie śniadanie.
3. What did Eve take for breakfast? Why?
Ewa nie jadła dużo na pierwsze śniadanie, bo chciała utrzymać piękną linię.
4. What did she put on that day?
Tego dnia włożyła bluzkę-sweterek i spódnicę.

II. 1. Pod jedną ścianą stała szafa, pod drugą półka.
2. Moja żona przyniosła mi śniadanie.
3. One nie jadły dużo na pierwsze śniadanie; chciały utrzymać piękną linię.
4. Ubierałem(-am) się 15 minut.

III. 1. W środku stał duży stół.
2. Krysia nie jadła chleba z masłem na śniadanie.
3. Dzieci wracają do swego pokoju.
4. Powieś suknię w szafie.
5. Czy masz duży pokój?

26. EVE SARNECKA'S DAY III

— Good-bye, Mummy. Don't you need anything from town?
— No, thank you, darling. I am going to dress now and go out shopping.

The young girl ran quickly down the stairs and was at the bus stop in the square in five minutes.

The Academy of Physical Training, her school, was pretty far, almost on the outskirts of the town, and besides Eve used to train before the lectures. so she preferred to be there early.

Punctually at eight she entered the gate of the school.

Remember

Enter a door, the room, the stairs.
We are waiting at the stop.   out of town   not far
He (she) comes down the stairs.   before the lecture

Exercise I. 1. At what time did the young girl leave the house?
Młoda dziewczyna wyszła z domu o godzinie siódmej.
2. Where did she go by bus?
Pojechała autobusem do swojej szkoły, Akademii Wychowania Fizycznego.
3. What used she to do?
Ewa miała zwyczaj ćwiczyć przed wykładami.
4. At what time was she in her school?
Była w uczelni o godzinie ósmej.

II. 1. Ewa nie ubierała się długo.
2. Oni biegli szybko po schodach.
3. Nasz dom znajdował się poża miastem.
4. On wolał być wcześnie w szkole.

III. 1. Czy nic ci nie trzeba?
2. Nie lubię robić zakupów.
3. Powieś suknię w szafie.
4. O której godzinie weszła w bramę uczelni?

27. EVE SARNECKA'S DAY IV

(THE TRAFFIC)

It was not before four o'clock p.m. that Eve left the Academy. She went quickly to the nearest tram stop. A longer trip than by bus but it was easier to get into the (tram) car.

She liked this hour of the street traffic. Red trams were ringing their bells passing each other and going in different directions. Buses were racing along the long straight streets. Express buses rarely stopped, they were taking crowds of passengers from one end of the town to the other in a few minutes.

After the work was over official and private motor-cars were taking office and ministry employees home.

In the streets crowds of working people were walking, stopping at different shops to do some necessary shopping before going home. Eve liked evenings in the town, too: rows of street lamps along the pavements, brightly lit taxis, buses and trams in the roads of streets and bridges, shops and hotels shining with lights. She walked with pleasure in the centre of the town with her friends, if she had a little time.

Anecdotes

1. — You know, Zosia, since the moment I bought a car, the streets are full of militia-men.
2. In a tram
   A lady (to her friend): — How I wish a handsome man would give up his seat for me.
   Five men stood up.

Remember

the trams were ringing, going, stopping
the cars   were rushing, carrying, taking
Eve   went out, went nearer

As straight as a street   nearer than the park   more rarely than mother

as quick as a bus   longer than Ogrodowa Street   higher than a house

Exercise I. 1. At what time did Eve leave the Academy?
   Ewa wyszła z Akademii o godzinie czwartej po południu.
2. Where did she go?
   Poszła na przystanek (tramwajowy).
3. Why did she take a tram?
   Łatwiej się było dostać do wozu.
4. What did the street look like at that time?
   Czerwone tramwaje dzwoniły...

II.   służbowe auto — prywatne auto
      zacząć   — skończyć
      ranek   — wieczór
      duży   — mały
      cicho   — głośno
      deszczowy   — słoneczny
      długi   — krótki
      szybko   — powoli
      zimny   — ciepły
      lepiej   — gorzej
      nowy   — stary
      daleko   — blisko

III. 1. Ona wychodziła (wyszła) z domu o godzinie ósmej.
   2. Podróż tramwajem była dłuższa niż autobusem.
   3. Autobusy pośpieszne zatrzymywały się na tym przystanku.
   4. Służbowe auto odwoziło (odwiozło) go do biura.
   5. Ulicami szły tłumy ludzi pracy.
   6. Pani Kwiecińska była w sklepie.
   7. Moja córka załatwiała (załatwiła) sprawunki na mieście.

IV. 1. Po pracy urzędnicy wrócili do domu.
   2. Szybko pomalowała usta, uczesała włosy i wyszła z pokoju.
   3. Wolała jechać autobusem.
   4. Przed powrotem do domu zatrzym(yw)ała się w różnych sklepach.

28. EVE SARNECKA'S DAY V

(AT THE POST-OFFICE I)

Eve went to MDM (Marszałkowska Residential Quarter) and then remembered that she must send a letter to her girl friend in Lublin. She went into the post-office.

In the middle there was standing a table, on which various people were writing addresses on letters, parcels etc. To the right there was a long counter, and behind it a big weighing-machine. There big and small parcels were being weighed before being transported to the dispatch room. To the left could be seen a few telephone booths. Straight across from the entrance there were some counters with inscriptions: „Paying in and Paying out of Money-orders and PKO (Post-Office Savings Bank) Cheques", „Registered letters, Home and Abroad", „Postage Stamps and Forms".

Anecdote

Wanda   May I go to the dance with you, Mummy?
Mother What! An 8 years old girl at a dance? Besides you can't dance.
Wanda   I dance better than you (do). It's you who can't dance. A gentleman always has to hold you.

Remember

was (were) being weighed, transported, received, sent
written, sold, paid in, paid out

Exercise I. 1. What did Eve remember?
Ewa przypomniała sobie, że musi jeszcze wysłać list do przyjaciółki.
2. What was there in the post-office: in the middle? to the right? to the left? straight across from the entrance?
Na środku stał stół, na prawo lada, na lewo kabiny telefoniczne, na wprost wejścia kilka okienek.
3. What inscriptions were there over the counters?
„Wpłaty i wypłaty..." ...

II. 1. Do małego magazynu, 2. w urzędzie pocztowym, 3. różni ludzie, 4. duża waga, 5. większe paczki, 6. swojej przyjaciółki, 7. długa lada, 8. listów poleconych.

III. 1. Urzędniczka sprzedawała druki i przekazy pocztowe.
2. Różni ludzie pisali adresy na listach, a napisy na paczkach.
3. Wysłałaś depeszę do swojego brata?
4. Nie przyjmują listów poleconych.

29. EVE SARNECKA'S DAY VI

(AT THE POST-OFFICE II)

At the registered letters counter stood a few persons, at the counter selling postage stamps and forms, an elderly gentleman was buying post-cards. His dog was standing beside him. Eve waited a moment.
— Give me two letter stamps and two post-card stamps, please — said Eve.
The woman clerk passed her the stamps: — Five zlotys.
— Here you are — Eve handed her five zlotys and went away.

Remember

two, three stamps   two, three parcels
a few stamps, parcels, post-cards etc.
a gentleman   some gentlemen, some boys
a lady   some ladies, children, coats, forms
a child

from the counter,   the office
the mother,   the brother

Exercise I. 1. Were there many people standing at the registered letter counter?
Przy okienku stało kilka osób.
2. What was an elderly gentleman buying?
Starszy pan kupował kartki pocztowe.
3. What did Eve buy?
Ewa kupiła 2 znaczki na list i 2 znaczki na widokówkę.
4. How much did she pay for the stamps?
Zapłaciła 5 złotych.

II. 1. Kupiłem kartki pocztowe.
2. Ile kosztują dwa znaczki na list?
3. Dziewczyna odeszła od okienka.
4. Przy okienku stało kilka osób.
5. Musisz chwilę poczekać.

III. 1. Ile kosztuje ta suknia?
2. Czy dobrze leży?
3. Lubię spokojne barwy.
4. Czy masz (macie) dużą jadalnię?
5. Czy kąpałaś (kąpałeś) się wczoraj wieczór?
6. O której godzinie wstałeś (wstałaś) rano?

30. EVE SARNECKA'S DAY VII

(A MEETING WITH A FRIEND)

— Eve, what are you doing here? — she heard suddenly and saw before her Irka Kowal, her former school friend.
— I have been buying stamps. And you?
— I have just been sending a congratulatory telegram to my brother. He has passed his engineer's examination with honours.
— Congratulations, congratulations. And what are you doing, Ireczka?
— I am studying medicine. I am a third year student. You know, Staszka Grabyk and Tola Niedźwiedzka are studying with me.
— Are they? And with me there are two from our school in the Academy of Physical Training: Ala Rapacka and Wiśka Bertel. Ala has become an assistant professor already.
— I say, let's all get together somewhere in a café and have a chat or let's go to the theatre together.
— Good, with pleasure.

Anecdote

Wanda   People say I'm younger every day.
Christine Yes, yes, centuries ago you were thirty and now only twenty-five.

224

Remember

What are you doing here? (*Sing.*)	What are you doing here? (*Plur.*)
with (*Instr.*)	of, at (*Gen.*)
with me	of me
with father	of father
with congratulations	of congratulations
with a friend	of a friend
with a result	at the result

Exercise I. 1. Who(m) did Eve see?
Ewa zobaczyła dawną koleżankę szkolną.
2. What was Irka Kowal doing at the post-office?
Irka wysłała do brata telegram z gratulacjami.
3. How did her brother pass his examination?
Brat zdał egzamin z doskonałym wynikiem
4. What was Irka studying?
Irka studiowała medycynę.
5. What did Irka say to Eve?
Irka powiedziała: ,,Słuchaj...''

II. 1. Ewa posłyszała nagle Irkę.
2. Zdaliśmy (zdałyśmy) egzamin z doskonałym wynikiem.
3. Marysia winszowała swojej koleżance.
4. Czy napisałeś (napisałaś) list do matki?

III. 1. Co ty tu robisz?
2. Kupowałam znaczki.
3. Nie znam twojego brata.
4. Studiuję medycynę.
5. Jestem na trzecim roku.
6. Zejdźmy się w kawiarni.

IV. 1. Ona przypomniała sobie, że ma posłać do brata telegram z gratulacjami.
2. W środku (pośrodku) jadalni stał duży, ciemny stół.
3. Napisałaś adres, Marysiu?
4. Kto kupił tak dużo kart pocztowych?
5. Poczekaj chwilę!
6. Co tu robisz?
7. Mój brat zdał egzamin inżynierski w tym miesiącu.
8. Pogadajmy.

31. EVE SARNECKA'S DAY VIII

(IN A RESTAURANT I)

Eve came into the restaurant and sat down at a small table. She usually took home made macaroni, potato pancake or cereal and milk in a milk bar, but today she decided to take dinner in a first class restaurant for a change.
— Here is the menu — said the waiter handing her the bill of fare.
— Thank you.
Eve began to study the menu. She did not usually take soup, but besides clear soup and pea soup there was clear beet-root soup which she liked very

15 — Let's Learn Polish

much. And what kind of meat? Roast goose or turkey——too expensive. Boiled meat, roast beef or liver? No, she'll take a veal cutlet and green peas. Should she drink anything? She never drank vodka. Soda-water or lemonade after meat? No. She can't drink a whole bottle of wine by herself. She had better drink beer.

Remember

bread and butter	coffee and sugar
cereals and milk	a cutlet and green peas

Exercise I. 1. Where did Eve go to dinner?
Ewa poszła na obiad do pierwszorzędnej restauracji.
2. What did she usually take and where?
Zwykle jadała kluseczki, placki ziemniaczane lub kaszę z mlekiem w barze mlecznym.
3. What did the waiter hand her?
Kelner podał jej spis potraw.
4. Did Eve like soups?
Ewa nie lubiła zup.
5. What kind of meat did she choose?
Wybrała kotlet cielęcy.

II. 1. Czy jadasz zwykle kaszę?
2. Czy to jest pierwszorzędna restauracja?
3. Czy dzieci jedzą zupę?
4. Czy ona weźmie wątróbkę?
5. Czy pijesz wódkę?

III. 1. Lepiej napij się piwa.
2. Nie lubię czystego barszczu.
3. Weź kotlet z groszkiem.
4. Kelner przyniósł widelec, nóż i łyżkę.
5. Nie pij wody po mięsie.

IV. w barze mlecznym, w pierwszorzędnej restauracji, woda sodowa, zupy grochowej, kotlet cielęcy.

32. EVE SARNECKA'S DAY IX

(IN A RESTAURANT II)

Bring me some beet-root soup and a veal cutlet with green peas, please — said Eve to the waiter who had brought a knife and fork, and a spoon to her table — And beer.
— Dark or light?
— Dark.
— Certainly, madam.
The beet-root soup was excellent, so was the meat. Eve paid her bill: the soup 5,40 zl., meat — 34 zl., beer 7 zl., together — 50 zl. with a percentage (It was) dear but the dinner was worth it. She handed 100 zl. and got 50 zl. change.
In the cloak-room she got her coat and left the restaurant.

Remember

Acc.	Loc.
Give me the letter, please.	I am thinking of the letter.
Give me the coat.	She is sitting in her coat.

Exercise I. 1. Ewa napiła się piwa.
   2. Obiad był doskonały.
   3. Ewa zapłaciła za obiad z napiwkiem 50 zł.
   4. Odebrała w szatni płaszcz.

II. 1. Czy obiad był dobry?
   2. Czy dostaliśmy resztę?
   3. Czy odebrali płaszcze?
   4. Czy zapłaciła rachunek?

III. 1. Czy zapłaciłeś rachunek?
   2. Proszę o ciemne (jasne) piwo.
   3. Nie pij wody po mięsie.
   4. Proszę podać mi spis potraw.

IV. a fork, to the waiter, she handed, a bill, here you are (please).

33. A TELEPHONE CONVERSATION

— Hello, hello!
— Hello, who is speaking?
— Here is Rymkiewicz speaking. Is Steven at home?
— Please wait a moment. I will see. Stefek, somebody has phoned you.
— I'm coming. Hello.
— Hello, Stefek?
— Yes.
— This is Janusz. What are you going to do on Sunday?
— I wanted to go to the „Stolica" cinema. There will be a very good film there from Sunday.
— Go to the cinema on Monday. We can go there in the evening, can't we? What will you do on Sunday morning? Let's go somewhere together, if it doesn't rain. Is your cycle in order?
— Yes, it is. I'll come to you on Saturday night, so we can settle it. Perhaps we could go to see the football-match?
— Spark — Warsaw? All right. We'll speak about it on Saturday.

Remember

Sunday morning, afternoon, evening
Monday morning...
Who is speaking? Who is ringing up? Who is at home? Who is coming?
What are you going to do? It will rain.
We'll go to the seaside, to the mountains, home, to a match.
We can settle it. We'll speak about it.

Exercise I. 1. Przyjaciel dzwonił do niego.
   2. Stefek chciał iść do kina ‚Stolica" na dobry film.
   3. Janusz chciał gdzieś iść razem.

II. 1. My mother won't speak to Mr. Jeżewski.
   2. What will you do on Saturday night?
   3. Will it rain? (Is it going to rain?)
   4. Will you come to me on Sunday morning?
   5. We'll go to the football-match.

III. 1. Czy będziesz (będziecie) za godzinę w domu?
   2. Będzie bardzo dobry film polski w kinie „Stolica".
   3. Dzień będzie słoneczny i ciepły.
   4. Pomówimy o tym po skończeniu pracy.
   5. Ona będzie się z nim widzieć (zobaczy się z nim) kiedyś w kawiarni.

IV. 1. Jedź (jedźmy, jedźcie) zaraz do domu.
   2. Idź (idźmy, idźcie) do biura; jest już ósma godzina.
   3. Mów (mówmy, mówcie), co widać na ulicy.
   4. Słuchaj (słuchajmy, słuchajcie) koncertu, wart jest tego.
   5. Zjedz (zjedzmy, zjedzcie) obiad w pierwszorzędnej restauracji.
   6. Napij się (napijmy się, napijcie się) herbaty albo kawy.
   7. Zapłać (zapłaćmy, zapłaćcie) za szatnię i za śniadanie.
   8. Wyjdź (wyjdźmy, wyjdźcie) z pokoju.

34. SPORTS

— Steven, listen to what they are saying about Sunday matches at the Polish Army Stadium.
— The football-match?
— No, the motor-cycle and motor-car races.
— Well?
— „At the start of the elimination to the Polish Championship there will appear the best motor-cyclists and automobilists".
— You know, I'm more interested in who will win the gold medal at Leipzig in swimming and volley-ball.
— You'll see, the Polish swimmers will bring home a few medals but maybe not gold ones.
— I say, let's go to see the athletics contests of the school-teams. There will also be the old Zamoyski school (represented).
— We were going to see the football match at the Central Stadium. It's more interesting.
— All right. In an hour we'll come to Warsaw, we'll wash, change and go to the Stadium.

Anecdote

Sportsman   How is it, Mary, that you can't catch a ball but you can catch a man?
Mary   A man is larger.

Remember

Who will win the gold medal?	What interests you more?
Who will attend the match?	What will the swimmers bring?
Who will arrive first in Warsaw?	What is more interesting?
Who will go to see the match?	What do they write about the contests?

228

Exercise I. 1. Chodzę (nie chodzę) na mecze piłki nożnej.
2. Wolę...
3. Na stadionie Wojska Polskiego w Warszawie będą w niedzielę zawody motocyklowe i samochodowe.
4. Stefan i Janusz poszli na mecz piłki nożnej na Stadion Dziesięciolecia.

II. 1. Dzieci nie czytają (czytały, będą czytać, -ły) Kuriera.
2. Pani Wolska ma (miała, będzie mieć, -ła) piękną porcelanę.
3. W niedzielę są (były, będą) szkolne zawody lekkoatletyczne.
4. On jest (był, będzie) doskonałym pływakiem.
5. Co piszesz (pisałaś, będziesz pisać, -ła) do znajomego, Haneczko?
6. Mój ojciec interesuje się (interesował się, będzie się interesować, -ł) sportem motocyklowym.

III. 1. Kto zdobył złoty medal w lekkiej atletyce?
2. Kto jest najlepszym pływakiem w waszej szkole?
3. Co będzie bardziej zajmujące: mecz piłki nożnej czy dobry film?
4. Kiedy byłeś w Warszawie, Janie?
5. Co napisał twój przyjaciel, Piotrze?
6. Czy pamiętasz swego ojca?
7. Co będziesz jadł(a) i pił(a) w restauracji? (Co będziesz jeść i pić w restauracji?)

35. AT THE RAILWAY STATION

— Would you kindly inform me when the trains to Gdynia are starting?
— Would you like to go by a slow train, express or „torpedo" express train?
— I'd prefer to go by „torpedo", but what is the price the ticket?
— The same as the price of a first class ticket for the express train. And maybe you'd like to take a sleeper? The additional payment for a sleeper is not great.
— If the train doesn't arrive too early in the morning at Gdynia I could go by night. When does the torpedo train arrive at Gdynia?
— Departure from East Station 2.30 p.m., arrival at Gdynia 7 p.m.
— Excellent. Give me a ticket for the torpedo train then, please.

Anecdote

In the train
Talkative Passenger:
— Are you going far?
His neighbour (who detests conversation in trains):
— Only to Krynica. I'm an engineer. I'm 40 years old. I'm married. My son is 16. He attends a vocational school. My father died 2 years ago. My mother is still alive. I have one sister. She is red-haired. Her name is Ann. Will that do?

Remember

Who is going to Gdynia?
What does Tony do in Warsaw?
How long do you go from — to — ?

When are you going to the seaside?
Where is Christine spending her leave?
What do you want to go by, Andrew?
Would you like to go in a sleeping car, madam?
How much is a torpedo ticket?

Exercise I. 1. Znam (nie znam).
2. Gdynia jest nad morzem.
3. Cena biletu na torpedę jest taka sama, jak cena biletu pierwszej klasy pociągu pośpiesznego.
4. Dopłata za miejsce w wagonie sypialnym nie jest duża.
5. Torpeda przychodzi do Gdyni o godzinie dziewiętnastej.

II. 1. Chcę pojechać pociągiem pośpiesznym.
2. Może pan jechać nocą.
3. Pociąg jest za wcześnie w Gdyni.
4. Wolimy pojechać samochodem.
5. Dopłata za miejsce w wagonie sypialnym nie jest duża.

III. 1. Torpeda do Gdyni odchodzi z Warszawy Wschodniej.
2. Chciałbym jechać pierwszą klasą.
3. Czy jest jeszcze miejsce w wagonie sypialnym?
4. Dopłata nie jest duża.
5. Proszę o bilet na torpedę (pociąg pośpieszny, pociąg osobowy).
6. Nie chciałbym jechać nocą.
7. Czy nie będę za wcześnie rano w Gdyni?

IV. 1. Kiedy będziesz w Gdyni?
2. Jakim pociągiem możemy jechać?
3. O co chcielibyście się poinformować?
4. Jaka jest cena biletu?
5. Kiedy odchodzi torpeda?

36. AT THE SEASIDE

— If the weather is fine on Thursday we'll be able to sail by boat to Hel — said Miss Stefania Wiśniewska at breakfast to Henry Kot who had come on the previous day to the seaside to the fashionable resort of Sopot. He was staying at the same boarding-house as Stefa. They had got acquainted at supper.
— Do boats sail every day? — asked Henry.
— Yes, in the season, twice a day, to Hel, on the open sea or for short voyages, to Gdańsk or Gdynia. Would you like to join us? Ten persons from our boarding-house are going.
— With pleasure. What about the tickets?
— Oh, the boarding-house manageress will settle it. Go to her, pay the money and on Thursday we'll start.
— At what time?
— At eleven o'clock.
— Splendid. Thank you very much.
— Don't mention it. You're welcome.

Remember

Would you like to join us?
Would you like to sail to Hel?
Would you prefer, ladies, to pay the money tomorrow?
Could they (would they be able to) start in the morning?

Exercise I. 1. Pani Stefania powiedziała do Henryka: „Jeżeli w czwartek będzie pogoda, będziemy mogli popłynąć statkiem na Hel".
2. Henryk przyjechał poprzedniego dnia nad morze do modnej miejscowości Sopot.
3. Statki wyjeżdżają codziennie, a w sezonie nawet dwa razy dziennie na Hel, w morze na krótkie przejażdżki, do Gdańska i do Gdyni.
4. Kierowniczka pensjonatu załatwiła bilety.
5. Wycieczka wyrusza w czwartek o jedenastej rano.

II. Examples:

pogoda	miła, ładna, wspaniała, ciepła, zimna
w pensjonacie	dużym, małym, miłym, wspaniałym...
przy kolacji	dobrej, niedobrej, pierwszorzędnej...
w miejscowości	modnej, niemodnej, ładnej...
o godzinie	pierwszej, drugiej...

III. 1. Kiedy przyjechałeś? (Kiedy pan przyjechał?)
2. Jaki był dzień?
3. Czy on chce się przyłączyć do wycieczki?
4. Dokąd jedzie Henryk?

37. WE ARE SAILING TO HEL

The boat „Siren" sailed slowly over the smooth surface of the sea. The day was hot. On the lower and the upper decks men and women were sitting, standing, walking, talking animatedly. Children shouted with joy at the sight of sea-gulls sitting like ducks on the water.

The Hel peninsula quickly drew near. One could already see the old characteristic fishermen's cottages and the lighthouse to the right.

One could now spend two hours visiting the narrow peninsula, eating freshly fried fish in a small restaurant in the village Hel or visiting the small fishing museum.

Anecdote

On the ship
— Darling, what has happened? Do you feel ill? Yet the sea is exceptionally quiet today!
— I know, but I've taken six different remedies against sea-sickness!

Remember

slowly	sit	hot	lower	narrow	small
quickly	stand	cold	upper	broad, wide	large, big

Exercise I. 1. Mężczyźni i kobiety na statku siedzieli, stali, przechadzali się, rozmawiali z ożywieniem.

2. Dzieci krzyczały z radości na widok mew siedzących jak kaczki na wodzie.
3. Ze statku widać było stare rybackie domki i latarnię morską.
4. Można było zwiedzać wąski półwysep, zjeść smażoną rybę lub zwiedzać małe muzeum rybackie.

II. 1. Jak siedziały mewy?
2. Co chcesz zwiedzić?
3. Kto chce zjeść smażoną rybę?
4. Co zwiedzili?

III. 1. Dzieci krzyczały z radości.
2. Statek płynął powoli.
3. Wszyscy rozmawiali z ożywieniem.
4. Czy widzisz latarnię morską?

IV. 1. Jeżeli pogoda będzie ładna, będziemy mogli popłynąć statkiem na Hel.
2. Henryk, który mieszkał w tym samym pensjonacie co pani Stefa, zapoznał się z nią przy kolacji.
3. Jeśli pan chce dołączyć się do naszej wycieczki, proszę iść do kierowniczki pensjonatu i powiedzieć jej, że pan chce pojechać.

38. A STORM

— Well, Henry, how do you like the trip? — asked Stefania.
— I like it very much — said Henry enthusiastically. — I'm very grateful to you. It's the first time I've been to the seaside. The trip is wonderful.
— You'll like it still more when you experience the first storm on board our boat — laughed Stefa. — Oh, listen, it is thundering.
— Yes, it is, it's thundering and lightening, there will be a storm.
Having looked to the west our friends saw that the sky calm till then, was covered with thick, dark clouds, lit with lightning every few moments.
— What a wind! — said Henry.
— Oh, look, it is raining already — said Stefa.

Remember

I'm very grateful to you, sir (madam).
I like the sea (you, he, she, we, you, they).
There will be a storm.
The weather will be good.
It will rain. (It is going to rain).

Exercise I. 1. Wycieczka bardzo się podobała Henrykowi.
2. On był pierwszy raz nad morzem.
3. Nasi znajomi zobaczyli na niebie gęstą, czarną chmurę, rozświetlaną co chwila błyskawicami.

II. 1. Wycieczka jest śliczna.
2. Przeżyłam pierwszą burzę morską na statku.
3. Pogodne dotąd niebo pokryte było czarnymi chmurami.
4. Już pada deszcz.

III. 1. Bardzo jestem panu wdzięczny (wdzięczna).
   2. Słuchaj, grzmi, będzie burza
   3. Popatrz na zachód.
   4. Chmury są białe, nie czarne.

39. MISS STEFA IS ILL

— Is Miss Wiśniewska absent today? — asked the manageress of the boarding-house at supper.

— Stefa caught cold on the trip, has a fever and is ill — said her friend, Miss Zosia' Klimczak — she asked me to go to the chemist's to buy some aspirin.

— I'm just going to the Department Store to buy a new suitcase and I'll buy anything that is needed with pleasure — said Henry.

— All right, thank you — said Zosia.

— Wouldn't it be right for a doctor to come and examine Stefania — asked Henry.

— That's right — said Miss Zosia. — If (Miss Wiśniewska) is not better till tomorrow morning we'll ask Dr. Grabowski to come to us and examine her.

Anecdote

— I told the doctor I was suffering from loss of memory.
— What did he do?
— He told me to pay for the visit in advance.

Remember

Miss Stefa is at home.	Miss Stefa is not here today.
My husband is in Poznań.	My husband is not at home.
Doctor Grabowski is in Sopot.	The doctor is not in the boarding-house.
Mr. Henry is at the druggist's.	Mr. Henry is not in the room.

Exercise I. 1. Pani Stefa była chora.
   2. Panna Zosia Klimczak powiedziała, że pani Stefa zaziębiła się na wycieczce, ma gorączkę i leży chora.
   3. Henryk zapytał, czy nie byłoby dobrze, żeby doktor zbadał pannę Stefanię
   4. Panna Zosia odpowiedziała, że jeżeli nie będzie lepiej do jutra rana, poprosi doktora Grabowskiego, żeby przyszedł i zbadał chorą.

II. a) 1. Zaziębiły się na wycieczce, mają gorączkę i leżą chore.
   2. Prosiły koleżanki, żeby poszły do apteki po lekarstwa.
   3. Lekarze przyszli zbadać chore.
   4. Chcemy kupić nowe walizki.

   b) 1. Najlepiej kupisz suknię i futro w Domu Mody.
   2. Włóż ciepły płaszcz, bo jest zimno.
   3. Poproszę, żeby kolega przyszedł jutro.
   4. Ona pytała o doktora.

III. 1. Idę do Domu Towarowego, aby kupić duży garnek.

2. Czy dostałeś płyty gramofonowe?
3. Możesz tam pojechać pociągiem pośpiesznym.
4. O której godzinie (ten) pociąg przychodzi do Gdyni?

40. AT THE CHEMIST'S

Henry entered the chemist's in the principal street of Sopot. At one counter were standing those who had brought doctor's prescriptions or were to obtain the remedies prepared (for them). At the other, one could get patent medicines, pills, drops and injections of all kinds and such like.

Henry bought ten aspirins in a box and took them quickly to Miss Zosia.

Exercise I. 1. W aptece Henryk zobaczył (widział) dwa okienka, a przy nich ludzi czekających na lekarstwa.
2. Kupił 10 pastylek aspiryny w pudełku.
3. Zaniósł aspirynę kierowniczce pensjonatu.

II. a) 1. Przy okienkach stali mężczyźni, którzy przynieśli recepty lekarskie.
2. Mamy odebrać lekarstwa.
3. Wejdźcie do apteki i kupcie zastrzyki.
4. Co macie w pudełkach?
b) 1. Tu przyjmuję receptę lekarską.
2. Tego lekarstwa nie musisz specjalnie przyrządzać.
3. Nie kupuj pastylki.
4. Potrzebny mu (jej) jest zastrzyk.

III. 1. Apteka jest przy głównej ulicy.
2. Proszę odebrać lekarstwo przy pierwszym (drugim) okienku.
3. Pastylki są w pudełku.
4. Zaniesiesz krople kierowniczce pensjonatu.

41. THE PATIENT IS NOT FEELING WELL

When Mrs. Żmijewska, for that was the name of the boarding-house manageress, called on Stefania, she saw at once that the patient was not feeling well.

In answer to the question about her health Stefa said in a weak voice that she had fever and felt pain when breathing. She feared pneumonia.

— I'll send for the doctor at once — said Mrs. Żmijewska. — How did you catch such a cold?

— I was wearing a light dress and during the storm I went to the upper deck while it was raining heavily. Though the sun was shining afterwards I was sitting on the lower deck in a wet dress for an hour and a half.

— You'll get an injection and it'll be over — the manageress consoled her.

Remember

The patient doesn't feel well.
Don't you feel well? I'm not ill. I have no fever.
I don't want (any) injections or drops.

Exercise I. 1. Pani Żmijewska zobaczyła, że chora nie czuje się dobrze.
2. Pani Stefa odpowiedziała, że ma gorączkę i czuje kłucie przy oddychaniu.

3. Była lekko ubrana, podczas burzy wyszła na górny pokład w czasie ulewnego deszczu, a potem siedziała w mokrej sukience przez półtorej godziny.
4. Kierowniczka pocieszyła ją, że dostanie zastrzyk penicyliny i będzie po wszystkim.

II. 1. Nie zobaczyłem koleżanki.
2. Czy nie masz gorączki?
3. Kierowniczka nie pośle po lekarza.
4. Nie dostanie pan zastrzyku.

III. 1. Stefa zaziębiła się na wycieczce, ma gorączkę i leży w łóżku.
2. Odpowiedziała słabym głosem, że czuje kłucie przy oddychaniu.
3. Bała się zapalenia płuc.
4. Siedziałam w mokrej sukience.

IV. 1. Nie ma tu dzisiaj pana Henryka.
2. Musi być chory.
3. Nie widziałem (widziałam) go od tygodnia.
4. Muszę dzisiaj pójść go odwiedzić.
5. Jak się czujesz?
6. Nie czuję się dobrze.
7. Musisz (musicie, musi pan, pani) posłać po doktora.

42. THE DOCTOR'S ADVICE

Dr. Grabowski was an elderly experienced physician. He examined the patient carefully.

— What was your temperature yesterday night and this morning? — he asked.

— Yesterday I had 38 degrees, this morning 37,5.

— I'll give you an injection to decrease fever, but you must lie in the warm for three days. There is nothing serious the matter, but you must be careful not to make it worse. If the pain (in the chest) does not pass till tomorrow noon, let me know and I'll give you another injection.

— Thank you, Doctor.

— You're welcome. Good-bye, madam.

Remember

Examine the patient, please.
Give the patient an injection, please.
Let me know, please.

Exercise I. 1. Dr Grabowski był starszym, doświadczonym lekarzem.
2. Zbadał chorą starannie.
3. Pani Stefa miała 38 stopni wieczorem, a rano 37,5.
4. Doktor powiedział, że nie ma nic poważnego, ale trzeba uważać, żeby się stan nie pogorszył.

II. 1. You must lie (in bed) for two days.
2. There's nothing serious the matter.
3. Let me know how the patient is feeling.
4. Is the patient worse?

III. 1. Dzieci nie miały gorączki, ale były chore.
2. Słońce świeciło, ale było zimno.
3. Grzmiało i błyskało się.
4. Zwiedzaliśmy muzeum rybackie.

43. A JOURNEY OVER POLAND

Cracow, August 3rd 197....

Dear Mummy,

We have been at Cracow for two days now. We are visiting the old town of Cracow, but also New Foundry, the new industrial town.

Tomorrow we are going to Zakopane to the mountains. This is a beautiful journey over the whole of Poland which was almost unknown to me. I'm sorry our trip is already drawing to its close, but I'm glad I'll see you soon. You know I don't like writing long letters, so I'm finishing mine.

Hearty kisses
Your loving daughter
Mary

Postage stamp
1,50 zł.
Mrs Marta Woźniakowa
87-100 Toruń
Thoroughfare Street 23

Anecdote.

In the Cinema

He   Can you see well?
She   Yes.
He   Don't you feel the draught?
She   No.
He   The armchair (seat) is comfortable?
She   Yes.
He   Perhaps you'll change seats with me?

Remember

since yesterday   for two days
since the day before yesterday   for three days
since tomorrow   till tomorrow

I'm sorry...
I'm glad that...

Exercise I. 1. Marysia jest w Krakowie. Pisze do matki.
2. Wycieczka jedzie jutro w góry do Zakopanego.
3. Marysi bardzo się podoba ta podróż po Polsce.
II. 1. To miasto podobało mi się. To miasto będzie mi się podobać(-ło).
2. Pojechaliśmy w góry. Pojedziemy w góry.
3. Nasza wycieczka skończyła się. Nasza wycieczka skończy się.
4. Matka ucałowała dziecko serdecznie. Matka ucałuje dziecko serdecznie.
III. 1. Cracow is an old town. Nowa Huta is a factory town.
2. Mountains are beautiful, but the sea is also beautiful.
3. I don't know Poland well.
4. I'm glad that we'll see each other soon.

Słownik — Vocabulary

SŁOWNIK POLSKO-ANGIELSKI

A

a	[a:]	and
absolwent (*M.*)*	[a:**pso**:lvent]	undergraduate
ach!	[a:h]	ah!
adres (*M.*)	[a:dres]	address
akademia (*F.*)	[a:ka:dem'a:]	academy
albo	[a:lbo:]	or
ale, ależ	[a:le a:leʃ]	but
aleja (*F.*)	[a:**leya**:]	alley, avenue
angielski	[a:ng'elski:]	English
ani — ani	[a:ni: a:ni:]	neither — nor
apetyt (*M.*)	[a:**petit**]	appetite
apteka (*F.*)	[a:**pteka**:]	druggist's, chemist's
architekt (*M.*)	[a:**rhi**:tekt]	architect
artykuł (*M.*)	[a:rtĭku:ł]	article
aspiryna (*F.*)	[a:spi:**rina**:]	aspirin
asystent (*M.*)	[a:**sistent**]	assistant professor
asystentka (*F.*)	[a:sistentka:]	assistant professor
auto (*N.*)	[**a**:uto:]	motor-car
autobus (*M.*)	[a:uto:bu:s]	autobus
autobusowy	[a:uto:bu:**so**:vi]	bus (*Adj.*)

B

bać się	[ba:tś śę]	to be afraid, fear
bal (*M.*)	[ba:l]	dancing, party, ball
balkon (*M.*)	[**ba**:lko:n]	balcony
bank (*M.*)	[ba:nk]	bank

M. — Masculine
F. — Feminine
N. — Neuter

237

bar (*M.*)	[ba:rɟ]	bar room, snack bar
bardziej	[ba:rdźey]	more
bardzo	[ba:rdzo:]	very (much)
barszcz (*M.*)	[ba:rʃtʃ]	beet-root soup
biały	[b'a:łi]	white
bić	[bi:tś]	beat
biec	[b'ets]	run
biedny	[b'edni]	poor
biegać	[b'ega:tś]	run
bielizna (*F.*)	[b'eli:zna:]	linen, napery
bielizna (osobista)	[b'eli:zna: (o:so:- bi:sta:)]	underwear
bilet (*M.*)	[bi:let]	ticket
biurko (*N.*)	[b'u:rko:]	desk
biuro (*N.*)	[b'u:ro:]	office
blisko	[bli:sko:]	near, nearly
blok (*M.*)	[blo:k]	block
blondynka (*F.*)	[blo:ndinka:]	fair-haired woman
bluzka (*F.*)	[blu:ska:]	blouse
błyska się	[błiska: śę]	it lightens, it's lightening
błyskawica (*F.*)	[błiska:vi:tsa:]	lightning
bo	[bo:]	for
boczek (*M.*)	[bo:tʃek]	bacon
bok (*M.*)	[bo:k]	side
bracia (*M., Pl.*)	[bra:tśa:]	brothers, brethren
brać	[bra:tś]	take
brak (*M.*)	[bra:k]	lack, want; there's none
brama (*F.*)	[bra:ma:]	gate
brat (*M.*)	[bra:t]	brother
broda (*F.*)	[bro:da:]	beard
brunetka (*F.*)	[bru:netka:]	black-haired woman
brwi (*F., Pl.*)	[brvi:]	eye-brows
bucik (*M.*)	[bu:tsi:k]	shoe
budować	[bu:do:va:tś]	build
budynek (*M.*)	[bu:dinek]	building
budzić się	[bu:dzi:tś śę]	wake up, awake
budzik (*M.*)	[bu:dzi:k]	alarm-clock
bulion (*M.*)	[bu:lyo:n]	clear soup
bułka (*F.*)	[bu:łka:]	roll
burza (*F.*)	[bu:ʒa:]	storm
but (*M.*)	[bu:t]	boot, shoe

butelka (*F.*)	[bu:**telka:**]	bottle
być	[bitś]	be
bynajmniej	[bina:**ym**ńey]	by no means, not at all

C

całować	[tsa:**ło:**va:tś]	kiss
cały	[**tsa:**łi]	whole, all
cegła (*F.*)	[**tsegła:**]	brick
cel (*M.*)	[tsel]	aim, target
cena (*F.*)	[**tsen**a:]	price
centralny	[tsen**tra:**lni]	central
chałupa (*F.*)	[ha:**łu:**pa:]	cottage
charakterystyczny	[ha:ra:kteristit∫ni]	characteristic
chata (*F.*)	[**ha:**ta:]	cottage
chcesz	[htse∫]	you want, do you want
chcieć	[htśetś]	want
chętnie	[**hent**ńe]	willingly, with pleasure
chleb (*M.*)	[hlep]	bread
chłop (*M.*)	[**hło:**p]	peasant
chłopiec (*M.*)	[**hło:**p'ets]	boy, lad
chłopski	[**hło:**pski:]	peasant's
chmura (*F.*)	[**hmu:**ra:]	cloud
chociaż, choć	[**ho:**tśa:∫ ho:tś]	though, although
chodnik (*M.*)	[**ho:**dni:k]	pavement, sidewalk
chodzi (o co)	[**ho:**dzi: (o: tso:)]	(what is) the matter
chodź, chodźmy, -cie	[**ho:**tś **ho:**tśmi, -tśe]	come along, let us go
chodzić	[**ho:**dzi:tś]	walk, go
chodzi (do szkoły)	[**ho:**dzi: (do: ∫**ko:**łi)]	(he, she) frequents, attends (the school)
choroba (*F.*)	[ho:**ro:**ba:]	disease, illness, sickness
choroba morska	[ho:**ro:**ba: **mo:**rska:]	sea-sickness
chory	[**ho:**ri]	ill, sick
chronić	[**hro:**ni:tś]	protect, screen
chusteczka (do nosa) (*F.*)	[hu:**stet∫**ka: (do: **no:**sa:)]	handkerchief
chwila (*F.*)	[**hfi:**la:]	moment
chyba	[**hiba:**]	unless
ci	[tsi:]	*Dative* of **ty** (you) — *2nd Pers. Sing.*

ci	[tsi:]	these, those
ciastko (N.)	[tśa:stko:]	cake
cicho	[tsi:ho:]	softly, silently, quietly
ciebie	[tśeb'e]	you (Object Case), 2nd Pers. Sing.
cielęcy	[tśelentsi]	veal (Adj.)
ciemny	[tśemni]	dark
ciepło	[tśepło:]	warmth, heat
ciepły	[tśepłi]	warm
cieszyć się	[tśeʃitś śę]	rejoice, be glad
ciężko	[tśęʃko:]	hard (Adv.)
ciocia (F.)	[tśo:tśa:]	auntie
cło (N.)	[tsło:]	customs
co	[tso:]	what
codziennie	[tso:dźeńńe]	every day
co 45 minut	[tso: 45 mi:nu:t]	every 45 minutes
coś	[tso:ś]	something
córeczka (F.)	[tsu:retʃka:]	little daughter
córka (F.)	[tsu:rka:]	daughter
cóż	[tsu:ʃ]	what, why
cudny	[tsu:dni]	wonderful
cukier (M.)	[tsu:k'er]	sugar
czapka (F.)	[tʃa:pka:]	cap
czarny	[tʃa:rni]	black
czas (M.)	[tʃa:s]	time
czasem	[tʃa:sem]	sometimes
czek (M.)	[tʃek]	cheque
czekać	[tʃeka:tś]	wait
czemu?	[tʃemu:]	why?
czerwiec (M.)	[tʃerv'ets]	June
czerwony	[tʃervo:ni]	red
często	[tʃęsto:]	often
część (F.)	[tʃęśtś]	part
czteroletni	[tʃtero:letni:]	four years old
czuć (się)	[tʃu:tś (śę)]	feel
czuwać	[tʃu:va:tś]	wake, sit up, watch
czwartek (M.)	[tʃfa:rtek]	Thursday
czwarty	[tʃfa:rti]	fourth
czy	[tʃi]	if, whether
czy (albo)	[tʃi]	or
czyj, czyja, czyje	[tʃiy tʃiya: tʃiye]	whose (Masc., Fem., Neut.)

czym	[tʃim]	with what
czysty	[tʃisti]	clean
czytać	[tʃita:tś]	read
ćwiczyć	[tśfi:tʃitś]	train, practise, drill

D

dać	[da:tś]	give
daleko	[da:leko:]	far
damski	[da:mski:]	ladies'
dawny	[da:vni]	old, ancient
dąć, dmie	[dońś dm'e]	blow, it blows
depesza (F.)	[depeʃa:]	telegram
deszcz (M.)	[deʃtʃ]	rain
deszczowo	[deʃtʃo:vo:]	rainy (Adv.)
deszczowy	[deʃtʃo:vi]	rainy
dla	[dla:]	for
dlaczego	[dla:tʃego:]	why
dlatego że	[dla:tego: ʒe]	because, for the reason that
dłoń (F.)	[dło:ń]	palm (of a hand)
długi	[dłu:gi:]	long
długo	[dłu:go:]	a long time
dłuższy	[dłu:ʃʃi]	longer
do	[do:]	to
dobro (N.)	[do:bro:]	good
dobry	[do:bri]	good
dobrze	[do:bʒe]	well, all right
dojechać (do)	[do:yeha:tś (do:)]	reach, arrive (at), went (to)
dokładnie	[do:kła:dńe]	for sure, precisely, accurately
dokoła	[do:ko:ła:]	round
doktor (M.)	[do:kto:r]	doctor
dokument (M.)	[do:ku:ment]	document
dolny	[do:lni]	lower
dom (M.)	[do:m]	home, house
domek (M.)	[do:mek]	cottage, a small house
doniczka (F.)	[do:ni:tʃka:]	flower-pot
dookoła	[do:o:ko:ła:]	around
dopiero	[do:p'ero:]	barely, just, not before
dopłata (F.)	[do:pła:ta:]	extra (charge), additional payment

doskonały	[do:sko:**na**:łi]	excellent
doskonale	[do:sko:**na**:le]	perfectly (well)
dostać	[**do**:sta:tś]	get
dostać się	[**do**:sta:tś śe]	get in
doświadczony	[do:śf'a:ttʃo:ni]	experienced
dotąd	[**do**:tont]	till then
dotykać	[do:**ti**ka:tś]	touch
do widzenia	[do: vi:**dze**ńa:]	good-bye
drabina (F.)	[dra:**bi**:na:]	ladder
drobiazg (M.)	[**dro**:b'a:sk]	trifle, small thing
drogi	[**dro**:gi:]	dear, expensive
drogo	[**dro**:go:]	dear (Adv.)
drugi	[**dru**:gi:]	second
druk (M.)	[**dru**:k]	form
drużyna (F.)	[dru:**ʒi**na:]	team
drzewo (N.)	[**dʒe**vo:]	tree
drzwi (F., Pl.)	[**dʒvi**:]	door
dużo	[**du**:ʒo:]	much, many
duży	[**du**:ʒi]	big, large
dwadzieścia	[dva:**dźeś**tśa:]	twenty
dwie	[**dv**'e]	two (Fem., Plur.)
dworzec (M.)	[**dvo**:ʒets]	station
dyktować	[dikto:**va**:tś]	dictate
dyplom (M.)	[**di**plo:m]	diploma
dyskutować	[disku:**to**:va:tś]	discuss
dywan (M.)	[**di**va:n]	carpet
dziadek (M.)	[**dźa**:dek]	grandfather
dzieci (N., Pl.)	[**dźe**tsi:]	children
dziecięcy	[dźet**śen**tsi]	children's, childish
dziecinny	[dźe**tsi**:nni]	children's, child's
dziecko (N.)	[**dźe**tsko:]	child
dzielnica (F.)	[dźel**ni**:tsa:]	quarter of the town, district
dzień (M.)	[**dźeń**]	day
dziennikarstwo (N.)	[dźenni:**ka**:rstʃo:]	journalism
dziennikarka (F.)	[dźenni:**ka**:rka:]	journalist
dziennikarz (M.)	[dźen**ni**:ka:ʒ]	journalist
dziennie	[**dźen**ńe]	daily, a day
dziesięciolecie (N.)	[dźeśeń**tśo**:letśe]	tenth anniversary
dziewczyna (F.)	[dźef**tʃi**na:]	girl
dziewiąty	[dźev'**onti**]	ninth
dziękować	[dźen**ko**:va:tś]	thank
dziękuję	[dźen**ku**:yę]	thank you

dziś, dzisiaj	[dzi:ś dzi:śa:y]	today
dziura (F.)	[dźu:ra:]	hole
dzwonek (M.,	[dzvo:nek]	bell
dzwonić	[dzvo:ni:tś]	ring

E

ech!	[eh]	eh!
egzamin (M.)	[egza:mi:n]	examination
elegancki	[elega:ntski:]	elegant
eliminacja (F.)	[eli:mi:na:tsya:]	elimination
energia (F.)	[energ'a:]	energy
„Express" (M.)	[ekspres]	title of a Warsaw daily (*Express*)

F

fabryczny	[fa:britʃni]	factory (*Adj.*), industrial
fabryka (F.)	[fa:brika:]	factory
fala (F.)	[fa:la:]	wave
farbować	[fa:rbo:va:tś]	dye
fartuch (M.)	[fa:rtu:h]	apron
fasolka (F.)	[fa:so:lka:]	beans
fason (M.)	[fa:so:n]	fashion
filiżanka (F.)	[fi:li:ʒa:nka:]	cup
film (M.)	[fi:lm]	film
firanka (F.)	[fi:ra:nka:]	curtain
firma (F.)	[fi:rma:]	firm
fizyczny	[fi:zitʃni]	physical
format (M.)	[fo:rma:t]	size
fotel (M.)	[fo:tel]	arm-chair
fotografia (F.)	[fo:to:gra:f'a:]	photograph, snap--shot
francuski	[fra:ntsu:ski:]	French
fryzjer (M.)	[frizyer]	hairdresser (Masc.)
fryzjerka (F.)	[frizyerka:]	hairdresser (Fem.)
futro (N.)	[fu:tro:]	fur coat

G

gadać	[ga:da:tś]	talk
garnek (M.)	[ga:rnek]	pot
gatunek (M.)	[ga:tu:nek]	sort, kind
gazeta (F.)	[ga:zeta:]	newspaper
gdyby	[gdibi]	if
gdzie	[gdźe]	where

gdzieś	[gdźeś]	somewhere
gęsty	[gęsti]	thick
gęś, gęsi (F.)	[gęś gęsi:]	goose, geese
ginąć	[gi:nońtś]	disappear
gładki	[gła:tki:]	smooth
głodny	[gło:dni]	hungry
głos (M.)	[gło:s]	voice
głowa (F.)	[gło:va:]	head
główny	[głu:vni]	main, central
godzina (F.)	[go:dzi:na:]	hour, o'clock
golenie (N.)	[go:leńe]	shaving
gorąco	[go:rontso:]	hotly, warmly
gorący	[go:rontsi]	hot
gorączka (F.)	[go:rontʃka:]	fever
gorzej	[go:ʒey]	worse (Adv.)
gorzki	[go:ʃki:]	bitter
gość (M.)	[go:śtś]	guest, visitor
gotowy	[go:to:vi]	(all) ready
góra (F.)	[gu:ra:]	mountain
górny	[gu:rni]	upper
góry (F., Pl.)	[gu:ri]	mountains
gramofon (M.)	[gra:mo:fo:n]	gromophone
gramofonowy	[gra:mo:fo:no:vi]	gramophone (Adj.)
gratulacje (F., Pl.)	[gra:tu:la:tsye]	congratulations
groch (M.)	[gro:h]	peas
grochowy	[gro:ho:vi]	pea (Adj.)
groszek (M.)	[gro:ʃek]	green peas
gruby	[gru:bi]	thick
grudzień (M.)	[gru:dźeń]	December
gruszka (F.)	[gru:ʃka:]	pear
grzać	[gʒa:tś]	warm (V.)
grzmi	[gʒmi:]	it thunders, it's thundering

H

halo	[ha:lo:]	hello, hallo
handel (M,.)	[ha:ndel]	trade, commerce
harcerski	[ha:rtserski:]	scout (Adj.), scout's
herbata (F.)	[herba:ta:]	tea
honor (M.)	[ho:no:r]	honour
hotel (M.)	[ho:tel]	hotel
huczeć	[hu:tʃetś]	roar
huta (F.)	[hu:ta:]	foundry

244

I

i	[i:]	and
ich	[i:h]	their
ile	[i:le]	how much (many)
indyk (M.)	[i:ndik]	turkey
inny	[i:nni]	other
interesować	[i:ntereso:va:tś]	interest (V.)
inżynier (M.)	[i:nʒińer]	engineer
inżynierski	[i:nʒińerski:]	engineer (Adj.)
iść	[i:śtś]	go
i tak dalej (abbrev.: itd.)	[i: ta:k da:ley]	and so on, etc.
izba (F.)	[i:zba:]	room

J

ja	[ya:]	I
jabłko (N.)	[ya:pko:]	apple
jadalnia (F.)	[ya:da:lńa:]	dining-room
jadać	[ya:da:tś]	(usually) eat
jajko (N.)	[ya:yko:]	egg
jak	[ya:k]	how, as, when
jaki	[ya:ki:]	what — like
jakiś	[ya:ki:ś]	a, a certain
jaskrawy	[ya:skra:vi]	showy, colourful
jasny	[ya:sni]	blond, fair; light
jazz (M.)	[dʒaez]	jazz
jazzowy	[dʒaezo:vi]	jazz (Adj.)
ją	[yą]	her (whom?)
je	[ye]	it, them
jechać, jeździć	[yeha:tś yeʑdzi:tś]	go, drive, ride
jedenasty	[yedena:sti]	eleventh
jedna	[yedna:]	one (Fem.)
jednak	[yedna:k]	however
jedni	[yedni:]	some (Masc.)
jedno	[yedno:]	one (Neut.)
jedzą	[yedzą]	(they) eat
jego	[yego:]	his
jej	[yey]	her (whose?)
jem, jeść	[yem yeśtś]	(I) eat, (I) am eating; eat
jesienny	[yeśenni]	autumnal
jesień (F.)	[yeśeń]	autumn
jesionka (F.)	[yeśo:nka:]	autumn coat

jest, jestem	[yest yestem]	is, (I) am
jeszcze	[yeʃtʃe]	yet
jeśli, jeżeli	[yeśli: yeʒeli:]	if
jezdnia (F.)	[yezdńa:]	road
jutro	[yu:tro:]	tomorrow
już	[yu:ʃ]	already

K

kabina (telefoniczna) (F.)	[ka:**bi**:na: (telefo:-ni:tʃna:)]	(telephone) booth, box
kaczka (F.)	[ka:tʃka:]	duck
kapelusz (M.)	[ka:**pelu**:ʃ]	hat
kapelusik (M.)	[ka:pelu:si:k]	little hat
karta (F.)	[ka:rta:]	menu, bill of fare
kartka (F.)	[ka:rtka:]	sheet (of paper)
kartka pocztowa (F.)	[ka:rtka: po:tʃto:va:]	post-card
kasa (F.)	[ka:sa:]	cash-desk
kasjer (M.)	[ka:syer]	cashier (Masc.)
kasjerka (F.)	[ka:syerka:]	cashier (Fem.)
kasza (F.)	[ka:ʃa:]	gruel, cereal
kawa (F.)	[ka:va:]	coffee
kawaler (M.)	[ka:va:ler]	bachelor
kawałek (M.)	[ka:va:łek]	piece
kawiarnia (F.)	[ka:**v'a**:rńa:]	coffee-house, café
każdy	[ka:ʒdi]	everyone
kąpać się	[kompa:tś śę]	bath, take a bath
kelner (M.)	[kelner]	waiter
kiedy	[k'edi]	when
kiełbasa (F.)	[k'ełba:sa:]	sausage
kierowniczka (F.)	[k'ero:**vni**:tʃka:]	manageress
kieszeń (F.)	[k'eʃeń]	pocket
kilka	[ki:lka:]	some, a few
kilkanaście	[ki:lka:**na**:śtśe]	several
kino (N.)	[ki:no:]	cinema
kiwać	[ki:va:tś]	nod
klasa (F.)	[kla:sa:]	form, grade, class
klient (M.)	[kli:yent]	customer
kluseczki (F., Pl.)	[klu:**set**ʃki:]	home-made boiled paste
kluski (F., Pl.)	[klu:ski:]	home-made macaroni
kłaść	[kła:śtś]	put
kłucie (N.)	[kłu:tśe]	pain (in the chest)
kobieta (F.)	[ko:b'eta:]	woman

kochający	[ko:ha:**yo**ntsi]	loving
kochanie (N.)	[ko:**ha:**ńe]	darling
kochany	[ko:**ha:**ni]	dear, beloved
kogo	[**ko:**go:]	whom
kolega (M.)	[ko:**le**ga:]	colleague, comrade, companion, friend
kolej (kolejka) (F.)	[**ko:**ley (ko:**ley**ka:)]	turn
kolejka (F.)	[ko:**ley**ka:]	queue
kolej (F.)	[**ko:**ley]	railway
kolejowy	[ko:le**yo**:vi]	railway (Adj.)
koleżanka (F.)	[ko:le**ʒa:**nka:]	colleague, companion, friend (Fem.)
kolor (M.)	[**ko:**lo:r]	colour
kolorowy	[ko:lo:**ro:**vi]	colourful
kołdra (F.)	[**ko:**łdra:]	quilt, counterpane, eiderdown
kołysać (się)	[ko:**łi**sa:tś śę]	roll
komu	[**ko:**mu:]	(to) whom
koniec (M.)	[**ko:**ńets]	end
konkurs (M.)	[**ko:**nku:rs]˙	contest
koń (M.)	[ko:ń]	horse
kończyć, kończyć się	[**ko:**ńtʃitś **ko:**ńtʃitś śę]	finish, end
kopalnia (F.)	[ko:**pa:**lńa:]	mine
koperta (F.)	[ko:**perta:**]	envelope
korytarz (M.)	[ko:**ri**ta:ʃ]	corridor, passage
korzyść (F.)	[**ko:**ʒiśtś]	profit, benefit
kosmetyczny	[ko:sme**tit**ʃni]	cosmetic
kosztować	[ko:**ʃto:**va:tś]	cost
koszula (F.)	[ko:**ʃu:**la:]	shirt
kot (M.)	[ko:t]	cat
kotlet (M.)	[**ko:**tlet]	cutlet
krajowy	[kra:**yo:**vi]	home (Adj.)
kratka (F.)	[**kra:**tka:]	check
krawat (M.)	[**kra:**va:t]	tie
krawiec (M.)	[**kra:**v'ets]	tailor
kredens (M.)	[**kre**dens]	side-board
krewna	[**kre**vna:]	relative, relation (Fem.)
krewny	[**kre**vni]	relative, relation (Masc.)
krok (M.)	[**kro:**k]	step
kromka (F.)	[**kro:**mka:]	slice, piece
kropla (F.)	[**kro:**pla:]	drop

krowa (F.)	[kro:va:]	cow
krój (M.)	[kru:y]	cut
krótki	[kru:tki:]	short
krótko	[kru:tko:]	short (Adj.)
krzesło (N.)	[kʃesło:]	chair
krzyczeć	[kʃitʃetś]	shout
książka (F.)	[kśąʃka:]	book
który	[ktu:ri]	which
których	[ktu:rih]	whose, of whom, of which
kuchnia (F.)	[ku:hńa:]	kitchen
kuć	[ku:tś]	forge, hammer
kupić, kupować	[ku:pi:tś ku:po:va:tś]	buy
kupno (N.)	[ku:pno:]	buying
kura (F.)	[ku:ra:]	hen
„Kurier" (M.)	[ku:ryer]	title of a Warsaw daily (Courrier)
kuzyn (M.)	[ku:zin]	cousin
kuzynka (F.)	[ku:zinka:]	cousin
kwaśny	[kfa:śni]	sour
kwiecień (M.)	[kf'etśeń]	April

Ł

lada (F.)	[la:da:]	counter
las (M.)	[la:s]	forest
lata (M., Pl.)	[la:ta:]	years
latarnia (F.)	[la:ta:rńa:]	street lamp
latarnia morska	[la:ta:rńa: mo:rska:]	lighthouse
lato (N.)	[la:to:]	summer
leczyć	[letʃitś]	treat
lekarka (F.)	[leka:rka:]	(woman) physician
lekarski	[leką:rski:]	medical
lekarstwo (N.)	[leka:rstfo:]	medicine, remedy
lekarz (M.)	[leka:ʃ]	physician
lekko	[lekko:]	light
lekkoatletyczny	[lekko:a:tletitʃni]	athletics (Adj.)
lemoniada (F.)	[lemo:ńa:da:]	lemonade
lepiej	[lep'ey]	better (Adj.)
(na) lewo	[(na:) levo:]	(to the) left (Adj.)
lewy	[levi]	left
leżeć	[leʒetś]	lie
liczyć	[li:tʃitś]	count
linia (F.)	[li:ńa:]	line

lipiec (*M.*)	[li:p'ets]	July
list (*M.*)	[li:st]	letter
listowy (papier)	[li:**sto**:vi (**pa**:p'er)]	writing (paper)
listopad (*M.*)	[li:**sto**:pa:t]	November
lot (*M.*)	[lo:t]	flight
lubić	[**lu**:bi:tś]	like, be fond of
lud (*M.*)	[lu:t]	a people
ludzie (*M.*, *Pl.*)	[**lu**:dźe]	people
lustro (*N.*)	[**lu**:stro]	looking glass
luty (*M.*)	[**lu**:ti]	February

Ł

ładnie	[**ła**:dńe]	prettily, nicely
ładny	[**ła**:dni]	pretty, nice
łatwiej	[**ła**:tf'ey]	easier
ławka (*F.*)	[**ła**:fka:]	bench, form
łazienka (*F.*)	[**ła**:źenka:]	bath-room
łeb (*M.*)	[łep]	pate, head
łowić	[**ło**:vi:tś]	hunt, fish
łóżko (*N.*)	[**łu**:ʃko:]	bed
łysina (*F.*)	[łisi:na:]	baldness, bald spot
łysy	[łisi]	bald
łyżka (*F.*)	[liʃka:]	spoon
łza (*F.*)	[łza:]	tear

M

magazyn (*M.*)	[ma:**ga**:zin]	store, dispatch room
maj (*M.*)	[ma:y]	May
malec (*M.*)	[**ma**:lets]	youngster
maleńki	[ma:**leńki**:]	tiny, little
mały	[**ma**:łi]	little
mama, mamusia (*F.*)	[**ma**:ma: ma:**mu**:śa:]	mummy
manicure	[ma:**ni**:kyu:r]	manicure
marsz (*M.*)	[ma:rʃ]	march
marynarka (*F.*)	[ma:rina:rka:]	coat, suit
marzec (*M.*)	[ma:ʒets]	March
masło (*N.*)	[**ma**:sło:]	butter
materiał (*M.*)	[ma:**terya**:ł]	material, stuff
matka (*F.*)	[**ma**:tka:]	mother
mądry	[**mondri**]	wise, clever
mąż (*M.*)	[mąʃ]	husband
meble (*M.*, *Pl.*)	[**meble**]	furniture, pieces of furniture

mecz (M.)	[metʃ]	match
medal (M.)	[meda:l]	medal
medycyna (F.)	[meditsina:]	medicine (studies)
meteorolog (M.)	[meteo:ro:lo:k]	meteorologist, weather man
mewa (F.)	[meva:]	sea-gull
męczyć (się)	[mentʃitś (śę)]	tire
męski	[męski:]	men's, masculine
mężczyzna (M.)	[męʃtʃizna:]	man
mglisto	[mgli:sto:]	foggy (Adv.)
mgła (F.)	[mgła:]	fog
mi	[mi:]	me (Dat.)
miasto (N.)	[m'a:sto:]	town, city
mieć	[m'etś]	have
mieć się	[m'etś śę]	be, feel
miejsce (N.)	[m'eystse]	room
miejsce (N.)	[m'eystse]	place, seat
miejscowość (F.)	[m'eystso:vo:śtś]	locality, resort
miejski	[m'eyski:]	town (Adj.), municipal
mierzyć	[m'eżitś]	measure
miesiąc (M.)	[m'eśonts]	month
mieszkać	[m'eʃka:tś]	live
mieszkanie (N.)	[m'eʃka:ńe]	lodging, flat
mieszkaniowy	[m'eʃka:ńo:vi]	dwelling (Adj.), residential
międzynarodowy	[m'endzina:ro:do:	international
mięso (N.)	[m'ęso:]	meat
mijać się	[mi:ya:tś śę]	pass (cross) each other
milczeć	[mi:ltʃetś]	be silent
milicjant (M.)	[mi:li:tsya:nt]	militia-man
miły	[mi:łi]	nice, pleasant
ministerstwo (N.)	[mi:ni:sterstfo:]	ministry
minuta (F.)	[mi:nu:ta:]	minute
miód (M.)	[m'u:t]	honey
mistrzostwo (N.)	[mi:stʃo:stfo:]	championship
mleko (N.)	[mle:ko:]	milk
mleczny	[mletʃni]	milk (Adj.)
młodszy	[mło:tʃi]	younger
młody	[mło:di]	young
(dla) mnie	[(dla:) mńe]	(for) me
mniejszy	[mńeyʃi]	lesser, smaller

250

mocno	[mo:tsno:]	strongly, much
moda (*F.*)	[mo:da:]	fashion
mogę, możesz, móc	[mo:gę mo:ʒeʃ mu:ts]	(I) can, (you) can, to be able
moja	[mo:ya:]	my, mine (*Fem.*)
mokry	[mo:kri]	wet
morze (*N.*)	[mo:ʒe]	sea
morski	[mo:rski:]	sea (*Adj.*)
most (*M.*)	[mo:st]	bridge
motocykl (*M.*)	[mo:to:tsikl]	motor-cycle
motocyklista (*M.*)	[mo:to:tsikli:sta:]	motor-cyclist
może	[mo:ʒe]	perhaps
można	[mo:ʒna:]	one can
mój	[mu:y]	my, mine (*Masc.*)
mówić	[mu:yi:tś]	say
mu	[mu:]	(to) him
mur (*M.*)	[mu:r]	wall
murarz (*M.*)	[mu:ra:ʃ]	mason, bricklayer
muszę, musisz	[mu:ʃę mu:si:ʃ]	(I) must, you must (*Sing.*)
muzeum (*N.*)	[mu:zeu:m]	museum
muzyka (*F.*)	[mu:zika:]	music
myć	[mitś]	wash
myśleć	[miśletś]	think

N

na	[na:]	for (e. g. wait for), in, on
nad	[na:t]	over
nadawać (przez radio)	[na:da:va:tś (pʃez ra:dyo:)]	broadcast
nadejść	[na:deyśtś]	arrive, come
nagle	[na:gle]	suddenly
najbardziej	[na:yba:rdźey]	most
najbliższy	[na:ybli:ʃʃi]	nearest
najlepiej	[na:ylep'ey]	best (*Adv.*).
najlepszy	[na:ylepʃi]	(the) best
najmniej	[na:ymńey]	least (*Adv.*)
najważniejszy	[na:yva:ʒńeyʃi]	(the) most important
należeć	[na:leʒetś]	belong
nałożyć	[na:ło:ʒitś]	put on
namyślać się	[na:miśla:tś śę]	reflect, make up one's mind

napić się	[na:pi:tś śę]	have a drink
napis (M.)	[na:pi:s]	inscription
naprawdę	[na:**pra**:vdę]	indeed, in earnest
narodowy	[na:ro:**do**:vi]	national
naród (M.)	[na:ru:t]	nation
narzeczona (F.)	[na:ʒet∫o:na:]	fiancée
narzekać	[na:ʒeka:tś]	complain
narzucić	[na:ʒu:tsi:tś]	throw on, put on
(z) nas	[(z) na:s]	(of) us
następny	[na:stempni]	next
nasz	[na:∫]	our
naturalnie	[na:tu:ra:lńe]	of course, naturally
naturalny	[na:tu:ra:lni]	natural
natychmiast	[na:**ti**hm'a:st]	at once, immediately
nawet	[na:vet]	even
na wprost	[na:fpro:st]	opposite, straight across
nawzajem	[na:**vza**:yem]	the same to you
nazywać się	[na:**ʑiva**:tś śę]	be called
nią	[ńą]	her (Acc. or Instr.)
nic	[ni:ts]	nothing
(z) nich	[(z) ni:h]	(of) them
nie	[ńe]	no, not
nie bardzo	[ńe **ba:r**dzo:]	not very much
niebieski	[ńeb'eski:]	blue
niebo (N.)	[**ńe**bo:]	sky
niech	[ńeh]	let
niedaleko	[ńeda:**le**ko:]	not far
niedługo	[ńe**dłu**:go:]	soon
niedziela (F.)	[ńe**dźe**la:]	Sunday
niedzielny	[ńe**dźe**lni]	Sunday (Adj.)
niekoniecznie	[ńeko:**ńet∫**ńe]	not necessarily, not wholly
niemowlę (N.)	[ńe**mo**:vlę]	infant, baby
nienadzwyczajnie	[ńena:dzvit∫a:yńe]	not extraordinarily well, not very well
niepodległość (F.)	[ńepo:**dle**gło:śtś]	independence
nie przyzwyczajony	[ńe p∫izvit∫a:**yo**:ni]	unaccustomed
nieść	[ńeśtś]	carry
niewielki	[ńev'elki:]	not large, small
nie zawsze	[ńe **za**:f∫e]	not always
nigdy	[ni:gdi]	never
nigdzie	[ni:gdźe]	nowhere

nikt	[ni:kt]	nobody
(o) nim	[(o:) ni:m]	(of, about) him
niż	[ni:ʃ]	than
no!	[no:]	well!
noga (F.)	[no:ga:]	foot, leg
nos, nosek (M.)	[no:s no:sek]	nose, little nose
nosić, noszę, nosisz	[no:si:tś no:ʃę no:si:ʃ]	wear, (I) wear, (you) wear
notes (M.)	[no:tes]	note-book
nowy	[no:vi]	new
nożyczki (Pl.)	[no:ʒitʃki:]	scissors
nóż (M.)	[nu:ʃ]	knife
numer (M.)	[nu:mer]	number

O

(o) kim	[(o:) ki:m]	(about) whom
obie	[o:b'e]	both (Fem.)
obchodzić	[o:pho:dzi:tś]	celebrate
obcinać	[o:ptsi:na:tś]	cut
obcy	[o:ptsi]	foreign
obecnie	[o:betsńe]	at present
obecny	[o:betsni]	present
obfity	[o:pfi:ti]	copious, abundant
obiad (M.)	[o:b'a:t]	dinner
objaśnienie (N.)	[o:bya:śńeńe]	explanation
obok	[o:bo:k]	beside
obraz (M.)	[o:bra:s]	picture
obóz (M.)	[o:bu:s]	camp
obrus (M.)	[o:bru:s]	table-cloth
obudzić się	[o:bu:dzi:tś śę]	awake, wake up
Ob. (obywatel, oby- watelka) (M., F.)	[o:b. (o:biva:tel o:bi- va:telka:)]	citizen (Masc., Fem.)
oczy (N., Pl.)	[o:tʃi]	eyes
od	[o:t]	since, from
odchodzić	[o:tho:dzi:tś]	leave, start
oddać, oddawać	[o:dda:tś o:dda:va:tś]	give, send
oddychanie (N.)	[o:ddiha:ńe]	breathing
odebrać	[o:debra:tś]	get back, take
odkąd	[o:tkont]	since the moment
odmiana	[o:dm'a:na:]	change
odpowiadać	[o:tpo:v'a:da:tś]	answer
odpowiedź (F.)	[o:tpo:v'etś]	answer

od razu	[o:d **ra**:zu:]	at once
odsunąć	[o:tsu:**noń**tś]	remove, push away
odszkodowanie	[o:tʃko:do:**va**:ńe]	compensation
odwiedzić	[o:**dv'e**dzi:tś]	come and see, visit
oglądać	[o:**glon**da:tś]	look at, inspect, examine
oglądać się	[o:**glon**da:tś śę]	look round
ogolić	[o:**go**:li:tś]	shave
ogólnokształcący	[o:**gu**:lno:kʃta:łtson-tsi]	general education (Adj.)
ogrodowy	[o:gro:**do**:vi]	garden (Adj.)
ogromny	[o:**gro**:mni]	enormous
ogród (M.)	[o:**gru**:t]	garden
ojciec (M.)	[**oyt**śets]	father
okienko (N.)	[o:**k'en**ko:]	a small window, a booking office, counter
okno (N.)	[o:**kno**:]	window
okrągły	[o:**kron**głi]	round
ołówek (M.)	[o:**łu**:vek]	pencil
on, ona	[o:n **o**:na:]	he, she
ondulacja (F.)	[o:ndu:**la**:tsya:]	(permanent) waving
opera (F.)	[o:**pe**ra:]	opera
opowiadać	[o:po:**v'a**:da:tś]	tell (a story), relate
oprawa (F.)	[o:**pra**:va:]	cover
osoba (F.)	[o:**so**:ba:]	person
osobiście	[o:so:**bi**:śtśe]	personally
(ja) osobiście	[(ya:) o:so:**bi**:śtśe]	(I) myself
osobowy (pociąg)	[o:so:**bo**:vi (**po**:tśonk)]	slow (train)
ostrożnie	[o:**stro**:ʒńe]	carefully, cautiously
ostrzyc	[o:**stʃ**itś]	cut (hair)
oszklony	[o:**ʃklo**:ni]	glazed
oświetlony	[o:**śf'etlo**:ni]	lit
oto	[o:**to**:]	here (e.g. she is)
otrzymać	[o:**tʃima**:tś]	obtain, get
owalny	[o:**va**:lni]	oval
owca (F.)	[**o**:ftsa:]	sheep
owoc (M.)	[**o**:vo:ts]	fruit
ozdobny	[o:**zdo**:bni]	ornamental
ożywić	[o:**ʒivi**:tś]	enliven, animate
ożywienie (N.)	[o:**ʒiv'e**ńe]	animation
ósmy	[**u**:smi:]	eighth

P

paczka (F.)	[pa:tʃka:]	parcel
padać	[pa:da:tś]	fall, rain
palec (M.)	[pa:lets]	finger
pamięć (F.)	[pa:m'eńtś]	memory
pamiętać	[pa:m'enta:tś]	remember
pan (M.)	[pa:n]	gentleman, sir, Mr.
pani (F.)	[pa:ni:]	lady, madam, Mrs.
panie!	[pa:ńe]	*Voc.* of pan
panna (F.)	[pa:nna:]	Miss
pański	[pa:ński:]	your (sir)
państwo	[pa:ństfo:]	Mr. and Mrs.
papier (M.)	[pa:p'er]	paper
papier listowy	[pa:p'er li:sto:vi]	writing-paper
parasol (M.)	[pa:ra:so:l]	umbrella
parę	[pa:rę]	a few, several
parter (M.)	[pa:rter]	ground floor
pasażer (M.)	[pa:sa:ʒer]	passenger
pasta (do zębów) (F.)	[pa:sta: (do:zembu:f)]	tooth-paste
pastylka (F.)	[pa:stilka:]	pill
patrz!	[pa:tʃ]	look!
patrzeć	[pa:tʃetś]	look
październik (M.)	[pa:źdźerni:k]	October
pełny	[pełni]	full
pensjonat (M.)	[pensyo:na:t]	boarding-house
pewny	[pevni]	certain, sure
pewnie	[pevńe]	surely probably
pędzić	[peńdzi:tś]	hurry, run, race
piana (F.)	[p'a:na:]	foam
piątek (M.)	[p'ontek]	Friday
piąty	[p'onti]	fifth
pić	[pi:tś]	drink
piec (M.)	[p'ets]	bake
pieczeń (F.)	[p'etʃeń]	roast
pieczony	[p'etʃo:ni]	roast, roasted
piekarz (M.)	[p'eka:ʃ]	baker
pieniądz (M.)	[p'eńonts]	coin
pieniądze (M., Pl.)	[p'eńondze]	money
pierwszorzędny	[p'erfʃo:ʒendni]	first class
pierwszy	[p'erfʃi]	(the) first
pierzyna (F.)	[p'eʒina:]	eiderdown, feather-bed

pies (*M.*)	[p'es]	dog
pieśń (*F.*)	[p'eśń]	song
pięć	[p'eńtś]	five
pięćdziesiąt	[p'eńtśdźeśont]	fifty
piękny	[p'enkni]	beautiful
piętro (*N.*)	[p'entro:]	floor, storey
piłka (*F.*)	[pi:łka:]	ball
piłka nożna	[pi:łka: no:ʒna:]	football
piorun (*M.*)	[p'o:ru:n]	thunderbolt
pióro (*N.*)	[p'u:ro:]	pen
pisać	[pi:sa:tś]	write
pisz!	[pi:ʃ]	write!
piwo (*N.*)	[pi:vo:]	beer
plac (*M.*)	[pla:ts]	square
placek (*M.*)	[pla:tsek]	cake, pastry
planowanie (*N.*)	[pla:no:va:ńe]	planning
plastykowy	[pla:stiko:vi]	plastic (*Adj.*)
pluć	[plu:tś]	spit
płacić	[pła:tsi:tś]	pay
płuco (*N.*)	[płu:tso:]	lung
płynąć	[płinońtś]	flow, swim
płyta (*F.*)	[płita:]	plate, slab
płyta gramofonowa	[gra:mo:fo:no:va:]	record
pływak (*M.*)	[płiva:k]	swimmer
pływanie (*N.*)	[płiva:ńe]	swimming
po	[po:]	by, after
po (powierzchni)	[po: (po:v'eʃhni:)]	on, over (the surface)
pociąg (*M.*)	[po:tśonk]	train
pocieszyć	[po:tśeʃitś]	console
po co	[po: tso:]	what for
poczekać	[po:tʃeka:tś]	wait
poczta (*F.*)	[po:tʃta:]	post, post-office
po czym	[po:tʃim]	after which
pod	[po:t]	under
podać	[po:da:tś]	pass
podczas	[po:ttʃa:s]	during
podłoga (*F.*)	[po:dło:ga:]	floor
podobać się	[po:do:ba:tś śe]	please, appeal to
podróż (*F.*)	[po:dru:ʃ]	journey, voyage
poduszka (*F.*)	[po:du:ʃka:]	pillow
podwieczorek (*M.*)	[po:dv'etʃo:rek]	afternoon tea, high tea
pogadać	[po:ga:da:tś]	talk, have a chat

pogoda (F.)	[po:**go**:da:]	weather
pogodny	[po:**go**:dni]	serene, fine
pogorszyć się	[po:**go**:rʃitś śę]	get worse, make worse
poinformować	[po:i:nfo:rmo:va:tśj	inform
pojechać	[po:**ye**ha:tś]	go, ride
pojęcie (N.)	[po:**ye**ńtśe]	idea
pojutrze	[po:**yu**:tʃe]	the day after to-morrow
pokład (M.)	[**po**:kła:t]	deck
po kolei	[po:ko:**lei**:]	successively, one after another
pokój (M.)	[**po**:ku:y]	room
pokryty	[po:**kri**ti]	covered
polecony (list)	[po:letso:ni (li:st)]	registered (letter)
policzyć	[po:**li**:tʃitś]	count, have counted
polski	[**po**:lski:]	Polish
politechnika (F.)	[po:li:**teh**ni:ka:]	Polytechnical School
południe (N.)	[po:**łu**:dńe]	noon
pomagać	[po:**ma**:ga:tś]	help
pomówić	[po:**mu**:vi:tś]	talk, speak
pomóż!	[**po**:mu:ʃ]	help!
poniedziałek (M.)	[po:ńedźa:łek]	Monday
pończocha (F.)	[po:ńtʃo:ha:]	stocking
popielaty	[po:p'ela:ti]	grey
popijać	[po:**pi**:ya:tś]	drink slowly
popłynąć	[po:**płi**nońtś]	go by boat, sail
poprosić	[po:**pro**:si:tś]	ask
poprzedni	[po:pʃedni:]	former, preceding, previous
popsuć się	[**po**:psu:tś śę]	grow worse, get out of order
pora (F.)	[**po**:ra:]	time, season
porada (F.)	[po:ra:da:]	advice
porobić	[po:**ro**:bi:tś]	make
poruszać (się)	[po:**ru**:ʃa:tś (śę)]	move
porządek (M.)	[po:ʒondek]	order
posada (F.)	[po:sa:da:]	position, place, job
posłuchać	[po:słu:ha:tś]	hear, listen
posłyszeć	[po:słiʃetś]	hear
postanowić	[po:sta:**no**:vi:tś]	resolve, decide
postawić	[po:sta:vi:tś]	set, put
poszewka (F.)	[po:ʃefka:]	small pillow-case

257

poszwa (F.)	[po:ʃfa:]	pillow-case, counter-pane-case, eider-down-case, covering
pośpieszny	[po:śp'eʃni]	fast, express
potem	[po:tem]	then, afterwards
potrafię	[po:tra:f'ę]	(I) can
potrawa (F.)	[po:tra:va:]	dish
potrzymać	[po:tʃima:tś]	hold
potwierdzić	[po:tf'erdzi:tś]	confirm
poważny	[po:va:ʒni]	serious
powierzchnia (F.)	[po:v'eʃhńa:]	surface
powiesić	[po:v'esi:tś]	hang
powietrze (N.)	[po:v'etʃe]	air
powodzenia!	[po:vo:dzeńa:]	good luck!
powoli	[po:vo:li:]	slowly
powolny	[po:vo:lni]	slow
poza	[po:za:]	beyond, outside
poznać (się)	[po:zna:tś (śę)]	to get acquainted
pozostać	[po:zo:sta:tś]	remain
pójść, pójdę, pójdziesz	[pu:yśtś pu:ydę yu:ydźeʃ]	go, I'll go, you'll go
póki	[pu:ki:]	as long as
pół	[pu:ł]	half
półka (F.)	[pu:łka:]	shelf
półtora	[pu:łto:ra:]	one and a half
półwysep (M.)	[pu:łvisep]	peninsula
późno	[pu:źno:]	late
praca (F.)	[pra:tsa:]	work
pracować	[pra:tso:va:tś]	work (V.)
pracownik (M.)	[pra:tso:vni:k]	worker, employee
pralnia (F.)	[pra:lńa:]	laundry
pranie (N.)	[pra:ńe]	washing
prawy	[pra:vi]	right
prawda (F.)	[pra:vda:]	truth, (it's) true
prawie	[pra:v'e]	almost
prawny	[pra:vni]	legal
prawo (N.)	[pra:vo:]	law
(na) prawo	[(na:) pra:vo:]	(to the) right (Adv.)
prędko	[prentko:]	quickly, soon
procent (M.)	[pro:tsent]	percentage; tip
projekt (M.)	[pro:yekt]	project
promień (M.)	[pro:m'eń]	ray, sunbeam

prosić	[**pro**:si:tś]	ask
prosty	[**pro**:sti]	straight
proszę	[**pro**:ʃę]	here you are, if you please, you're welcome
prośba (F.)	[**pro**:źba:ǀ]	request
prowadzić	[pro:**va**:dzi:tś]	lead
prócz	[pru:tʃ]	besides
prywatny	[pri**va**:tni]	private
przebierać	[pʃeb'era:tś]	pick, select, choose
przebierać się	[pʃeb'era:tś śę]	change (dress)
przechadzać się	[pʃeha:dza:tś śę]	walk, take a walk
przeciąg (M.)	[**pʃ**etśonk]	draught
przecież	[**pʃ**etśeʃ]	after all, yet
przeciw	[**pʃ**etsi:f]	against
przed	[pʃet]	before
przejazd (M.)	[**pʃ**eya:st]	thoroughfare crossing
przejażdżka (F.)	[pʃeya:ʃtʃka:]	trip, drive, voyage
przejść	[**pʃ**eyśtś]	cross, pass
przekaz (M.)	[**pʃ**eka:s]	money-order
przemysłowy	[pʃemisło:vi]	industrial
przenieść	[**pʃ**eńeśtś]	transfer
przenosić	[**pʃ**eno:si:tś]	transport
przepraszam	[pʃe**pra**:ʃa:m]	excuse me, I beg your pardon
przerażać	[pʃera:ʒa:tś]	frighten
przerwa (F.)	[**pʃ**erva:]	break
przeszkadzać	[pʃeʃka:dza:tś]	disturb
prześcieradło (N.)	[pʃeśtśera:dło:]	(bed) sheet
przeważnie	[pʃeva:ʒńe]	mostly
przewozić	[pʃevo:zi:tś]	carry
przez	[pʃes]	(all day) long, by
przeżyć	[pʃeʒitś]	experience, live through
przy	[pʃi]	by, near
przychodzić	[pʃiho:dzi:tś]	come
przygotowany	[pʃigo:to:va:ni]	prepared, ready
przyjaciel (M.)	[pʃiya:tśel]	friend (Masc.)
przyjaciółka (F.)	[pʃɪya:tśu:łka:]	friend (Fem.)
przyjazd (M.)	[**pʃ**iya:st]	arrival
przyjechać	[pʃiyeha:tś]	come
przyjemnie	[pʃiyemńe]	agreeably

przyjemność (F.)	[pʃiyemno:śtś]	pleasure
przyjeżdżać	[pʃiyeʒdʒa:tś]	arrive
przyjmować, przyj- muję	[pʃiymo:va:tś pʃiy- mu:yę]	receive, I receive
przyjmowano	[pʃiymo:va:no:]	was (were) received
przyjmowanie (N.)	[pʃiymo:va:ńe]	receiving
przyjść	[pʃiyśtś]	come
przykład (M.)	[pʃikła:t]	example
przyłączyć się	[pʃiłontʃitś śę]	join
przymierzać	[pʃim'eʒa:tś]	try on
przynajmniej	[pʃina:ymńey]	at least
przynieść, przynosić	[pʃińeśtś pʃino:si:tś]	bring
przyrządzać, przy- rządzić	[pʃiʒondza:tś pʃiʒon- dzi:tś]	prepare
przystanek (M.)	[pʃista:nek]	stop
przystojny	[pʃisto:yni]	handsome
przystrzyc	[pʃistʃits]	cut short (hair)
przysunąć	[pʃisu:nońtś]	push nearer
przy tym	[pʃi tim]	besides, moreover
przywieźć	[pʃiv'eśtś]	bring (home)
ptak (M.)	[pta:k]	bird
pudełko (N.)	[pu:dełko:]	box
punktualnie	[pu:nktu:a:lńe]	punctually
pytać	[pita:tś]	ask
pytanie (N.)	[pita:ńe]	question

R

racja (F.)	[ra:tsya:]	reason, cause
raczej	[ra:tʃey]	rather
rada (F.)	[ra:da:]	advice, council
radio (N.)	[ra:dyo:]	wireless
radość (F.)	[ra:do:śtś]	joy
ramię (N.)	[ra:m'ę]	shoulder, -s; arm, arms
ranek (M.)	[ra:nek]	morning
rano	[ra:no:]	in the morning
ratusz (M.)	[ra:tu:ʃ]	Town Hall
raz	[ra:s]	once
raz lepiej, raz gorzej	[ra:z lep'ey ra:z go:- ʒey]	sometimes better, sometimes worse
razem	[ra:zem]	together
razy	[ra:zi]	times
recepta (F.)	[recepta:]	prescription

restauracja (F.)	[resta:ura:tsya:]	restaurant
reszta (F.)	[reʃta:]	change
ręczna (piłka)	[rentʃna: (pi:łka:)]	(hand) ball, volley- -ball
ręcznik (M.)	[rentʃni:k]	towel
ręczny	[rentʃni]	hand (Adj.)
ręka (F.)	[renka:]	hand
rękawiczka (F.)	[renka:vi:tʃka:]	glove
robić	[ro:bić]	do, make
robota (F.)	[ro:botɔ:]	work, job
robotnik (M.)	[ro:botni:k]	worker
robótka (F.)	[ro:bu:tka:]	fancy-work (sewing)
rodzaj (M.)	[ro:dza:y]	kind, sort
rodzice (Pl.)	[ro:dzi:tse]	parents
rodzina (F.)	[ro:dzi:na:]	family
rok (M.)	[ro:k]	year
rosół (M.)	[ro:su:ł]	broth (N.), clear soup
rower (M.)	[ro:ver]	bicycle, cycle
rozgrywki tenisowe	[ro:zgrifki: teni:so:- ve]	tennis match
rozjeżdżać się	[ro:zyeʒdʒa:ć śę]	go in different direc- tions
rozkaz (M.)	[ro:ska:s]	order, command
rozmawiać	[ro:zma:v'a:ć]	talk, speak
rozmowa (F.)	[ro:zmo:va:j]	talk (N.)
rozmowny	[ro:zmo:vni]	talkative
rozświetlać	[ro:sśv'etla:ć]	light, enlighten
roztargniony	[ro:sta:rgńo:ni]	absent-minded
rozrywkowy	[ro:zrifko:vi]	entertaining, light (music)
rozumieć	[ro:zu:m'eć]	understand
rozumny	[ro:zu:mni]	intelligent, wise
róg (M.)	[ru:k]	corner
równie	[ru:vńe]	equally, also
również	[ru:vńeʃ]	as well, so
równo	[ru:vno:]	equally, evenly
różny	[ru:ʒni]	different, various
ruch (M.)	[ru:h]	traffic
ruchomy	[ru:ho:mi]	movable
rudowłosy	[ru:do:vło:si]	red-haired
ruszyć	[ru:ʃić]	start
ryba (F.)	[riba:]	fish
rybacki	[ri:ba:tski:]	fishing (Adj.)

rynek (M.)	[rinek]	great square
rzadko	[ʒa:tko:]	rarely
rzecz (F.)	[ʒetʃ]	thing
rzeka (F.)	[ʒeka:]	river
rzemieślniczy	[ʒem'eśni:tʃi]	(of) trade, (of) han- dicraft
rzeźbić	[ʒeźbi:tś]	carve
rząd (M.)	[ʒont]	row
rzęsy (F., Pl.)	[ʒęsi]	eye-lashes

S

sam	[sa:m]	alone
samochód (M.)	[sa:mo:hu:t]	motor-car
samotnie	[sa:mo:tńe]	in loneliness, alone
sądzić	[sońdzi:tś]	think, believe
sąsiad (M.)	[sąśa:t]	neighbour
schody (Pl.)	[sho:di]	stairs
schody ruchome	[sho:di ru:ho:me]	escalator
ser (M.)	[ser]	cheese
serdecznie	[serdetʃńe]	heartily
serweta (F.)	[serveta:]	table-cover
serwetka (F.)	[servetka:]	napkin
sezon (M.)	[sezo:n]	season
siadać	[śa:da:tś]	sit down
siedmioletni	[śedm'o:letni:]	seven years old
siedzieć	[śedźetś]	sit
sierpień (M.)	[śerp'eń]	August
silny	[si:lni]	strong
siostra (F.)	[śo:stra:]	sister
siódmy	[śu:dmi]	seventh
sklep (M.)	[sklep]	shop
skończone (jest)	[sko:ńtʃo:ne (yest)]	finished, (it) is (are) over
skończony	[sko:ńtʃo:ni]	finished (Masc. Sing.)
skóra (F.)	[sku:ra:]	skin
skra (F.)	[skra:]	spark
skroń (F.)	[skro:ń]	temple
słaby	[sła:bi]	weak
sławny	[sła:vni]	famous
słodki	[sło:tki:]	sweet
słoneczny	[sło:netʃni]	sunny
słońce (N.)	[sło:ńtse]	sun
słoneczko (N.)	[sło:netʃko:]	sun (dim.)

słowniczek (*M.*)	[sło:**vni**:tʃek]	vocabulary
słowo (*N.*)	[**sło**:vo:]	word
słuchać	[**słu**:ha:tś]	listen
słusznie	[**słu**:ʃńe]	right, rightly, that's right
służbowy	[słu:**ʒbo**:vi]	official, (of) office
służyć	[**słu**:ʒitś]	serve
(co) słychać?	[(tso:) **słi**ha:tś]	(what) is the news?
słynny	[**słi**nni]	famous
smażyć	[sma:**ʒi**tś]	fry
(z) sobą	[(s) **so**:bą]	with (him)self
sobota (*F.*)	[so:**bo**:ta:]	Saturday
sodowy	[so:**do**:vi]	soda (*Adj.*)
solniczka (*F.*)	[so:**lni**:tʃka:]	salt-cellar
sos (*M.*)	[**so**:s]	sauce
sól (*M.*)	[**su**:l]	salt
spać	[**spa**:tś]	sleep
spadać, spaść	[**spa**:da:tś **spa**:śtś]	fall down, decrease
specjalnie	[spe**tsya**:lńe]	especially
spędzić	[**speń**dzi:tś]	spend
spis (*M.*)	[**spi**:s]	list, bill
spoczywać	[spo:**tʃi**va:tś]	repose
spodnie (*Pl.*)	[**spo**:dńe]	trousers
spojrzeć	[**spo**:yʒetś]	glance, look at
spokojny	[spo:**ko**:yni]	quiet
sportowiec (*M.*)	[spo:**rto**:v'ets]	sportsman
sportowy	[spo:**rto**:vi]	sports (*Adj.*)
spośród	[spo:**śru**:t]	among
spódnica (*F.*)	[spu:**dni**:tsa:]	skirt
sprawa (*F.*)	[**spra**:va:]	affair, matter
sprawunek (*M.*)	[spra:**vu**:nek]	purchase
sprzedawać	[spʃeda:**va**:tś]	sell
sprzedawano	[spʃeda:**va**:no:]	was (were) sold
sprzedawca (*M.*)	[spʃeda:**ftsa**:]	shop-assistant
sprzedaż (*F.*)	[spʃeda:**ʃ**]	selling, sold
stać	[**sta**:tś]	stand
stać się	[**sta**:tś śe]	become, happen
stadion (*M.*)	[**sta**:dyo:n]	stadium
stan (*M.*)	[**sta**:n]	state
stanąć	[**sta**:nońtś]	stop, stand
starannie	[sta:**ra**:nńe]	carefully
starszy	[**sta**:rʃi]	older, elder, elderly
start (*M.*)	[**sta**:rt]	start

stary	[sta:ri]	old
starzeć się	[sta:ʒetś śę]	grow old
statek (M.)	[sta:tek]	boat
statystyka (F.)	[sta:tistika:]	statistics
stękać	[stenka:tś]	groan
stoisko (N.)	[sto:i:sko:]	booth
stolica (F.)	[sto:li:tsa]	capital
stolik (M.)	[sto:li:k]	a little (small) table
stołeczny	[sto:łetʃni]	capital, metropolitan
stopień (M.)	[sto:p'eń]	degree
stół (M.)	[stu:ł]	table
straszny	[stra:ʃni]	awful, terrible
strona (F.)	[stro:na:]	side, direction
strzyżenie (N.)	[stʃiʒeńe]	haircut
studencki	[stu:dentski:]	students'
student (M.)	[stu:dent]	student
studia (Pl.)	[stu:dya:]	studies
studiować	[stu:dyo:va:tś]	study
styczeń (M.)	[stitʃeń]	January
sucharek (M.)	[su:ha:rek]	biscuit, toast
sufit (M.)	[su:fi:t]	ceiling
sukienka (F.)	[su:k'enka:]	dress, gown, frock
suknia (F.)	[su:kńa:]	dress, gown
suszyć	[su:ʃitś]	dry
sweterek (M.)	[sfeterek]	sweater
swój, swoja, swoje	[sfu:y sfo:ya: sfo:ye]	his, her, hers, its
syn, synek (M.)	[sin sinek]	son, sonny
sypialny (wagon)	[sip'a:lni (va:go:n)]	sleeping (car), sleeper
szafa (F.)	[ʃa:fa:]	wardrobe
szafka (F.)	[ʃa:fka:]	cupboard
szalik (M.)	[ʃa:li:k]	scarf (dim.)
szatnia (F.)	[ʃa:tńa:]	cloak room
szatynka (F.)	[ʃa:tinka:]	chestnut (brown)--haired woman
szczekać	[ʃtʃeka:tś]	bark
szczęśliwy	[ʃtʃęśli:vi]	happy
szczotka (F.)	[ʃtʃo:tka:]	brush (N.)
szczupły	[ʃtʃu:płi]	slim
szeroki	[ʃe:ro:ki:]	wide, large, broad
sześć	[ʃeśtś]	six
szewc (M.)	[ʃefts]	shoemaker
szklanka (F.)	[ʃkla:nka:]	glass
szkolny	[ʃko:lni]	school (Adj.)

szkoła (*F.*)	[ʃkoːła:]	school
szkoła zawodowa	[ʃkoːła: zaːvoːdoːva:]	vocational school
szlafrok (*M.*)	[ʃlaːfroːk]	dressing gown
szósty	[ʃuːsti]	sixth
szukać	[ʃuːkaːtś]	look for
szwagier (*M.*)	[ʃfaːgʼer]	brother-in-law
szybko	[ʃipkoː]	quickly
szyć, uszyć	[ʃitś uːʃitś]	sew, have sewn
szyja (*F.*)	[ʃiyaː]	neck, throat
szynka (*F.*)	[ʃinkaː]	ham

Ś

ściana (*F.*)	[śtśaːna:]	wall
śliczny	[śliːtʃni]	fine, charming, wonderful
ślub (*M.*)	[ślu:p]	wedding
śmiać się	[śmʼaːtś śę]	laugh
śniadanie (*N.*)	[śñaːdaːńe]	breakfast
śnieżny	[śñeʒni]	snowy
śpiewać	[śpʼevaːtś]	sing
środa (*F.*)	[śroːda:]	Wednesday
środek (*M.*)	[śroːdek]	middle
śródmieście (*N.*)	[śruːdmʼeśtśe]	centre (of the town)
światowy	[śfʼaːtoːvi]	universal, worldly, world's
świecić	[śfʼetsiːtś]	shine
świeżo	[śfʼeʒoː]	freshly, newly
świnia (*F.*)	[śviːña:]	swine, pig

T

taki sam	[taːki saːm]	the very same
tak zwane	[taːk zvaːne]	so called
taki	[taːki:]	such
taksówka (*F.*)	[taːksuːfka:]	taxi-cab
także	[taːgʒe]	also, too
talerz (*M.*)	[taːleʃ]	plate
tam	[taːm]	there
tamten	[taːmten]	that
taneczny	[taːnetʃni]	dance (*Adj.*)
tańczyć	[taːńtʃitś]	dance (*V.*)
tapczan (*M.*)	[taːptʃaːn]	couch
tatuś (*M.*)	[taːtuːś]	daddy
teatr (*M.*)	[teaːtr]	theatre
tego	[tegoː]	(of) this

tekst (*M.*)	[tekst]	text
telefon (*M.*)	[telefo:n]	telephone
telefoniczny	[telefo:ni:tʃni]	telephone (*Adj.*)
temu	[temu:]	ago
ten	[ten]	this
ten sam	[ten sa:m]	the same
teraz	[tera:s]	now
też	[teʃ]	also
tłum (*M.*)	[tłu:m]	crowd
to	[to:]	this, it
tobie	[to:b'e]	(to) you (*Sing.*)
torpeda (*F.*)	[to:rpeda:]	„torpedo", express (train)
toteż	[to:teʃ]	so
towarowy	[to:va:ro:vi]	ware (*Adj.*)
tramwaj (*M.*)	[tra:mva:y]	tramway, tram
tramwajowy	[tra:mva:yo:vi]	tramway (*Adj.*)
trochę	[tro:hę]	a little, a bit
trwały	[trfa:łi]	permanent
„Trybuna" (*F.*)	[tribu:na:]	title of a Warsaw daily (*Tribune*)
trzeba	[tʃeba:]	it is necessary
trzeci	[tʃetsi:]	third
trzy	[tʃi]	three
trzymać	[tʃima:tś]	hold
tu, tutaj	[tu: tu:ta:y]	here
turysta (*M.*)	[tu:rista:]	tourist
tusz (*M.*)	[tu:ʃ]	shower
twarz (*F.*)	[tfa:ʃ]	face
twierdzić	[tf'erdzi:tś]	affirm
twój, twoja, twoje	[tfu:y tfo:ya: tfo:ye]	your, yours
ty	[ti]	you (*Sing.*)
tydzień (*M.*)	[tidźeń]	week
tyle	[tile]	so much
tylko	[tilko:]	only
tył, z tyłu	[tił stiłu:]	back, in the back
tysiąc (*M.*)	[tiśonts]	a thousand

U

u	[u:]	at, with
ubierać się	[u:b'era:tś śę]	dress
ubranie (*N.*)	[u:bra:ńe]	suit, clothes
ubrany	[u:bra:ni]	dressed, wearing

ucho (*N.*)	[u:ho:]	ear
uczelnia (*F.*)	[u:tʃelńa:]	(higher) school
uczesać się	[u:tʃesa:tś śę]	comb, brush (dress) one's hair
uczyć się	[u:tʃitś śę]	learn
udzielić	[u:dźeli:tś]	give, import
uff!	[u:f]	ugh!
układać (włosy)	[u:kła:da:tś (vło:si)]	dress (hair)
ukraść	[u:kra:śtś]	steal
ulewny (deszcz)	[u:levni (deʃtʃ)]	shower
ulica (*F.*)	[u:li:tsa:]	street
uliczny	[u:li:tʃni]	(of the) street (*Adj.*)
ułożyć	[u:ło:ʒitś]	arrange, dispose
umalować	[u:ma:lo:va:tś]	paint, make up
umieć	[u:m'etś]	know, be able
umówić się	[u:mu:vi:tś śę]	agree upon, settle
umrzeć, umarł	[u:mʒetś u:ma:rł]	die, (he) died
umyć	[u:mitś]	wash, have washed
upalny	[u:pa:lni]	hot, scorching
upudrować się	[u:pu:dro:va:tś śę]	powder (*V.*)
urlop (*M.*)	[u:rlo:p]	leave (*N.*)
urodziny (*N.*)	[u:ro:dzi:ni]	birthday
urząd (*M.*)	[u:ʒont]	office
urząd pocztowy	[u:ʒont po:tʃto:vi]	post-office
urządzać	[u:ʒondza:tś]	arrange, settle, furnish
urzędniczka (*F.*)	[u:ʒendni:tʃka:]	clerk (*Fem.*)
urzędnik (*M.*)	[u,ʒendni:k]	clerk
usiąść	[u:śąśtś]	sit down
uspokajać	[u:spo:ka:ya:tś]	quiet (*V.*), calm (*V.*)
usta (*Pl.*)	[u:sta:]	mouth
ustawiać	[u:sta:v'a:tś]	range, place, put, set
uszy (*Pl.*)	[u:ʃi]	ears
uszyć, uszyłby	[u:ʃitś u:ʃiłbi]	have sewn, (he) would sew
uśmiech (*M.*)	[u:śm'eh]	smile (*N.*)
uśmiechać się	[u:śm'eha:tś śę]	smile (*V.*)
utrzymać	[u:tʃima:tś]	keep up
uważać	[u:va:ʒa:tś]	mind, think

W

w	[v]	in
wagon (*M.*)	[va:go:n]	waggon

267

walizka (F.)	[va:li:ska:]	suitcase
warszawski	[va:rʃa:fski:]	(of) Warsaw
wart	[va:rt]	worth
wata (F.)	[va:ta:]	cotton wad
ważyć	[va:ʒitś]	weigh
wąchać	[vǫha:tś]	smell
wąski	[vǫski:]	narrow
wątroba, wątróbka (F.)	[vontro:ba: vontru:pka:]	liver
wchodzić	[fho:dzi:tś]	get in
wciąż	[ftśǫʃ]	constantly, continually
wczasowy	[ftʃa:so:vi]	(of) rest, (of) leave
wczasy (Pl.)	[ftʃa:si]	leave, leisure
wcześnie	[ftʃeśńe]	early (Adv.)
wczoraj	[ftʃo:ra:y]	yesterday
wdzięczny	[vdźentʃni]	grateful
wejdź! wejdźmy! wejdźcie!	[veytś veydźmi veytśtśe]	go in, let's go in
wejście	[veyśtśe]	entrance
wejść, wejdę, wejdziesz	[veyśtś veydę veydźeʃ]	go in, I'll go in, you'll go in; come in
wełna (F.)	[vełna:]	wool
wełniany	[vełńa:ni]	woollen
wetrzeć, wcierać, wtarła	[vetʃetś ftśera:tś fta:rła:]	rub in, she rubbed in
weź!	[veś]	take!
wędka (F.)	[ventka:]	angling rod
wędlina (F.)	[vendli:na:]	smoked meat
wiać	[v'a:tś]	blow
wiatr (M.)	[v'a:tr]	wind
wicher (M.)	[vi:her]	wind
widać	[vi:da:tś]	one can see
widelec (M.)	[vi:delets]	fork
widokówka (F.)	[vi:do:ku:fka:]	picture post-card
widzieć	[vi:dźetś]	see
wieczór (M.)	[v'etʃu:r]	evening
wiedzieć, wiem, wiesz	[v'edźetś v'em v'eʃ]	know, I know, you know
wiek (M.)	[v'ek]	century
wielki	[v'elki:]	great
wieś (F.)	[v'eś]	village, country

wieźć	[v'eśtś]	carry, convey, transport
więc	[v'ents]	so, then
więcej	[v'entsey]	more
większy	[v'enkʃi]	bigger, larger
winda (F.)	[vi:nda:]	lift
wino (N.)	[vi:no:]	wine
winszować	[vi:nʃo:va:tś]	wish, congratulate
wiosenny	[v'o:senni]	spring (Adj.)
wiosna (F.)	[v'o:sna:]	spring
witać	[vi:ta:tś]	welcome, greet
wkoło	[fko:ło:]	round (Adv.)
właśnie	[vła:śńe]	just
włos, włosek (M.)	[vło:s vło:sek]	one hair, one little hair
włoski	[vło:ski:]	Italian
włosy (Pl.)	[vło:si]	hair
włożyć	[vło:ʒitś]	put on
woda (F.)	[vo:da:]	water
wodny	[vo:dni]	water (Adj.)
wojsko (N.)	[vo:ysko:]	army
wola (F.)	[vo:la:]	will
woleć	[vo:letś]	prefer
wolno	[vo:lno:]	be allowed
wołowina (F.)	[vo:ło:vi:na:]	beef
wołowy	[vo:ło:vi]	beef (Adj.)
wódka (F.)	[vu:tka:]	vodka
wpłacić	[fpła:tsi:tś]	pay(in)
wpłata (F.)	[fpła:ta:]	payment, remittance, paying in
wracać	[vra:tsa:tś]	return
wrzesień (M.)	[vʒeśeń]	September
wschodni	[fsho:dni:]	east(-ern)
wspaniale	[fspa:ńa:le]	magnificently, splendidly
wspaniały	[fspa:ńa:łi]	magnificent
wspólny	[fspu:lni]	common
wstać	[fsta:tś]	get up, stand up
wszyscy	[fʃistsi]	all, everybody
wszystko	[fʃistko:]	everything, all
wtedy	[ftedi]	then
wtorek (M.)	[fto:rék]	Tuesday
wybierać, wybrać	[vib'era:tś, vibra:tś]	choose

wybierać się	[vib'era:tś śę]	be going to (on)
wychodzić	[viho:dzi:tś]	go out, leave
wychowanie (N.)	[viho:va:ńe]	education
wychowanie fizycz- ne	[viho:va:ńe fi:zitʃne]	physical training
wycieczka (F.)	[vitśetʃka:]	trip, excursion
wyczyścić	[vitʃiśtsi:tś]	clean
wygodny	[vigo:dni]	comfortable
wyjazd (M.)	[viya:st]	departure
wyjątek (M.)	[viyontek]	exception
wyjątkowo	[viyontko:vo:]	exceptionally
wyjechać, wyjeżdżać	[viyeha:tś viyeʒ- dʒa:tś]	go away, leave
wyjście (N.)	[viyśtśe]	going out, leaving, departure
wyjść	[viyśtś]	go out, leave for, sail
wykład (M.)	[vikła:t]	lecture
wykonać	[viko:na:tś]	carry out, fulfil
wynik (M.)	[vini:k]	result
wypadek (M.)	[vipa:dek]	accident
wypić	[vipi:tś]	drink
wypłata (F.)	[vipła:ta:]	payment, paying out
wypłukać	[vipłu:ka:tś]	rinse
wyruszyć	[viru:ʃitś]	start
wysiedzieć	[viśedźetś]	stay, sit (out), remain
wysłać, wysyłać	[visła:tś visiła:tś]	send
wysoki	[viso:ki:]	tall
wystarczy	[vista:rtʃi]	will do
wystawa (F.)	[vista:va:]	exhibition, fair
wyżej	[viʒey]	higher (Adv.)
wzburzony	[vzbu:ʒo:ni]	rough (sea)
wzdłuż	[vzdłu:ʃ]	along
wzdychać	[vzdiha:tś]	sigh
wziąć, wezmę, weź- miesz	[vźońtś vezmę veź- m'eʃ]	take, I'll take, you'll take

Z

z (czego)	[s (tʃego:)]	of
z (od)	[z (o:t)]	from
z (czym)	[s (tʃim)]	with
za (co)	[za: (tso:)]	for
za (zbyt)	[za: (zbit)]	too
za (z tyłu)	[za: (s tiłu:)]	behind

zaadoptować	[za:a:do:pto:va:tś]	adopt
zabawa (F.)	[za:ba:va:]	dancing, entertainment
zabierać	[za:b'era:tś]	take
zabierać się (do roboty)	[za:b'era:tś śę (do:ro:bo:ti)]	set (to work)
zachód (M.)	[za:hu:t]	west
zachwyt (M.)	[za:hfit]	delight, rapture
zacząć, zaczynać	[za:tʃońtś za:tʃina:tś]	begin
zadowolony	[za:do:vo:lo:ni]	satisfied, pleased
zadzwonić	[za:dzvo:ni:tś]	ring (a bell)
zagraniczny	[za:gra:ni:tʃni]	foreign
zajechać	[za:yeha:tś]	get, reach, drive up, arrive, come to
zajmować	[za:ymo:va:tś]	occupy
zakupy (Pl.)	[za:ku:pi]	shopping
załatwiać, załatwić	[za:ła:tf'a:tś za:ła:t-.fi:tś]	arrange, settle
zamawiać	[za:ma:v'a:tś]	appoint
zamienić (się)	[za:m'eni:tś (śę)]	change
zanieść, zanosić	[za:ńeśtś za:no:si:tś]	take, carry
zanik (M.)	[za:ni:k]	loss
zanim	[za:ni:m]	before
zapalenie (N.)	[za:pa:leńe]	inflamation
zapłacić	[za:pła:tsi:tś]	pay
zapominać, zapomnieć	[za:po:mi:na:tś za:-po:mńetś]	forget
zapowiedzieć	[za:po:v'edźetś]	forecast
zapraszać	[za:pra:ʃa:tś]	invite
zaproszenie (N.)	[za:pro:ʃeńe]	invitation
zapytanie (N.)	[za:pita:ńe]	question
zaraz	[za:ra:s]	immediately, directly
zastrzyk (M.)	[za:stʃik]	injection
zatrzymać się, zatrzymywać się	[za:tʃima:tś śę za:-tʃimiva:tś śę]	stop
zawiesieć	[za:v'esi:tś]	hang up, have hung
zawodowo	[za:vo:do:vo:]	professionally
zawody (Pl.)	[za:vo:di]	contest, race
zawozić	[za:vo:zi:tś]	carry
zawsze	[za:fʃe]	always
zaziębić się	[za:żembi:tś śę]	catch cold, be chilled
zażyć (lekarstwo)	[za:ʒitś (leka:rstfo:)]	take (medicine)

ząb, zęby (*M.*)	[zomb **zembi**]	tooth, teeth
zbadać	[zba:da:tś]	examine
zbiec, zbiegać	[zb'ets **zb'ega:**tś]	run down
zbliżać się	[zbli:ʒa:tś śę]	near, approach
zbyt	[zbit]	too
zdać egzamin	[zda:tś **egza:**mi:n]	pass an examination
zdanie (*N.*)	[zda:ńe]	opinion
zdobyć	[zdo:bitś]	win, secure
zdrowie (*N.*)	[zdro:v'e]	health
zdziwić się	[zdzi:vi:tś śę]	be astonished
zechcieć	[zehtśetś]	be willing, be kind
zegar (*M.*)	[zega:r]	clock
zejść	[zeyśtś śę]	meet, get together
zgadzać się	[zga:dza:tś śę]	agree
zgłosić się	[zgło:si:tś śę]	report, apply, come
z góry	[z gu:ri]	in advance
zgrabny	[zgra:bni]	graceful
zgubić	[zgu:bi:tś]	lose
zielony	[źelo:ni]	green
ziemia (*F.*)	[źem'a:]	earth, country
ziemniaczany	[źemńa:tʃa:ni]	potato (*Adj.*)
zima (*F.*)	[zi:ma:]	winter
zimno	[zi:mno:]	cold (*Adv.*)
zimny	[zi:mni]	cold
zjadać, zjeść	[zya:da:tś zyeśtś]	eat, have eaten
złamać	[zła:ma:tś]	break
złapać	[zła:pa:tś]	catch
złączyć się	[złontʃitś śę]	join, unite
złoty	[zło:ti]	Polish money
złoty	[zło:ti]	gold, golden (*Adj.*)
zmęczony	[zmentʃo:ni]	tired
zmienić	[zm'eni:tś]	change into
znaczek (*M.*)	[zna:tʃek]	postage stamp
znać	[zna:tś]	(well) know
znajdować się	[zna:ydo:va:tś śę]	be
znajomość (*F.*)	[zná:yo:mo:śtś]	acquaintance
znajomy	[zna:yo:mi]	friend, acquaintance
znany	[zna:ni]	known
zobaczyć	[zo:ba:tʃitś]	see
zostać	[zo:sta:tś]	stay
zostawiać	[zo:sta:v'a:tś]	leave
z powrotem	[spo:vro:tem]	back
zresztą	[zreʃtą]	for all that, besides

zrobić	[zro:bi:tś]	do, make; have done, made
zrobić miejsce	[zro:bi:tś m'eystse]	make room, give a seat
zrozumieć	[zro:zu:m'etś]	understand, have understood
zrzucić	[zʒu:tsi:tś]	take off
zupa (F.)	[zu:pa:]	soup
zupełnie	[zu:pełńe]	just, completely
zwiedzić, zwiedzać	[zv'edzi:tś zv'edza:tʃ]	visit
zwierzę (N.)	[zv'eʒę]	animal
zwyczaj (M.)	[zvitʃa:y]	custom, habit
zwykle	[zvɪkle]	usually
zwykły	[zvɪkłi]	ordinary

Ż

żaba (F.)	[ʒa:ba:]	frog
żaden	[ʒa:den]	none, no
żagiel (M.)	[ʒa:g'el]	sail
żal (mi)	[ʒa:l (mi:)]	(I'm) sorry, (I) regret
żarłok (M.)	[ʒa:rło:k]	glutton
że	[ʒe]	that
żeby	[ʒebi]	to (aim, purpose)
żegnaj!	[ʒegna:y]	farewell! so long
żona (F.)	[ʒo:na:]	wife
żonaty	[ʒo:na:ti]	(a) married (man)
żyć	[ʒitś]	live
życie (N.)	[ʒitśe]	life
żywy	[ʒɪvi]	lively, living

Ż

źle	[źle]	badly

LIST OF NAMES

Adam	[a:da:m]	Adam
Ala Rapacka	[a:la: ra:pa:tska:]	Christian name (dim.) and surname of a girl
Andrzej	[a:ndʒey]	Andrew

Andrzejek	[a:ndʒeyek]	Andrew (*dim.*)
Anna	[a:nna:]	Ann
Antek	[a:ntek]	Anthony (*dim.*)
Basia	[ba:śa:]	Barbara (*dim.*), Babs
Bolek	[bo:lek]	masculine name (*dim.*)
Bruksela	[bru:ksela:]	Brussels
Bukowina	[bu:ko:vi:na:]	a mountain village
Ciechocinek	[tśeho:tsi:nek]	a watering resort
Czarnecka	[tʃa:rnetska:]	surname (*Fem.*)
Danka, Danusia	[da:nka: da:nu:śa:]	feminine name (*dim.*)
Edek	[edek]	Teddy
Ewa	[eva:]	Eve
Gdańsk	[gda:ńsk]	Dantzig
Gdynia	[gdińa:]	Polish port on the Baltic
Grabowski	[gra:bo:fski:]	masculine surname
Haneczka	[ha:netʃka:]	Annie
Hel	[hel]	a fishing village
Hela	[hela:]	Helen (*dim.*)
helski	[helski:]	of Hel
Henryk Kot	[henrik ko:t]	masculine name and surname
Irka Kowal, Ireczka	[i:rka: ko:va:l i:retʃka:]	Irene (*dim.*) Kowal
Jadwiga	[ya:dvi:ga:]	feminine name
Janka, Janeczka	[ya:nka: ya:netʃka:]	Jane (*dim.*)
Jan, Janusz	[ya:n ya:nu:ʃ]	John
Janek	[ya:nek]	John (*dim.*)
Jeżewski	[yeʒefski:]	masculine surname
Jodłowski	[yo:dło:fski:]	masculine surname
Józef	[yu:zef]	Joseph
Julek	[yu:lck]	Julian (*dim.*)
Julian	[yu:lya:n]	Julian
Kazik, Kazio	[ka:zi:k ka:źo:]	Casimir (*dim.*)
Kazia	[ka:źa:]	feminine name (*dim.*)
Klimczak	[kli:mtʃa:k]	surname of a girl
Kowalski	[ko:va:lski:]	masculine surname
Kraków	[kra:ku:f]	Cracow, town in south Poland
Krynica	[krini:tsa:]	a health resort in south Poland
Krysia	[kriśa:]	Christine (*dim.*)

Krystyna	[kristina:]	Christine
Kwieciński	[kf'etsi:ński:]	masculine surname
Lublin	[lu:bli:n]	town in east Poland
Marek	[ma:rek]	Mark
Markiewicz	[ma:rk'evi:tʃ]	masculine surname
Marysia, Maryśka	[ma:riśa: ma:riśka:]	Mary (*dim.*)
Mazurek	[ma:zu:rek]	surname
Mietek	[m'etek]	masculine name (*dim.*)
Milanówek	[mi:la:nu:vek]·	village
Ochota	[o:ho:ta:]	part of the town Warsaw
Ogrodowa	[o:gro:do:va:]	Garden street
Piotr	[p'o:tr]	Peter
Poznań	[po:zna:ń]	town in north-west Poland
Roman	[ro:ma:n]	masculine name
Romek	[ro:mek]	masculine name (*dim.*)
Ryś	[riś]	Dick
Ewa Sarnecka	[eva: sa:rnetska:]	name and surname of a girl
„Skra"	[skra:]	„Spark", name of a football team
Sopot	[so:po:t]	seaside town
Stanisław	[sta:ni:sła:f]	Stanley
Stare Miasto	[sta:re m'a:sto:]	Old City
Staszka Grabyk	[sta:ʃka: gra:bik]	name and surname of a girl
Staś	[sta:ś]	Stanley (*dim.*)
Stefan	[stefa:n]	Stephen
Stefek	[stefek]	Stephen (*dim.*)
Stefania (Stefa) Wiśniewska	[stefa:ña: (stefa:] vi:śñefska:]	name and surname of a woman
Stokowski	[sto:ko:fski:]	masculine surname
Szczecin	[ʃtʃetsi:n]	Stettin
Szymon	[ʃimo:n]	Simon
Tadeusz	[ta:deu:ʃ]	Thaddäeus
Tola Niedźwiedzka	[to:la: ñedźv'etska:]	name and surname of a girl
Toruń	[to:ru:ń]	town in north-west Poland

Tuwim	[tu:vi:m]	surname of a Polish poet
Warszawa	[va:rʃa:va:]	Warsaw, capital of Poland
Marysia Winiarz	[ma:ríśa: vi:ńa:ʃ]	name and surname of a girl
Wisła	[vi:sła:]	main river Vistula
Wiśka Bertel	[vi:śka: bertel]	name and surname of a girl
Włochy	[vło:hi]	part of the town Warsaw
Wolska	[vo:lska:]	surname of a woman
Wrocław	[vro:tsła:f]	town in south-west Poland
Zakopane	[za:ko:pa:ne]	mountain town
Zamoyski	[za:mo:yski:]	masculine surname
Zbyszek	[zbiʃek]	masculine name (*dim.*)
Zielińska	[źeli:ńska:]	surname of a girl
Zosia	[zo:śa:]	Sophy (*dim.*)
Żmijewska	[ʒmi:yefska:]	feminine surname